청소년을 위한
철학하는 즐거움

청소년을 위한
철학하는 즐거움

미하엘 슈미트-살로몬, 레아 살로몬 지음   김동기 옮김

Leibniz war
kein
Butterkeks

청소년을 위한
철학하는 즐거움

- -

초판 1쇄 펴낸날_2013년 06월 17일
지은이_미하엘 슈미트–살로몬 · 레아 살로몬
옮긴이_김동기

펴낸이_이종근
펴낸곳_도서출판 하늘아래
등록번호_제300-2006-23호
주소_서울특별시 도봉구 쌍문2동 598번지 2층
전화_02 374 3531
팩스_02 374 3532
E–mail : haneulbook@naver.com

ISBN 978-89-89897-83-5 43100

목 차

서 문 : 이 책을 쓰게 된 이유

이 책을 쓰게 된 이유

가끔 참담한 기분을 느끼게 해주는 자식이 있다는 것은 아주 좋을 유익할 때가 있다 ! 그런 일이 없다면 부모들은 자신들도 모르게 여전히 자신들을 기만하며 살아갈 수도 있기 때문이니까 말이다. 나의 경우가 그러한 경우였다. 즉, 나는 항상 다른 작가들과는 달라서 독자들 모두가 이해하기 쉽게 책을 쓰고 있다고 믿어왔었는데 다행스럽게도 내 딸이 나의 잘못을 고쳐주었다......

"참, 내, 아빠!" 레아가 내 사무실로 들어오며 말했다.

"왜 그래?", 내가 물었다.

"아빠가 쓴 그 새 책 말이에요......" 그녀가 한숨을 쉬면서 투덜댔다. "가끔은 좀 사람들이 단번에 알아먹을 수 있는 책을 써야겠다는 생각, 아주 포기하신 거예요? 한 보따리의 백과사전을 옆에 따로 놓을 필요 없이 읽을 수 있는 그런 책 같은 것 말이에요!"

"헤이, 네가 학교수업을 잘 이해하지 못하는 것이 어째서 내 잘못이라는 것이지?", 나는 농담을 하면서 웃겨 보려했으나 의도한 만큼 조금도 레아를 웃기지 못했다.

"아빠는 나를 바보로 아는 거야?", 레아는 비난하듯 내게 쏘아붙였다.

"아냐, 전혀 아니야! 하지만 그런 책들을 읽으려면 반드시 예비지식을 가지고 있어야 해. 그 밖에도 내가 쓴 책들이 어렵다고 생각하면 먼저 헤겔, 하이데거, 혹은 하버마스의 책들을 읽어보려무나. 그러면 너는 아마 감탄을 하게 될 걸!"

"이해 할 수 없게 쓴 책들을 내가 무엇 때문에 읽어야 해? 아빠 같은 철학자들이란 웃기는 인간들이야……"

"어째서?", 내가 물었다.

"자신이 만든 레모네이드가 사람들에게 인기가 없다는 것을 알아낸 어느 음료수 업체 사장이 '바보 같은 소비자들이 또 쓸데없는 싯들을 하고 있네. 상관없어, 그냥 하던 대로 할 거야!' 라고 하지는 않을 거야. 분명히 그러지 않을 거야. 그러한 문제에 직면한 그 음료수업체 사장은 사람들의 마음에 들 때까지 오랜 시간을 들여가면서 결국 사람들이 원하는 새로운 성향의 미각이 무엇인지 알아내려 노력할 거야."레아가 빈정대며 말했다. "그렇게 하는 것이 합리적이란 것쯤은 모두가 알고 있는데, 철학자들만 이러한 사실을 모르고 있는 게 틀림없어요. 그러니까 아무도 철학자들에게 관심을 보이지 않는 것은 당연한 일이겠죠, 뭐."

급소를 찌르는 말이었다! 레아의 말이 어느 정도는 맞는 말이라고 고백하지 않을 수 없다. 그러나 나는 아주 비참해진 이런 기분으로는 아직 항복하고 싶지 않았다. "추측하건데 그것은 분명히 소비자와 독자들의 문제일거야", 내가 말했다. "음료수 생산업자이건 철학자건 간에 사람들은 자신의 생산품이나 작품으로 모든 사람들을 만족시킬 수 는 없는 거란다......"

"아빠가 염두에 두고 있는 독자 속에 나는 포함되어 있지 않다는 말인가요? 어떻게 그런 말을 할 수 있죠?! 아빠는 '우리가 누구며, 어디서 왔으며, 어떻게 해야 우리가 올바른 삶으로 나가는 길을 찾을 수 있나'와 같은 중요한 문제들을 다루고 있잖아요. 이 질문들은 모든 사람들과 밀접한 관계를 가진 주제들이잖아요. 그렇지 않나요? 내가 의아해 하는 것은 '아빠는 어째서 모든 사람들이 이해할 수 있게끔 책을 쓸수 없는 것일까? 라는 것이죠."

"그게, 그게 말이다, 나는 가능한 한 이해하기 쉽도록 쓰려고 항상 노력하고 있단다, 나는 자신을 변호하려 애썼다.

레아는 조롱하는 듯한 미소를 지으며 말했다: "성적표에 '대단히 노력했으나......' 라고 써져 있는 것이 어떤 의미인지 알면서 아빠는 그런 말을 하시네. 한마디로 말해 그 것은 성적이 엉망임을 의미하는 동시에 또한 결국은 낙제생이라는 것을 의미하잖아요!"

"오케이, 그 말이 내 급소를 찌르는 것 같구나" 내가 말했다. 그래 더 좋은 점수를 받지 못하는 낙제생이 바로 나란다!"

"말도 안 돼요" 그녀가 대답했다. "나는 아빠가 잘할 수 있다는 것을 알고 있어요! 내가 아빠와 함께 이런 저런 철학적 주제에 관하여 토론할 때마다, 나는 아빠가 얘기하고 있는 것이 어떤 의미인지 곧바로 이해했어요. 그러나 아빠 책을 읽으면 도대체 무슨 소린지 이해할 수가 없어요! 다시 한 번 물어보고 싶어요. 나와 얘기할 때처럼 그렇게 간단하고 이해하기 쉽게 한번 책을 써보는 게 어떻겠어요?"

내가 이러한 제안을 듣는 순간, 깜짝 놀라 무슨 대답을 해야 할지 몰랐다. 그야말로 아주 좋은 생각이었던 것이다! 그 제안에 관하여 곰곰이 생각하면 할수록 내 마음에 들었다. "내가 그런 책을 쓸 수 있게 도와줄 수 있겠니?" 잠시 후 내가 물었다.

"누가? 내가요? 도대체 어떻게 내가 아빠를 도울 수 있다는 거예요? 나는 철학에 관해 털끝만큼도 모르잖아요!"

"바로 그것 때문이야! 너는 나와 달리 무엇인가 이해하기 어렵다거나 끔찍하게 따분한 것이 있으면, 너는 금방 알아채고 반응을 보이잖아."

"아하, 그러면 내가 저 바깥에서 놀고 있는 멍청한 아이들의 반장이 되어 달라는 얘기네요? 철학적으로 덜 떨어진 순진무구한 외계인 같은 대중들의 반장 말이죠? 철학책을 읽으면 지루해서 죽을지도 모른다는 공포심 때문에 철학책을 만져볼 엄두도 못내는 사람들의 반장말이죠?" 레아는 웃었다. "응, 뭐, 아주 잘 이해할 수 있을 것 같기도 해! 그러면 내가 아빠를 도와주면 나한테 뭔가 떨어지는 콩고물이라도 생기는 거야?"

"애송이와 잡담해주면서 삶, 우주, 그리고 나머지 모든 것에 관한 깊은 통찰력을 얻게 해주는 것 말고, 또 무엇이 있느냐는 말이지? 흠, 알았다, 알았어. 인세에서 버는 수입금 일부를 네게 주마."

"정말이에요? 그러면 책 표지에 내 이름이 아빠 이름 옆에 나란히 올라가는 거예요?

"물론이지", 내가 대답했다.

"멋있겠네요!" 레아는 나에게 악수를 청했다.

"도와 드리죠!"

"좋아", 나는 이렇게 말하며 악수를 했다.

　이것이 이 책을 쓰게 된 이유다. 즉, 이 책은 지루한 철학서를 읽기 싫어하는 사람들을 위한 책이다. 바쁜 일상생활 속에서 철학에 관하여 생각해볼 시간이 없지만 내용이 충실하고 재미있는 철학책을 틈틈이라도 읽고 싶은 사람들은 위한 책이다. 이 책은 또한, 철학에 관련된 일에 종사하면서 추상적인 개념을 짧고 간결한 표현으로 다듬는 일에 흥미를 느끼는 사람들에게도 마음에 드는 책일 수 있을 것이다. 간단히 말하면, 이 책은 우주 가운데 먼지 알갱이처럼 떠 있는 이 지구 위에서 살고 있는 모든 사람들 가운데서 즐거운 마음으로 삶의 의미와 무의미에 관하여 가끔은 깊이 생각할 줄 아는 사람들 모두에게 어울리는 책이다.

　사실 우리 모두 이런저런 방식으로 각자 나름대로 삶에 대하여 깊은 생각을 하고 있다. 즉, 우리 모두는 모든 것들이 왜 존재하고 있는지 각자 한번은 의문을 품은 적이 있을 것이다. 이렇게 깊은 생각을 해 본다는 것이 일상을 살아가는 우리에게 무슨 쓸모가 있는 것일까? 조금 더 자세히 관찰해보면 우리 인간 모두는 '타고난 철학자'임이 분명해서 삶에 대한 커다란 질문에 대하여 자신 나름대로의 작은 대답을 알아낼 수 있다고 판단할 수 있을 것이다.

　나와 같은 '직업 철학자'는 단지 그러한 질문에 대하여 좀 더 체계적으로 깊이 생각할 수 있는 특권과 심지어는 그러한 활동을 통하여 생활비를 벌어들이는 특권을 누리고 있다는 점에서만 타고난 철학자들과 차이가 있다. 나는 우리 직업 철학자들이 지나치게 복잡한 표현으로 대중을 겁주어 달아나게 하기보다는 이러한 특권에 맞게 가능한 한 간단하고 쉽게 이해할 수 있는 방법으로 우리가 생각해낸 결과를 나타내야 한다는 생각을 가지고 있다.

다행스럽게도 이미 2500년 전의 고대 그리스인들은 철학적 견해를 쉽게 전달할 수 있는 방법 하나를 발견했다. 즉, 그들은 지루하고 복잡한 철학논문으로 독자들을 상대하는 대신 철학을 재미있는 대화로 포장했던 것이다. 내가 이러한 고대의 철학적 대화에 대하여 오래 전부터 그 가치를 인정해 왔음에도 불구하고 내 자신은 이러한 철학적 대화 방법을 사용해 보려는 노력을 결코 한번도 한 적이 없었다. 이러한 상황에서 마침 레아의 진심어린 꾸지람 하나가 나에게 확실히 충분한 자극제가 되었던 것이다. 게다가 레아를 통하여 나는 전에는 몰랐던 것들도 많이 배웠다. 무엇보다도 레아는 '아주 평범한 사람들' 이(레아는 나를 '평범' 하지 않다고 생각하고 있다) '철학의 난해한 언어' 를 대할 때마다 겪어야 하는 문제점이 무엇인지 나에게 알려 주었던 것이다.

우리 두 사람은 사람들이 이 책을 통하여 제약 없이, 자유스럽게 철학을 이야기하는 동안 철학에 대한 흥미를 가질 수 있도록 약간이나마 기여할 수 있기를 희망하고 있다. 그러고 보니, 18세기 쾨니히스베르크(지금의 러시아 칼리닌그라드) 출신의 임마누엘 칸트가 말한 '당신 자신의 사고능력을 사용할 용기를 가져라!' 는 요구는 지금까지도 여전히 뜨거운 관심거리가 아닐 수 없다. 우리는 삶의 의미와 무의미가 무엇인지 판단하는 일을 어떠한 경우에도 '전문가들' 에게만 맡겨놓아서는 안 될 것이다. 우리 스스로가 모두 세상의 의미를 나름대로 결론지어 보는 것이 어떻겠는가! 이러한 노력이야말로 아마 오래전부터 전해져 내려오는 믿음을 맹목적으로 믿는 것보다 힘든 작업일지도 모르지만 어느 모로 보나 가치가 있는 노력일 것이다. 왜냐하면 깊이 생각하는 것이 맹목적으로 되풀이하는 것보다 현명할 뿐만 아니라 많은 재미를 주기도 하기 때문이다.

레아 살로몬 / 미하엘 슈미트-살로몬

Leibniz war kein Butterkeks

라이프니츠는 버터비스킷이 아니다

1

삶, 우주 그리고 나머지 모든 것에 대하여

"차이나타운에서 길을 찾는 것만큼이나 아주 어려운 우주에 관해 알려고 하는 사람들이 나를 놀라게 한다."

우디 앨런(WOODY ALLEN, 1935-) - 미국 배우, 작가, 영화감독

"만약 어느 땐가 누군가가 무슨 목적으로 우주가 존재하고 있으며, 어째서 우주가 여기 있는지 완전히 알아낸다면 우주는 그 순간 즉각 사라져 버리고 한층 더 괴상하고 알아낼 수 없는 무엇인가로 변해버릴 것이라는 학설이 있다. 그런 일이 이미 일어났었다고 하는 학설도 있다."

더글라스 애덤스(DOUGLAS ADAMS, 1952~2001) - 영국 작가

우리가 존재하는 이유는 무엇일까?

'시작이 반이다' 라는 말이 있지. 철학에 관한 대화를 나누는 일도 마찬가지란다. 혹시 어떤 주제로 먼저 시작할 건지 생각해봤니? 뭐, 특별히 관심이 있는 것이 있으면 질문해보렴.

그러죠. 사실은 두 개의 질문이 있어요. 우리가 존재하는 이유가 뭘까요? 그리고 왜, 어째서 무엇인가가 있는 거죠, 그냥 아무것도 없으면 안 되나요?

오, 대단한데, 처음부터 아주 의욕이 넘치는구나! 그 두 가지 질문은 어려운 질문들 중에서도 가장 어려운 질문 같구나. 너는 정말로 우리가 처음부터 이렇게 어려운 주제들을 다루어야 한다고 생각하니?

그럼요, 물론이죠!

그러면 좋아, 자, 시작해볼까? 네가 어째서 존재하고 있는지 그 이유는 알고 있지, 그렇지?

당연하죠! 베를린 장벽이 무너질 때 엄마와 아빠가 너무 행복해서 그만 피임기구를 깜빡 잊었고, 아홉 달 지나 제가 생겼죠.

어, 응, 그래……. 나는 그런 식으로 말하고 싶지 않지만, 그것도 맞는 얘기네. 우리에게 모든 것이 가능할 것만 같아 보였던 1989년의 그 굉장했던 11월(독일의 베를린 장벽이 무너진 날)에 너는 잉태되었지.

멋있는 얘기이긴 하지만 제 질문에 대한 답으로는 전혀 도움이 안 되네요. 어떻게 해서 제가 존재하고 있는지 질문하는 게 아니고 도대체 왜 무엇인가가 존재하고 있느냐고 물어보는 거예요. 그렇게 간단한 대답으로 저를 따돌릴 수 있다고 생각하신 건 아니겠죠?

좋아, 그러면 좀 더 자세히 얘기해줄게. 알다시피 우리가 알고 있는 물질(物質)이라는 것은 137억 년 전 빅뱅(Big Bang)이라는 거대한 우주 폭발의 과정 중에 생겼지. 대폭발에서 생긴 어마어마한 가스와 먼지구름으로부터 120억 년 전에 최초의 별이 생겼고…….

잠깐만요! 저도 그 이야기는 알고 있어요. 45억 년 전에 우리가 속한 태양의 생명주기가 시작되었죠. 태양이 공급하는 에너지 덕분에 여기 이 지구에서 첫 번째 원시생명체가 진화된 거죠. 진화가 계속되는 동안 이 원시생명체에서 수많은 다른 종류의 생명체가 나왔고 그 가운데 오늘날의 인간도 있지요.

맞아.

'무엇인가가 있다는 것은 사실 빅뱅 때문이다.'라고 말씀하시려는 것이죠? 그렇게 쉽게는 안 될 걸요! 질문의 핵심은 '누가, 혹은 무엇이 빅뱅을 일으켰나요?' 이니까요.

세상에, 내가 그걸 안다면 노벨물리학상은 떼어 놓은 당상이지! 빅뱅 전에 있었던 것이 무엇인지, 혹은 빅뱅 전에 적어도 무엇인가가 있기나 했었는지조차도 우리는 여태까지 모르고 있어. 많은 사람들이 빅뱅이야말로 틀림없이 모든 것의 유일한 최초 시작이라고 하는가 하면 또 다른 사람들은 빅뱅은 이전의 우주가 붕괴하면서 생긴 결과라고 생각하고 있지. 또 다른 사람들은 빅뱅 이전에 정지상태 즉, '영원한 진공'이 있었다고 믿고 있지. 아무튼 여러 가지 설명 모델이 있단다.

그러면 그것에 관해 우리가 아무것도 모른다면 빅뱅은 정말 신이 만들어낸 것일 수도 있잖아요, 그렇지 않아요?

생각이야 자유니까 그럴 수도 있겠지. 신이 빅뱅을 일으켰을 수도 있고, 어리석은 장난으로 우리 우주를 창조해낸 다른 차원에 살고 있는 정신 나간 컴퓨터 프로그래머 팀이 빅뱅을 일으켰을 수도 있겠지.

우리가 거대한 컴퓨터 프로그램의 일부라는 거죠? 영화 '매트릭스'에서처럼요?

그렇게 생각해볼 수도 있다는 말이란다. 마찬가지로 우리 우주 전체는 우리가 상상할 수 없을 정도의 크기를 가진 하나의 거대한 생물체 속에 있는 아주 작은 원자일 수도 있단다. 또 아마 우리는 눈에 보이지 않는 가가 구르겔후르쯔(Gaga Gurgelhurz)라는 이름을 가진 도깨비의 소화관 속에 살고 있는지도 모르고, 빅뱅 또한 우리가 느낄 수 있는 거대하고 어마어마한 방귀의 결과일 수도 있겠지.

이제 아주 저를 약올리고 계시네요!

미안, 미안. 내 이야기의 핵심은 이러한 어림짐작은 임시방편적인 것이고 문제해결에 조금도 도움이 되지 못한다는 것을 말해주고 싶은 거란다. 왜냐하면 우리가 정말로 그 익살스러운 프로그래머, 방귀 뀌는 도깨비, 혹은 자비로운 창조주가 그 빅뱅을 만들어냈다는 것을 안다고 하더라도 또 의문이 생기기 때문이지. 즉, 프로그래머, 도깨비, 혹은 신은 어떻게 생겨난 거지?

응, 뭐, 신이라는 것이 항상 이미 존재했거나 갑자기 무에서 나타날 수도 있는 것이잖아요.

맞아. 그런데 우주 또한 그럴 거라고 생각하지는 않니? 즉, 어떤 형태인가에 상관없이 우주도 벌써 이전에 항상 존재해 왔다던가, 어느 땐가 무에서 생겨난 것일 수도 있지.

흠, 그렇네요! 잘 생각해보면 이런 거네요. 즉, 사람들이 하나의 신을 만들 때마다 거기서 생긴 문제점들을 뒤로 밀어내서 감추고 쌓아 놓는 격이죠. 자신도 설명할 수 없는 것을 설명하려는 것과 다를 바 없으니까요.

바로 그거야. 그런 방법으로는 우주의 탄생에 대한 수수께끼를 풀 수가 없단다. 그 대신 점점 더 커져가는 수수께끼만 만들어낼 뿐 이지.

그렇다고 하더라도, 잘 모르겠지만⋯⋯, 그래도 모든 것이 어딘가 좀 이상하잖아요! 우리를 감싸고 있는 이 세계는 우리가 원하는 요구사항에 아주 완벽하게 들어맞게 만들어진 것 같잖아요. 우리가 숨 쉬는 데 필요한 공기가 있잖아요. 목이 마르면 갈증을 식혀 줄 넉넉한 물이 있고, 또 우리에게 먹을 것을 공급하는 식물과 동물이 우리 주위에 얼마든지 있고요. 마치 모든 것이 특별히 우리를 위해 만들어진 것 같지 않아요?

거기에 반대로 질문을 해볼게. 숨 쉴 공기, 마실 물, 먹을 음식이 없다면 어떻게 될까?

물론, 그러면 우리 자신도 없겠죠.

그러면 네 질문이 무슨 소용이 있지?

모르겠어요.

만약 우리가 존재하지 않는다면 이 세상이 우리를 위해 실로 완벽하게 만들어지지 않았느냐는 질문도 할 수도 없을 거야. 그렇지 않니?

당연하죠. 그런데 저는 아빠가 무엇을 말하려 하시는지 아직도 도무지 모르겠어요.

한번 생각해보렴. 지구 위의 필요조건이 우리의 삶을 가능하게 하고 있다는 이유, 그 이유로 너는 이런 질문을 할 수 있는 것이란다. 이러한 필요조건이 없다면 너는 이런 질문도 할 수 없겠지.

아하, 그렇군요. 우리가 살아가는 데 필요한 조건이 주어져 있다는 것을 그렇게 신기하게 생각할 필요가 없다는 뜻이죠? 왜냐하면 그 필요조건들이 없다면 놀랄 사람도 물론 없을 테니까요. 제가 제대로 이해한 거죠?

완벽하게 이해하고 있구나! 자, 이제 한 걸음 더 깊이 들어가 보자꾸나. 지구에 인간에게 맞는 필요조건이 먼저 갖추어져 있기 때문에 우리가 존재한다는 사실을 이제 알게 되었지. 하지만 이 말은 우리를 존재할 수 있게 하기 위해 이러한 필요조건이 미리 갖추어져 있다는 말은 아니란다.

잠깐만요. 그게 뭐가 다르다는 거죠?

자, 첫 번째 경우에는 우리의 존재를 가능하게 하는 원인이 있다는 것을 분명히 확인했어. 이러한 원인이 없었다면 우리도 존재하지 못하지.

맞아요.

두 번째 경우에는 우리는 무엇인가를 간단하면서도 분명하게 확인할 수 없고, 그 대신 무엇인가를 그저 가정할 수밖에 없단다. 그것도 반드시 맞아 떨어질 필요가 없는 그 어떤 것을 단순 가정하는 것이지!

왜 그런 거죠?

사람들은 우리를 존재하게 하는 원인에는 어떤 정해진 이유가 있다고 주장해. 왜냐하면 사람들은 무엇인가가, 혹은 누군가가 그 이유를 가지고 일종의 목적을 이루려 하기 때문이라는 것이지.

모두 잘 알겠어요. 많은 원인들이 전혀 목표하지 않았던 결과를 가지고 오는 것이 문제죠, 그렇죠?

바로 그거다.

더 자세히 관찰해보면, 나 자신이 이러한 예기치 않은 결과에 대한 살아있는 본보기죠. 1989년에 라이프치히와 베를린의 거리에 있었던 사람들은 분명히 그곳에 있고 싶은 이유가 분명했겠지만, 이 사람들이 트리어의 젊은 연인들로 하여금 피임도구를 사용하지 않게 하여 레아라는 이름의 딸을 낳게 할 의도는 분명히 없었을 테니까요.

하하하! 그래, 그것이 아주 좋은 예다. 네가 괜찮다면 조금 더 자세히 이야기하고 싶구나. 너는 네 증조부모가 2차 세계대전의 혼란 중에 서로 사귀게 되었다는 것을 잘 알고 있지. 그들은 또한 독일의 서로 다른 지역 출신이고 또 서로 많이 다른 사회계급 출신이라는 것도 잘 알고 있지. 그 당시 일어났던 전쟁으로 인한 소동이 없었다면 그 둘은 결코 만나지 못했을 거야. 그럴 경우 네 할머니가 태어나는 일은 없었을 테고, 역시 우리 둘도 없었을 게다.

베를린 장벽 붕괴만이 아니라 2차 세계대전도 저의 생존에 반드시 필요한 원인이었다고 말씀하시려는 거죠?

그래, 바로 그거야. 의심할 여지가 없는 말이지. 그러나 히틀러는 자신이 행한 전쟁도발과 더불어 어떻게 해서든 너를 태어나게 하고, 지금 네가 나와 이러한 일에 관해 토론하게 할 의도는 없었지.

극단적인 본보기네요! 아빠가 무엇을 얘기하려는 것인지 이제 이해할 것 같아요. 대량학살자인 히틀러는 오늘의 저를 있게 한 간접적인 원인은 만들었지만 결코 나라는 존재가 태어나도록 의도했던 것은 분명히 아니다. 즉, 누구도 어떤 방법으로도 우주, 혹은 인류의 생존을 원했던 것은 아니다. 그렇죠?

맞아. 우리의 생존에는 수많은 원인이 있지만, 누군가가 우리라는 존재를 만들기 위해 의도할 필요는 없었다는 얘기지. 자, 이제 이러한 사실을 알았으니 네가 던졌던 처음의 질문으로 다시 돌아갈 수 있겠구나. 다시 말하면, 우리라는 존재가 생긴 데는 어떤 이유가 있는 것이 아니고 단지 원인만 있다고 할 수 있겠지. 나 자신은 이러한 사실을 거의 확신하고 있단다.

제가 제대로 이해했다면, 이유는 목적에 맞추어져 있고 원인은 그렇지 않죠. 맞아요?

그래, 네가 샤워를 한 후에 헤어 드라이어로 머리를 말리면, 너는 그 행위에 대한 이유를 가지고 있어. 왜냐하면 너는 그 행위를 통해 어떤 목적을 이루려고 하기 때문이지. 즉, 멋있게 보이기 위해 너는 유행에 따라 머리모양을 손질하는 거지. 하지만 네 손 안에 있는 그 헤어 드라이어는 뭔가 의도를 가지고 너의 머리를 건조시키는 것이 아니란다. 단지 사람들이 전기 콘센트에 꽂으면 뜨거운 바람이 나오게 만들었기 때문에 너의 머리를 말리는 것뿐이란다.

알겠어요. 헤어 드라이어의 구조 자체가 자신을 뜨겁게 하는 원인이지요. 그러나 자기 자신은 자기가 어떤 목적을 달성해 나가고 있다는 것을 모르고 있는 것이죠. 헤어 드라이어 자신이 '아이고, 오늘은 정말 뜨거워지고 싶은데!'라고 말할 수는 없죠. 헤어 드라이어는 단지 헤어 드라이어에게 정해진 일을 할 뿐이죠. 충분히 알았어요. 저와 헤어 드라이어 사이에는 그러한 뚜렷한 차이점이 있는 거죠.

그렇단다.

그래도 헤어 드라이어는 다른 짓하지 않고 반드시 그 일을 하도록 만들어진 훌륭한 이유들이 있잖아요.

당연해. 왜냐하면 그 헤어 드라이어를 만든 사람들이 그러한 목적을 부여했으니까.

그러면 '이 우둔한 헤어 드라이어가 존재하는 이유는 있는데 인간이 존재하는 이유는 없다!'는 말이네요. 그거 아주 이상한데요!

그래, 그렇게 말할 수 있지! 하지만 다음과 같이 말할 수도 있단다. 우리 인간이 헤어 드라이어를 만들 때 어떤 목적을 완수하도록 만들었기 때문에 이 헤어 드라이어는 타인이 정해 준 목적에 순응하고 있어. 그러나 인간 자신은 타인에 의해 만들어지지 않았기 때문에, 존재의 의미라는 그 목적을 스스로 결정할 수 있단다. 즉, 우리 인간은 헤어 드라이어와는 달리 타인의 목적에 복종하라고 존재하고 있는 것이 아니란다.

좋아요, 이제 훨씬 잘 이해하겠어요. 그런데 인간이 헤어 드라이어를 만든 것과는 달리 인간은 누군가에 의해서 만들어지지 않았기 때문에 타인의 목적에 복종하지 않는 것이라고, 아빠는 어떻게 그렇게 자신 있게 말할 수 있는 거죠?

내가 그것을 확실히 알고 있다고는 주장하지 않으마. 그러나 이러한 가정을 뒷받침하는 수많은 증거들이 그렇게 말하고 있단다.

아빠 의견대로라면 어떤 증거물들이 있죠?

만약 무엇인가가 어떤 정해진 목적을 위해 만들어졌다면, 그 목적을 어떤 식으로든 나타내는 성질이 있어야 할 거야. 예를 들면, 헤어 드라이어는 자기에게 미리 결정되어 주어진 기능에 맞는 성질을 확실히 가지고 있어. 그렇지만 우주나 우리 인간에게도 그럴까? 누군가에 의해서, 어떤 일정한 이유 때문에 만들어졌다는 가정을 합리화할 수 있는 성질이 우리에게 있을까? 나는 '아니다!'라고 말하고 싶어. 하지만 이것을 설명하기 위해 우리는 사물의 본성을 더 자세히 들여다봐야만 해.

재미있겠네요. 그런데 이 주제는 내일 계속해요. 첫날 치고는 너무 많은 것 같아요.

'아무것도 없으면 될 것을 도대체 무엇인가가 존재하는 이유는 뭘까?'

독일의 철학자 마틴 하이데거(Martin Heidegger, 1889–1976)는 자신의 그 유명한 강의 『형이상학 입문』의 첫머리를 이러한 질문(몰라서 글자 그대로 레아가 풀어서 인용했던 질문)으로 시작하고 있다. 물론 하이데거가 존재와 무(無)의 문제를 다루었던 최초의 철학자는 아니었다. 벌써 그보다 200년 전에, 지금은 사람들이 그의 이름을 들으면 단지 버터 비스킷만 연상하는 또 다른 철학자, 고트프리트 빌헬름 라이프니츠(Gottfried Wilhelm Leibniz, 1646–1716)도 이 난해한 문제를 풀려고 애썼다(독일을 포함한 서유럽에서 잘 팔리는 버터 비스킷의 종류 중에 라이프니츠라는 비스킷이 있다). 기독교인이었고 다재다능한 학자였던 라이프니츠는 '하나님'만이 우리 모두의 생존을 책임지는 근본원인일 수 있다는 확실한 믿음을 가지고 있었다.

역시 소위 시계공 비유로 유명해진 영국의 유력한 신학자 윌리엄 페일리(William Paley, 1743–1805)도 비슷한 생각을 했다. 그의 주장의 핵심은 정말 간단하게 짜여 있지만 설득력이 있다. 페일리는 '만일 우리가 성능이 우수한 시계 하나를 숲에서 발견한다면 당연히 이 시계가 우연히 만들어진 것이 아니고 어느 시계공이 충분히 계획한 후 작업을 통해 만들었을 것이라고 추측할 수 있을 것이다. 그런데 예를 들어, 이 시계를 사람의 눈과 비교해보면 사람의 눈이 훨씬 더 복잡하다. 하물며 자연 속에 있는 수많은 복잡한 생명체들을 보건데, 이는 당연히 어떤 지적 설계자(즉, 하나님)가 이런 일에 개입되어 있다고 추정할 수밖에 없지 않은가?'라고 주장하고 있다. 현대 진화론을 창시한 찰스 다윈(Charles Darwin,

1809-1882)의 『종의 기원에 관하여』라는 책이 나오자 비로소 이 시계공 이론은 눈에 띄게 그 영향력을 잃게 되었다. 우리는 나중에 이에 관해 다시 한번 다루게 될 것이다.

다윈의 이 획기적인 인식 이전에는 이 세상 종들의 유래에 관해 합리적으로 설명한다는 것이 거의 불가능했다. 그래서 자신들의 존재에 관한 수수께끼를 대충이라도 그럴듯하게나마 풀어보려고, 사람들이 온갖 종류의 창조신화를 만들어낸 것은 그렇게 놀랄만한 일도 아니었다. 그것에 대한 상상력은 무궁무진하다. 예를 들어, 중국의 신화에서는 원물질(原物質)이 달걀 모양이었고 이것이 나중에 하늘과 땅으로 갈라졌다고 추정하고 있다. 북방민족들은 이와 반대로 태초의 거인 위미르(Ymir)의 몸에서 잔인하게 잘려진 신체 부위가 이 세상이 되었다는 신기한 얘기들을 하고 있다. 그에 반해서 유대인, 기독교인 그리고 이슬람교도들은 여호와, 하나님, 혹은 알라라는 이름의 전지전능한 존재가 이 세계를 6일 동안 창조했다고 믿었으며(부분적으로 오늘날까지도), 지금도 믿고 있다.

신화가 인기 있는 곳에서는 당연히 패러디도 성행하고 있다! 아마 가장 멋들어진 창조신화 패러디는 영국 작가 더글러스 애덤스(Douglas Adams, 1952-2001)의 패러디일 것이다. 자신의 공상과학 풍자소설 시리즈 『은하수를 여행하는 히치하이커를 위한 안내서』에서, 그는 50개도 더 되는 팔을 가진 작고 푸른색의 생명체인 자트라바티드(Jatravartid) 종족이 전 우주를 통틀어 유일한 생명체로서, 바퀴가 발명되기 이전에 벌써 냄새 제거 스프레이를 발명해낸 것만으로도 범상치가 않다며 이 외계인에 대해 보고하고 있다. 더글러스 애덤스에 따르면 그들은 과거 어느 땐가 '위대한 초록 아르켈발작'이라는 이름의 존재가 재채기할 때 우주가 튀어나왔다고 믿고 있다. 그래서 자트라바티드인들은 '커다랗고 하얀 손수건의 재림'이라는 이름이 붙은 그 날이 오기를 기다리며 공포 속에서 살고 있다고 한다. 자트라바티드인들의 이러한 천지창조설이 그들이 태어난 세상 바깥으로는 멀리 퍼져 있지 않다고 하니 천만 다행이다.

사물의 원래 모습은 어떤 것일까?

아빠는 우주의 성질을 관찰하건데 어떤 계획도 그 배후에 숨어있지 않다고 어제 말씀하셨어요. 그럴 수도 있겠죠. 하지만 그것에 대해 본격적으로 얘기하기 전에 우리는 먼저 우주라는 것이 우리가 보는 그대로 존재하는 것인지를 알아야 할 것 같아요, 그렇죠? 우주는 우리가 보는 모습과 전혀 다를 수도 있잖아요! 이 소파를 예로 들어보죠. 이 소파는 정말로 **빨간색**이에요, 아니면 단지 우리에게 그렇게 보이는 것뿐인가요?

　　간단히 말해 너는 사물이라는 것이 우리가 보는 그대로인지 알고 싶어하는 거지?

네, 그거 재미있는 질문 같아요.

　　그래, 맞다. 네 질문에 대답을 하기 위해서 우리는 먼저 '사물자체'에 대해서는 합리적인 설명을 할 수 없고 다만 '우리를 위한 사물'에 대해서만 설명할 수 있다는 사실을 알아야 해.

뭐라구요? 다시 한 번 설명해주실래요?

　　그러지, '사물자체'라는 것은 흠잡을 데 없이 완전히 순수한 상태에 있는 사물을 말해. 즉, 우리의 인식과 상관없이 독립되어 존재하는 사물의 모습이란다. 소파를 예로 들어보자. 소파 '자체'가 가지고 있는 특성에 대해 우리는 합리적인 진술을 전혀 할 수가 없단다. 우리는 소파 '자체'를 지각하는 것이 아니라 오로지 우리와의 관계 속에서만 소파를 지각할 뿐이란다. 다시 말하면, 우리가 눈으로 소파를 볼 때, 또는 우리가 소파를 우리의 촉각으로 만지며 감지할 때, 이때 이 가구는 비로소 '소파자체'로부터 '우리를 위한 소파'가 되는 거지.

잠깐만요. 소파가 우리의 상상 속에서만 존재한다고 말하시려는 건가요?

아니야, 만일 그렇다면 우리는 지금 여기 이렇게 안락하게 앉아 있지 못하겠지. 이 소파는 확실성에 가까운 개연성으로 실제로 존재하고 있어. 즉, 우리의 지각과 상관없이 독립되어서 말이지. 그럼에도 불구하고 우리는 우리의 지각을 떠나서는 그 소파를 지각할 수 없는 것이고.

좋아요, 제가 저의 지각을 무시하고서는 이 소파를 지각할 수 없다는 것은 알겠어요. 하지만 이것은 정말 쓸데없는 따지기 놀음 아니에요? '사물자체'와 '우리를 위한 사물' 사이에 차이가 있다는 것이 도대체 우리와 무슨 상관이 있다는 거죠?

자, 이제 우리는 네가 한 질문에 대한 답에 한 걸음 더 가까이 다가간 거란다. 즉, 다음과 같이 말이지. 너는 이 소파를 빨간색으로 지각하지만, 사실 이 소파 '자체'는 그러한 성질을 전혀 가지고 있지 않다는 것이지!

뭐라고요? 이 빨간 소파가 사실은 빨간색이 전혀 아니라고요?

이렇게 말하면 어떨까. 즉, 네가 지금 지각하는 이 빨강은 이 소파의 성질이 아니고 네 뇌의 작용 때문이란다.

그러면 제가 어떻게 해서 빨간색을 보는 거죠? 소파를 볼 때 말이에요.

태양광선이 소파 위에 떨어지고 있다고 가정해보자. 물리학적으로 이것은 광선의 전자방사선이 소파 표면의 재료 위에 닿고 있다는 것을 의미해. 이 소파의 재료는 빛의 파장 스펙트럼의 일부분을 반사하게끔 만들어졌지. 아마 630나노미터의 파장일 거야.

나머지 파장은 어떻게 되는 거죠?

나머지 파장은 흡수되는 거지. 그야말로 소파 표면 위의 재료가 이 파장을 삼켜버리는 것이란다. 너는 그 재료 안에 들어있는 원자들과 분자들이 일정한 파장에만 반응한다는 것을 알 거야. 그리고 이 재료들은 받아들일 수 없는 파장은 반사해버린단다.

그리고 그것을 우리가 보는 거죠?

그래, 소파 커버 원자가 감당할 수 없어 반사시킨 파장은 우리 망막의 색깔수용체 위에 닿게 되지. 색깔수용체란 소위 L-추상체, M-추상체, 그리고 S-추상체를 말하는 거란다.

티셔츠 사이즈 같은 건가요? L은 라지, M은 미디엄, 그리고 S는 스몰이죠?

그래, 비슷한 거란다. L-추상체는 긴 파장에 반응하고, M-추상체는 중간 크기의 파장에 반응하고, 그리고 S-추상체는 짧은 파장에 반응한단다. 빨간색을 지각할 때는 L-추상체가 활동을 하는데 그 이유는 우리가 '빨강'을 600~750나노미터 사이에서 긴 파장을 가진 광선과 연결하기 때문이란다.

그 말은 우리 빨간 소파가 사실상 전혀 빨간색이 아니란 말이죠? 소파가 일정 파장을 흡수하고 나머지 파장은 그냥 반사시키기 때문에요?

바로 그거다.

그리고 우리 눈은 이 과정을 빨간 빛깔로 해석하는 거구요?

자, 정확히 말하면 이러한 해석은 우리의 눈이 아니라 뇌가 하는 것이란다. 시신경이 전달하는 전기신호가 뇌에서 복잡한 방식으로 여러 과정을 거치게 되는 것이지. 그리고 파장을 생화학적으로 측정한 값이 이렇게 마술과도 같이 주관적 감각인 '빨강'이 되어 버리는 거지. 이때 우리의 뇌는 새롭게 전달되는 자극을 이전에 저장된 정보를 사용해 비교 처리하게 되고, 이에 어울리는 감각으로 바뀌어 전달되는 거지. 우리는 이런 식으로 불의 색깔인 '빨강'을 '따뜻하게', 물의 색깔인 '파랑'을 '차갑게' 체험하는 것이란다. 그렇기 때문에 우리는 파랗게 칠해진 공간에서는 빨간색이나 오렌지색으로 칠해진 공간에서보다 더 추위를 느끼게 되는 것이란다.

그래요, 언젠가 한번 그런 이야기를 들어 본 적이 있어요! 그런데 바로 이 순간 갑자기 아주 다른 의문이 생기네요. 우리가 말하고 있는 이 주제에 맞는지는 모르겠지만요.

부끄러워하지 말고 생각나는 대로 말해보렴!

응, 물리학 수업에서 배우기를 이 세상은 원자, 전자, 양성자와 다른 아주 작은 미립자들로 이루어져 있다고 배웠어요. 벌써 이름은 다 까먹어 모르겠지만, 아무튼 이 미립자들은 자신들의 궤도를 돌고 있고 그 사이에는 텅 빈 공간이 있잖아요. 그런데 우리는 미립자들과 텅 빈 공간으로 되어 있는 것을 딱딱한 물체로 느끼고 있잖아요. 예를 들면, 이 소파가 그렇잖아요. 이러한 일들이 저에게는 색지각의 경우처럼 아주 비슷한 착각 같아 보여요. 그렇지 않나요? 그래서 다음과 같은 생각이 떠올랐어요, '소파자체'라는 것은 물리학자들의 연구대상으로서 '자신의-궤도를-엄청나게-빨리-돌고 있는-극히-작은-미립자-사물'이고, 반면에 '우리를 위한 소파'는 우리가 바로 지금 앉아있는 딱딱하고 안락한 가구라고 말할 수 있는 것 아닌가요?

재미있는 생각이구나. 아주 많은 물리학자들이 네 말에 찬성할 수 있을지도 모르겠구나. 하지만 자세히 관찰해보면 미립자-세계도 우리가 지각하는(비록 아주 복잡한 관찰 기계를 사용하기는 하지만) 세계라는 것을 인정하지 않을 수 없을 거야. 따라서 '세계자체'가 될 수 없지! 때문에 '자신의-궤도를-엄청나게-빨리-돌고 있는-극히-작은-미립자-소파'가 '소파자체'라고 말할 수는 없는 것이란다.

아까워라! 제게는 어쨌든 뭔가 논리적인 것 같았는데.

그래도 너는 그 질문으로 아주 중요한 것을 암시했단다. 즉, 현대 과학의 지식으로 인해 기존에 우리가 생각하던 이 세계의 모습이 아주 많이 달라졌다는 것은 의심할 여지가 없단다. 우리는 자연 속에서 우리가 원래 가지고 있었던 생태적 지위(生態的 地位)를 훨씬 멀리 뛰어넘는 통찰력을 가지게 되었단다.

어머나! 도대체 그건 또 무슨 뜻이에요?

아, 내가 확실히 좀 성급한 것 같구나. 다른 예를 들어서 설명하는 게 낫겠다. 예를 들자면 치타는 왜 그렇게 엄청나게 빨리 뛸 수 있다고 생각하니?

치타요? 그야 물론 치타는 아주 긴 다리에 힘센 근육과 아주 커다란 폐를 가지고 있으니까 그렇죠.

그렇지, 그런데 왜 그런 거지?

당연히 치타는 먹잇감이 되는 아주 날쌘 동물들을 쫓아 사냥하는 맹수이기 때문이죠. 그렇게 빠르지 않았다면 아마 치타는 벌써 오래 전에 멸종되었을 거예요.

맞는 말이다. 그러면 기린은 왜 그렇게 긴 목을 가지고 있지?

그 이유는, 기린들은 나무 꼭대기 위의 나뭇잎들을 먹고 살아가야 하기 때문에 그렇게 특성화된 거죠. 그렇게 되니까 비교적 작은 동물들과 먹이경쟁을 할 때 장점이 되는 거구요.

좋아, 그러면 우리 인간은 어떨까? 왜 우리는 다 익은 산딸기 중에서도 빨간 딸기를 보는 걸까? 왜 우리는 음식의 냄새를 맡아 보고 맛을 보면서 음식이 썩은 것을 확인하는 것일까? 왜 우리의 뇌는 원인과 결과 사이에 어떤 관계가 있는지 알기 위해 그렇게 열심히 노력을 하는 것일까?

그야 그것은 우리 선조들이 그렇게 하면서 살아남기 위한 장점을 터득해 왔으니까요.

바로 그런 이치와 같은 거야! 기린의 긴 목이나 치타의 날쌘 다리처럼, 지각하고 동시에 인식하는 우리의 기관도 진화의 생존경쟁 속에서 탄생된 거야. 그리고 그 기관 역시 자기만의 독특한 생태적 지위에, 다시 말해, 인간으로서 우리의 생활공간에 훌륭하게 적응한 것이지. 그렇기 때문에 예를 들면, 시속 100킬로미터 이상의 속도처럼 우리의 생태적 지위에서 발생하지 않았던 현상은 오늘날에도 여전히 아주 힘들게 어림잡을 수밖에 없는 거야.

맞아요. 남자아이들이 자동차 핸들을 잡고 '우쭐한 카우보이' 놀음을 하려고 할 때마다 제가 늘 하는 소리죠.

젊은이들이 겁 없이 위험을 무릅쓰는 그러한 특별한 모험심 또한 진화가 선물한 유산이지. 물론 그 점에서 나는 그 친구들과는 아주 달랐지만!

어머! 제가 그 말을 믿을 줄 아세요? 분명히 할머니께 한번 여쭤볼 거예요, 호호호……. 그런데 원래는 뭔가 다른 것을 말하시려고 했잖아요, 그렇죠?

그래, 맞다! 내가 말하고자 했던 것은 다음과 같아. 우리는 우리의 인식기관이 기린의 목처럼 자연진화의 산물임을 알게 되었지. 물론 그렇다고 해서 그것으로 '세계자체'를 이해할 수 있는 것은 아니란다. 이 기관은 전혀 다른 기능을 가지고 있지.

음, 말하자면 우리 생존을 책임지는 기능이겠죠!

바로 그것이란다!

그런데 이러한 생존목표를 달성하기 위해 한 마리의 영양을 잡는 대신 '자신의-궤도를-엄청나게-빨리-돌고 있는-극히-작은-미립자로-복잡하게-이루어진-동물'인 것을 알았다면, 이것은 확실히 선조들의 생존에 많은 도움을 주지는 못했을 것 같네요, 그렇지 않아요?

그래, 추측컨대 아마 직립원인인 호모 에렉투스가 꽤나 어리둥절했을 것 같구나.

질문이 한 가지 더 있어요. 세계를 보는 우리의 시각이 진화과정에 생긴 것이라면 아마도 다른 생물들은 이 세계를 전혀 다르게 지각한다는 의미네요, 그렇지 않아요? 고양이인 찰리에게는 소파가 아마 빨간색이 아니겠죠?

당연하지. 실제로 찰리에게는 이 소파가 빨간색이 아니고 노란색일 수도 있지. 고양이는 두 종류의 추상체만을 가지고 있기 때문에 장파인 적색광선을 처리할 수 없단다. 다시 말해, 밤에 활동하는 맹수들에게 장파는 별 의미가 없기 때문이란다. 맹수들은 어둠 속에서 잘 보고 먹잇감을 사냥해야 하기 때문에 대단한 색지각이 필요 없는 것이지. 그래서 맹수들은 사실상 그런 쪽으로만 뛰어난 능력을 가지게 된 것이란다.

그런데 우리가 전혀 지각할 수 없는 색깔을 볼 수 있는 동물들도 있지요, 아닌가, 제가 잘못 안 걸까요?

아니야, 네 말이 맞아. 우리와 달리 많은 곤충, 조류와 물고기들이 자외 복사선을 지각할 수 있단다. 때문에 꿀벌의 눈에 보이는 꽃밭과 우리 눈에 보이는 꽃밭은 아주 다르단다. 그 밖에도 많은 동물들이 우리에게는 생소한 감각기능을 가지고 있단다. 예를 들면, 철새는 지구의 자장을 이용해 방향을 알아내고, 박쥐는 아주 어두운 곳에서도 초음파를 발사해서 되돌아오는 초음파를 이용해 날아다닐 수 있는 것이란다. 이들은 글자 그대로 귀로 '본다'고 할 수 있겠지.

그것에 관해 재미있는 다큐멘터리를 본 적이 있어요. 제가 박쥐가 된다면 어떤 느낌일지 궁금해요. 어떨까요? 도대체 상상이나 해볼 수 있는 일인가요?

재미있는 질문이구나! 왜냐하면 미국의 철학자 토머스 네이글(Thomas Nagel)도 1970년대에 이 문제에 관해 똑같은 질문으로 아주 중요한 논문을 썼기 때문이지. 네이글은 비록 우리가 박쥐에 대해 모든 것을 알고 있다 할지라도 박쥐의 감각기능으로 세계를 지각한다는 것이 진정 어떤 기분일지는 전혀 알 수 없을 것이라는 의견이었지. 우리의 외부지각과 어떤 생물의 내부지각 사이에는 커다란 차이가 있다는 거지.

저에게는 당연한 것처럼 생각되는데요. 하지만 그것이 우리와 박쥐와의 관계에서만 그럴까요? 우리 인간들 사이에서도 마찬가지잖아요. 그렇지 않아요? 제 말은 제가 아빠를 보고 있고 아빠와 얘기하고 있는 동안, 제가 만약 두뇌를 연구하는 과학자라면 아빠의 뇌 속에서 아빠가 어떤 생각을 하고 있는지 알아낼 수 있다고 생각할지도 모르지만 사실은 아빠와 똑같이 느낄 수는 없다는 말이죠. 마찬가지로 아빠도 저와 똑같이 느낄 수 없고요.

맞아. 철학자들이 '감각질(感覺質, 퀄리어, qualia)'이라고 부르는 우리 자신의 내적 체험의 질은 오로지 우리 자신에게만 국한되어 있지. 만일 우리가 다른 사람과 똑같이 슬퍼한다거나 똑같이 기뻐한다면 이것은 일종의 — 의심할 바 없이 유익한 — 감각투사(感覺投射)에서 기인한 것이란다. 이것은 우리가 만약 그들의 처지 속에 있다면 어떤 기분이 될지 눈앞에 있는 것처럼 생각해보는 감각능력이지. 이렇게 함으로써 우리는 서로의 입장에 아주 가까이 다가설 수 있게 되는 것이란다. 그 이유는 우리가 같은 종에 속해 있기 때문이야. 그럼에도 불구하고 우리는 다른 사람이 되어 본다는 것이 어떤 기분인지는 결코 체험할 수 없단다.

남의 처지가 되어 본다는 것이 그렇게 쉽지만은 않은 것이죠!

그렇단다. 여기에서 우리는 우리가 결코 극복할 수 없는 인식의 한계에 부딪히는 것이란다.

'사물은 정말 우리가 보는 그대로일까?'

이미 약 2,500년 전에 그리스의 철학자 플라톤(Platon, BC 427-347)은 이 문제에 흥미를 느꼈다. 오늘날까지도 여전히 학교에서 즐겨 예를 들고 있는 그의 유명한 '동굴의 비유'라는 이야기 속에서, 플라톤은 동굴 속에 죄수들이 묶여 있고, 이 죄수들은 단지 등 뒤에 있는 사물들의 그림자가 동굴 벽에 비추어지는 모습만 볼 수 있는 상태를 묘사하고 있다. 이 사람들은 다른 경험을 할 수 없기 때문에 이 사물의 그림자를 진짜 사물로 간주하고 있다. 플라톤은 이 죄수들 중 한 명이 자유의 몸이 되어 동굴을 떠나서 진짜 그대로의 사물을 본다면 어떤 일이 일어날까 하는 질문을 던지고 있다. 과연 다른 죄수들이 그의 이야기를 믿을 수 있을까? 그럴 가능성은 거의 없을 것이다! 그럼에도 불구하고 이 외톨이는 일종의 '고차원적' 인식을 얻게 된 것이다.

동굴의 비유는 여러 가지로 해석이 가능하다(선생님들이 이 비유를 자주 활용하는 이유가 이것 때문일 것이다). 플라톤 자신은 이 비유를 통해 감각으로 받은 인상을 믿지 말고 '보다 높은 정신적인 것'을 추구해야 한다는 것을 보여주고자 했다. 이렇게 해야만 체험할 수 있는 세계 뒤에 가려져 있는 것을 발견할 수 있다고 말했다. 플라톤에게는 '모든 사물의 근원'이 '이데아(Idea)의 세계'였고 다른 사람들에게는 '신'이었다.

무슨 수를 써서라도 고대를 무시하려 했던 기독교는 그리스도 이전의 사상들을 중요하게 여기지 않았지만 플라톤의 이론들은 받아들였다. 플라톤이 소위 '플라토닉 러브(순수하고 '성적 욕망'으로 때묻지 않은 '정신적인 사랑', platonic love)'의 수호성인이기 때문만은 아니었다. 이보다 더욱 중요한 것은 그의 관념이 종교적인 세계관에 훌륭하게 끼워 맞출 수 있는 것이었기 때문이다. 급기야 기독교 역시 이 세속적이고 감각적으로 지각할 수 있는 사물들 뒤에 '보다 숭고한 정신적인 원천(즉, 하나님)'이 감추어져 있다고 가정하고 있다.

영국의 철학자 데이비드 흄(David Hume, 1711-1776) 같은 기독교 회의론자는 이러한 관념을 거부했다. 흄에게 모든 관념(심지어는 플라톤의 숭고한 이데아조차도)은 결국 단순하게 감각적으로 받은 인상(예를 들면, 뜨겁고 차가운 지각)에서 비롯된 것이 확실했다. 흄에게 있어 감각은 세계에 대한 우리 지식의 유일한 원천이었다. 사람들은 감각적인 인상을 무시하고 동떨어진 상태로는 결코 현실을 유의미하게 말할 수 없다고 흄은 주장하고 있다.

속세에 뿌리를 내리고 있는 흄의 철학이 너무나 혁명적이어서 그의 책들은 가톨릭교회의 금서목록에 올랐을 뿐만 아니라 저명한 독일의 동료 철학자에게도 글자 그대로 충격을 주었다. 즉, 11년 동안 공식적으로 침묵을 지킨 후에야 비로소 임마누엘 칸트(1724-1804)는 흄에게 보내는 그 유명한 대답으로서 『순수이성비판』을 발표했다. 이 책 역시 지나치게 훌륭한 책이었기에 금서목록에 오르게 되었다. 우리는 '사물자체'를 절대로 인식할 수 없고 단지 '우리를 위한 사물'인 현상만을 인식할 뿐이라고, 쾨니히스베르크 출신의 이 철학자는 『순수이성비판』에서 명백하게 해명했다. 왜냐고? 그 이유는(흄과 마찬가지로) 칸트에게 인식이라는 것은 항상 주체로부터 독립되어 있으니까! 그러나 이때 감각적 경험만이 중요한 역할을 하는 것이 아니라 우리가 이미 경험 이전에 가지고 있었던 사고방식도 중요한 역할을 하고 있는 것이다(칸트는 여기서 '선험적' 지식(a priori는 라틴어로 '이전부터' 라는 뜻)에 대해 언급하고 있다).

실제로 우리는 공간과 시간, 원인과 결과에 대한 확실한 관념을 가지고 태어난다. 때문에 아기들은 비스듬한 바닥에서 공이 아래로 구르는 대신 위로 구르면 놀란 얼굴로 바라본다. 이러한 선습득이 어떻게 형성되는지는 20세기의 진화론적 인식론이 비로소 규명할 수 있었다. 콘라트 로렌츠(Konrad Lorenz, 1903-1989), 루페르트 리들(Rupert Riedl, 1925-2005), 그리고 게르하르트 폴머(Gerhard Vollmer, 1943-) 같은 과학자들은 우리가 세계를 관찰하는 방식은 우리의 후각이나 소화관의 기능방식처럼 진화의 산물이라는 것을 제시해 보여주었다.

임마누엘 칸트는 인식 선습득에 대해 '선험적(이전부터의)'이라는 개념을 사용함으로써 핵심을 찔렀던 것이다. 물론 그는 인간의 본성 안에서 얼마나 일찍 이러한 '이전의 것'이 형성되기 시작하는지는 몰랐다. 하지만 아마 그 또한 잘된 일인지도 모르겠다. 왜냐하면 칸트가 비난으로 가득한 종교 비판과 이데올로기 비판 외에 진화론에 대한 논문까지 발표했더라면, 이 쾨니히스베르크 출신의 철학자는 분명히 쾨니히스베르크식 고기완자가 되어버렸을 테니까.

우리가 알 수 있는 것은 무엇일까?

흠, 모든 것이 아주 혼란스러워요. 저에게는 '빨강', 물론 찰리에게는 '노랑'으로 보이는 소파 위에 제가 앉아 있고, 소파 '자체'가 무슨 성질을 가지고 있는지도 도통 모르겠고. 다른 동물들이 세계를 실제로 어떻게 지각하는지 우리 역시 모르고. 게다가 다른 사람이 되어 보는 것이 어떤 것인지도 절대 알 수 없고. 그러면 이런 의문이 생길 수밖에 없겠죠. 도대체 우리가 알고 있는 건 뭐죠?

자, 우리 인간이 몇 천 년 전에야 비로소 동굴을 떠났음에도 불구하고 그 후부터 지금까지 알아낸 것에 대해 나는 대단히 인상적이라고 생각한다. 그렇지 않니? 오늘날 우리는 이전 세대의 사람들보다 의심할 바 없이 더 많은 것을 알고 있단다.

알겠어요. 그러면 우리가 알고 있는 이 지식이라는 것은 확실한 것이에요?

무슨 말을 하려는 거니?

인간은 '세계자체'가 어떤 것인지 전혀 알 수 없다는 것을 아빠와 제가 확인했잖아요. 만약 그렇다면, 세계에 대한 어떤 설명에서, 그 설명이 진짜인지 거짓인지 어떻게 알 수 있다는 거죠?

그 '자체'는 알 수 없지만 '우리 눈에 보이는' 것은 잘 알 수 있지! 달이 우리 지각과 동떨어져 있다고 할지라도(그리고 이 달자체는 썰물과 밀물을 일으킨다) 우리는 아무렇지 않게 그냥 '우리에게 지각된 달에 대해' 대화할 수 있단다. 이와 관련해서 오스트리아의 철학자 루트비히 비트겐슈타인(Ludwig Wittgenstein)의 유명한 문장이 생각나는구나. '말할 수 없는 것에 대해 우리는 침묵해야 한다.'

아이고, 그것은 또 무슨 말이에요?

합리적으로 도저히 설명할 수 없는 사물에 대해서는 함부로 말하지 말아야 한다는 뜻이야! '세계자체'로 가는 비밀통로를 가지고 있다고 주장하면서, 인간의 경험을 넘어선 '저편'에 놓여 있는 뭔가 '고차원적인 진리'에 대해 말할 수 있다고 주장하는 사람은 그에 상당하는 만큼의 불신과 부딪히게 돼. 다시 말해 십중팔구 이런 사람들은 우리를 바보로 여기고 속이려는 거짓말쟁이거나, 혹은 불쌍하게도 자신이 만든 착각에 사로잡힌 사람들인 것이지.

어째서 아빠는 그렇게 자신 있게 말할 수 있는 거죠?

왜냐하면 소위 '자체'로 가는 세계의 통로는 원칙적으로 잠겨 있으니까. 인간 지각을 넘어선 저편에는 절대로 인간 지각이 없으니까! 또한 이 말은 인간 역사 속에 나타났던 '예언자' 모두에게도 당연히 해당되는 말이란다! 그들 역시 너나 나처럼 제한된 인간의 관점만을 가지고 있어서 '세계자체'에 대해 거의 모르고 있었지.

이해하겠네요! 아빠는 저 너머에 있는 '세계자체'는 접어 두고, 대신 '우리 인간이 지각할 수 있는 세계'에 집중하자고 제안하시는 거죠?

그래, 그것이 우리에게는 한층 이로운 점이 있단다. 왜냐하면 우리가 우리의 인식대상을 '인간세계'에 국한시킨다면 참된 진술과 거짓된 진술의 차이점을 구분하기가 아주 쉬워질 테니까.

어째서죠?

왜냐하면 이 세상에 살고 있는 인간의 방법으로만 이 세상에 살고 있는 인간의 진술을 검증할 수 있는 것이니까. 이와 반대로 '저편의 것'에 대한 진술은 이 세상에서는 거짓으로 입증되는 것이지.

프리드리히 니체(Friedrich Nietzsche)는 이것을 이미 알고 있었어.

좋아요. 그러면 우리 '인간세계'에 집중해보죠. 우리가 어떤 진술이 참인지 거짓인지 분간하기 위해 사용하는 방법들은 어떻게 생겼어요?

너 기억하지? 나는 젊었을 때 다른 아이들과 달리 한번도 '우쭐한 카우보이' 짓을 한 적이 없다고 다소 자신 있게 주장했던 것 말이야. 너는 충분한 근거가 있었기 때문에 내 말을 믿지 않았잖아. 뿐만 아니라 너는 내 진술의 내용이 진짜인지 조사할 수 있는 방법을 언급했었지.

제가 아빠의 말을 믿기 전에 할머니께 먼저 여쭤봐야겠다고 했어요.

맞아, 그렇지. 그 방법으로 너는 내 진술이 진짜인지 거짓인지 경험적으로 조사할 수 있단다.

잠깐만요. '경험적'이라는 개념은 도대체 무슨 뜻이죠?

'경험적(empirisch)', 그리고 '경험(Empirie)'이라는 말은 그리스어 '엠피레이아(empireia)'에서 온 말이고 '경험', 혹은 '경험지식'을 의미한단다. 그리고 너는 할머니가 사춘기의 아들과 겪었던 경험들을 경험하려고 했던 것이지. 그것은 완벽한 경험적 방법이지. 아주 좋은 방법이란다.

할머니뿐만 아니라 아빠의 옛날 학교동창들, 친구들, 그리고 무엇보다도 아빠의 과거 여자친구들과 인터뷰할 수 있다면 더 좋았을 텐데요. 할머니는 분명히 아빠가 한 일을 모두 경험한 건 아닐 테니까요!

다행스러운 일이지.

뭐, 뻔하죠, 말 안 해도 알겠는데요, 뭐!

자, 그러면 이제 그 얘기는 그만 하고, 우리가 하던 얘기로 돌아가 보자. 네가 아주 많은 사람들을 인터뷰한다면 너는 분명히 그 당시의 나의 행동에 대해 비교적 상세한 모습으로 상상할 수 있게 되겠지.

하지만 그것만으로는 충분하지 않다고 생각해요! 모든 사람들이 그 당시 아빠의 자아에 대해 어떻게 생각하는지 알아낸다면, 아마 그것이 가장 나은 방법일 거예요. 아쉽게도 저는 아빠의 진술도 그들의 진술도 그 당시 아빠의 자아와 직접 비교해볼 수는 없군요.

맞는 말이다! 그렇기 때문에 설문방법은 단지 특정한 문제에서만 우리에게 도움을 줄 수 있을 뿐이란다. 예를 들어, 경험적 사회과학자들은 일단의 사람들이 진화론에 공감하는지, 또는 창조설에 공감하는지 설문을 통해 알아낼 수 있단다. 하지만 비록 사람들 대다수가 참이라고 생각하는 것이 무엇인지 알아낸다고 할지라도 그것이 정말 참인지는 여전히 모르는 것이지.

물론이죠. 왜냐하면 다수도 역시 잘못 생각할 수 있기 때문이죠. 설문은 이 경우에는 의미가 없겠네요. 그러면 진술을 경험적으로 조사할 수 있는 다른 가능성은 확실히 없는 건가요?

물론 없단다. 다음 진술의 진실내용을 검증한다고 가정해보자. '사람과 침팬지는 아주 가까운 친척관계에 있고 약 600만 년 전에 살았던 같은 조상에서 비롯되었다.' 네가 알다시피 전 세계의 많은 종교신자들이 이 진술에 대해 여전히 이의를 제기하고 있지. 설문으로는 이 문제에 대한 해답을 얻을 수 없기 때문에 이러한 주장을 옹호하던가, 논박하던가 하기 위해서 사람들은 더 확실하고 경험적인 증거물들을 찾아야 하는 것이란다.

그러면 어떤 식으로 해야 하는 거죠?

자, 우선, 예를 들어, 인간과 침팬지의 신체구조나 행동 같은 특징을 관찰하고 다른 생명체의 성질과 비교할 수 있겠지. 또한 우리는 과거시대에서 발굴한 뼈와 화석을 연구하고 이를 바탕으로 두 종의 혈통을 재구성해볼 수도 있을 거야. 두 종의 친척관계 정도를 알아내기 위한 가장 좋은 방법은 이들의 유전자 코드인 DNA를 분석해서 오늘날 생존하고 있거나 이미 멸종된 종의 유전 코드와 대조해보는 것이지. 이런 과정을 통해 침팬지와 인간이 침팬지와 고릴라보다 더 가까운 친척관계에 있다는 것이 나타나는 것이란다. 오늘날의 지식 수준에 의하면 현재의 고릴라의 조상은 약 700만 년 전에 우리와 같은 혈통에서 벗어났지. 반면에 침팬지는 약 600만 년 전에야 비로소 우리와 다른 길을 걷게 되었단다.

정말이요? 고릴라와 침팬지를 보는 순간 사람들은 아마 이들이 서로 밀접한 친척 사이일 거라고 짐작할 텐데요.

이러한 예는 단순히 깊이 생각하는 것만으로는 어떤 진술이 참이고 거짓인지 알아낼 수 없다는 것을 우리에게 보여주고 있어. 그래서 깊은 생각과 함께 경험적인 방법이 필요한 것이란다. 보다 정확하고, 체계적이고, 훌륭하게 만들어진 실험처럼 말이지.

알겠어요. 경험적 검증이 중요하다는 것을 이해하겠어요. 참진술을 알아내는 다른 방법들이 또 있나요?

응, 다른 방법들도 있지. 너 가끔 미국의 법정드라마를 보던데, 그렇지? 거기 보면 변호사가 반대심문에 나온 증인들을 아주 거세게 심문하지. 왜 그렇게 한다고 생각해?

제 생각에는 진짜 어떤 일이 벌어졌는지 알아내기 위해서, 증인들이 모순

된 진술을 하게 유도하는 것이라고 생각하는데요.

그렇지. 자, 이제 진술내용이 참인지 검증하기 위해 우리가 알고 있는 두 번째 중요한 방법에 대해 얘기해보자꾸나. 이 두 번째 방법은 사람들의 진술 하나하나가 논리적으로 서로 일치하는지, 아니면 그 진술들 사이에 모순논리가 있는지 알아내려는 것이란다. 예를 들어, 어느 증인이 뮌헨의 10월 축제에서 의식을 잃을 정도로 취했었다고 증언했다고 치자. 그러면 그는 똑같은 시간에 함부르크에 살고 있는 유산을 물려 줄 숙모를 간호할 수가 없지.

그것은 명백한 사실이죠.

논리에서도 똑같은 이치란다. 즉, 경험적 검증 없이도 한눈에 봐도 명백한 관련사실인 증거가 중요한 것이란다. 어떤 사람이 뮌헨과 함부르크에 같은 시각에 있을 수 없다는 사실을 알아내기 위해 수사팀을 양쪽 도시에 파견해 검증할 필요는 전혀 없지. 단지 각각의 진술이 논리적으로 서로 일치하지 않는다는 사실을 아는 것만으로도 충분하다는 말이지. 하지만 때때로 이런 모순논리를 알아내는 것이 그렇게 간단하지 않은 경우도 있어. 그래서 결론을 내릴 때 우리는 이따금 실수를 저지르기도 하지.

예를 들면, 어떤 실수를 말하는 것인가요?

여러 가지 형태의 그릇된 결론이 있단다. 그중에서도 지나치게 일반화해 버리려는 경향이 있단다. 구체적으로 말하면, 각각의 경험을 부정확하게 일반화한다는 말이지.

제가 작고 하얀 개에게 물린 경험으로 인해 작고 하얀 개 모두가 무는 버릇이 있다고 결론 내리는 것 같은 거죠?

그래, 그것이 바로 이런 경우이지. 그래서 올바른 결론에 관해 다루는 학문 즉, 논리학의 도움으로 우리는 이러한 추론상의 오류를 발견하고 제거하려는 것이란다.

논리학과 경험 가운에 어느 것이 더 중요하죠?

그렇게 서로 등급을 매길 수는 없는 일이란다. 두 개 다 필요하니까.

좋아요. 그러면 우리가 어떤 진술을 논리적으로, 그리고 경험적으로 완벽하게 검사를 했다고 가정하면, 이 진술이 참이라고 100퍼센트 확신할 수 있는 건가요?

그렇지 않단다. 다만 그 진술이 현재 우리의 지식수준을 토대로 하여 참이라고 여겨지는 것이라 말할 수 있을 뿐이란다. 하지만 여기에서도 우리는 물론 오류를 범할 수도 있지. 우리가 무엇인가를 관찰할 때 어떤 중요한 사항을 못 보고 놓친다거나, 혹은 어떤 문제점에 대한 중요한 견해를 충분히 고려해서 결론에 넣지 못하는 경우도 있지 않겠니? 100퍼센트 확실한 지식이라는 것은 없단다. 하지만 우리의 인식을 조금씩 조금씩 확실하게 학습해 나갈 수는 있단다. 이러한 면에서, 무엇보다도 기술과 의학의 비약적인 발전에서 보다시피 우리는 지난 몇 십 년 사이에 그야말로 엄청난 발전을 이룩했단다. 그러나 이러한 성공에도 불구하고 결국에는 그리스의 철학자 크세노파네스(Xenophanes)가 이미 2,500년 전에 간단히 표현한 것처럼 다음과 같은 인식에만 도달할 수 있을 뿐이란다. '비록 한번 절대진리에 대해 제대로 말할 수 있다고 해도 그는 그 절대진리에 대해 결코 알 수 없다. 그것은 모두 추측으로 섞어 짜 맞춘 것이다.'

그러면 역시 과학자 자신조차도 결국은 '~라고 생각한다(think, believe)' 라고

만 말할 수 있을 뿐이네요?

그래. '-라고 생각한다' 라는 단어에는, 무엇인가를 100퍼센트 확실하게 알 수 없어서 단지 '-라고 추측할 수 있다' 라는 의미가 있다는 것을 너는 이해하고 있구나. 그리고 유감스럽게도 '-라고 생각한다' 는 말은 정확히 반대의 의미로도 사용된단다. 즉, 이 말은 '어떤 진술을 무조건 사실로 간주하려는' 의미를 가지고 있단다. 모든 증거에도 불구하고 지구가 정확히 6,000년 전에 생겼다고 굳게 확신하는 종교신자들을 생각해보렴. 이 시기에 벌써 바빌로니아 사람들은 최초의 맥주를 주조했음에도 불구하고 말이다.

진짜 어리석은 일이죠!

물론이지! 그럼에도 불구하고 우리는 이런 어리석은 것을 굳게 믿고 있는 현명한 사람들도 많다는 것을 잊어서는 안 된단다.

어떻게 그럴 수 있는 거죠?

머릿속에 분명히 심적 장애가 있는 것 같아. 이 사람들은 낮에는 완벽하게 이성적으로 행동하지만 종교문제가 제기되면 어딘가 모르게 좀 제정신을 잃게 되지. 1주일에 6일 동안 멋들어진 일을 하다가도 마지막 일곱 번째 날이 되면 '동정녀 탄생' 을 믿는 산부인과 의사들이 있다는 것을 도대체 어떻게 설명해야 할까?

우리 인간은 분명히 아주 어리석은 종이에요.

그래. 오히려 동정녀 탄생을 전혀 믿지 않는 사람들을 찾아보는 게 더 웃긴 생각일 것 같구나. 게다가 그들의 확신에 반박하려고 아무리 경험적으로 모든 증명을 하고 논리적으로 증거물을 끌어내 와도 그들의 마음을 흔들어 놓을 수는 없는 것 같구나! 그들은 자신들의 믿음의 신조에 관해 조목조목 의문을 품기보다는 오히려 당연하다는 듯이 이성의 원칙을 포기해버리고 말지.

그건 당연하죠, 아닌가요? 신이 자기편이라고 믿고 있는 사람들에게 반대 주장을 해도 소귀에 경 읽기겠죠!

그래, 애석하게도 이 무모한 광기는 나름대로의 체계를 세우고 있단다! 그 때문에 이성을 잃지 않고 종교 원리주의자를 상대로 언쟁을 한다는 것은 정말 엄청나게 어려운 것도 사실이야.

안 봐도 알겠어요! 하지만 이들과 마찬가지로 자기 의견만 고집하고 자신이 확신하고 있는 것만 독단적으로 고집하는 과학자들도 있지 않나요?

당연히 있지, 결국 과학자들도 단지 인간일 뿐이니까! 그렇기 때문에 당연히 과학의 세계에서도 과학적인 방법론에 모순되는 일이 수없이 나타나지. 남녀 과학자들이 독단적이지 않으면서 또한 자기 연구의 결과만을 고집하지 않는 경우가 이상적인 경우일 테지. 과학적으로 문제를 다루는 접근방식이 자신의 확신을 대변하는 것이기는 하지만, 이것은 자신이 확신하는 이론이 다른 이론에 의해 반박당할 때까지만 그렇다는 말이지!

그렇다면 과학적 진리라는 것은 일종의 '잠시 머무는 진리'에 불과한 것인가요?

그렇지, 그렇게 말할 수 있지. 당연히 과학자들은 '절대진리'라고 단언하면서 사람들로 하여금 '무조건' 믿게 해서는 안 된단다. 과학자들은 인간이 품고 있는 모든 확신이 틀릴 수도 있기 때문에 항상 다시 검증하고 개선해야 한다는 것을 인정하고 있지. 바로 이러한 과학적 생각의 겸손함이 가장 위대한 강점이란다.

그게 무슨 말이에요?

과학자는 다음과 같은 사실을 알고 있단다. 오늘은 그에게 타당하게 보이지만 벌써 내일이 되면 아마 반박당하리라는 것을 믿고 있을 뿐이라는 것을. 하지만 이와 반대로 종교신자는 다음과 같은 사실을 믿고 있지. 일반적으로 오늘 당장 반박당할 것임에도 불구하고 모레도 타당할 것이라는 것을 자신이 진짜 알고 있다고. 이 것이 진리를 연구하는 아주 다른 두 가지 접근법이란다.

잠깐, 잠깐만요. 과학자는 자신이 무엇인가를 믿고 있다는 것을 알고 있고, 반면에 종교신자들은 자신이 무엇인가를 알고 있다고 믿는다고요? 어머머, 세상에, 그게 무슨 말인지 우선 혼자 조용히 좀 생각해봐야겠네요. 내일 계속해요. 찬성하시죠?

물론입죠, 주인님.

'나는 내가 아무것도 모른다는 사실을 알고 있다!'

너무도 유명한 이 말은 그리스의 철학자 소크라테스(Sokrates, BC 469-399)가 한 말이다. 소크라테스는 어떤 사람이었는가? '델포이 신탁'에 의하면 그는 그가 살던 당시 '가장 현명한 사람'으로 간주되었다. 그 당시 다른 사람들은 그보다 아는 것이 거의 없었음에도 불구하고 자신들을 현명하다고 간주하고 있었다. 소크라테스는 자기가 사실은 특별히 현명하지 않지만 자신을 현명한 사람이라고 부른다면, 그 이유는 아마도 자기가 모른다는 사실을 알고 있기 때문일 것이라고 했다.

소크라테스는 문서로 쓴 작품을 하나도 남기지 않았지만 문답법의 거장이었다. 소크라테스의 제자들(그중에서도 플라톤과 크세노파네스)이 기록한 대화집이 이러한 사실을 증언하고 있다. 이 대화집 속에서 소크라테스는 겉으로는 순진한 척하면서 대화 상대자가 이른바 알고 있다고 하는 것에 대해 이의를 제기하며 반박했다. 소크라테스는 상대방이 당연히 잘 알고 있다고 믿는 사실에 대해 증거를 요구했고, 그들은 소크라테스가 대화중에 유발시킨 교묘한 아이러니를 통해 지식에 대한 자신들의 확신이 논리적 증거에 뿌리를 내린 것이 아니라 사이비 지식에 뿌리내리고 있다는 것을 알고 충격에 빠졌다. 이러한 전략을 통해 소크라테스는 참된 철학자 즉, 지혜를 사랑하는 사람[필로소피아(Philosophia)=지혜를 향한 사랑]임을 증명했지만 동시에 이를 통해 많은 적들이 만들어졌다. 이리하여 결국 올 것이 오고야 말았다. 즉, 기원전 399년 '당대 최고의 현인' 소크라테스는 '무신론자'이며 '젊은이를 타락시키는 사람'이라는 죄목으로 고소를 당했고 사형을 선고받았다.

거의 2,500년 후, 영국으로 이주한 오스트리아의 철학자 칼 포퍼(Karl Popper, 1902-1994)는 소크라테스가 중단한 바로 그 지점에서 자신의 연구에 전념했다. 즉, 그것은 '알지 못함(Nicht-Wissen)'을 인식하는 것에 대해서였다. 젊었을 때 포퍼는 사회주의 운동에 참여했지만 공산주의의 독단적인 성향을 알게 되자 다시 거리를 두기 시작했다. 그리고 모리츠 슐릭(Moritz Schlick, 1882-1936), 루돌프 카르납(Rudolf Carnap, 1891-1970), 오토 노이라트(Otto Neurath, 1882-1945)를 중심으로 모인 일단의 학자들의 모임인 소위 '빈학파'에서 그들과 비슷한 성공적인 활동의 길을 걸어왔다. 빈학파의 중심 인물들이 논리적이고 경험적인 원칙을 잘 헤아려 활용한다면 참과 거짓의 진술 사이에서 실증적으로 판단을 내릴 수 있을 것(실증주의)이라고 주장했던 반면에, 포퍼는 우리는 '진리'를 진리자체로 결코 인식할 수 없고, 다만 그 진리에 대해 다소나마 이성적인 추측을 할 수 있을 뿐이라는 의견을 주장했다(비판적 합리주의). 포퍼에 의하면 인식에서의 진보는 우리가 잘못된 추측에 대해 반대하는 증거를 끌어낼 때만 비로소 가능하다(반증하기). 그렇기 때문에 훌륭한 과학자라면 자신이 연구한 결과가 '진리'임을 증명하려(검증하기) 애쓰지 말고 차라리 자신의 이론에 결함이나 실수가 없는지 조사해야 한다고 했다.

포퍼의 '반증원칙'(추측 안에 포함된 오류를 반박하면서 그 추측을 개선하는 원칙)이 과학철학에서 더욱 더 확고한 지반을 얻을 수 있었기 때문에 이 거장은 당연히 이에 대해 기뻐했다. 그러나 그의 제자 파울 파이어아벤트(Paul Feyerabend, 1924-1994)가 그의 비판적 합리주의를 반박하자 더 이상 기뻐할 수가 없었다. 파이어아벤트는 '인식의 진보'는 사람들이 과학적 사고에 대한 '믿음의 확신'을 같이 공유할 때만 가능하다고 주장했다. 그러한 확신이 없다면 사람들은 일기예보가 기우제 때 추는 레인 댄스보다 정말로 더 좋은지 전혀 판단할 수 없을 것이다. 그렇게 되면 사람들이 과학과 미신의 차이를 편견 없이 분간할 수 있다는 것 또한 미신에 불과할 것이다. 원칙적으로 사람들이 과학서적을 공부하는 것이나 커피 찌꺼기 점을 치는 것이나 마찬가지가 되는 것이다.

　이렇게나 많은 '무지를 향한 용기'에 대해 소크라테스조차도 깜짝 놀랄 것이다. 또한 그는 아마 자신의 제자들에게 파이어아벤트의 인식에 대한 의심을 적극적으로 활용할 것을 추천할 것이다. 왜냐하면 우리는 세계 '자체'에 대해 조금도 알려고 하지 않을지도 모르기 때문이다. 지난 몇 십 년 동안 '우리를 위한' 지식이 눈에 띄게 급속히 성장해 왔다는 것은 심각한 논쟁을 할 필요도 없이 분명한 사실이다. 이러한 지식성장의 과정에서 대부분의 사람들이 열광하는 기술적인 성과만 이룬 것이 아니라 많은 사회적인 진보도 이루었다. 적어도 분명히 소크라테스는 칼 포퍼와 기꺼이 처지를 바꾸고 싶어했을지도 모르겠다. 왜냐하면 소크라테스가 자신의 일생의 결작 때문에 사형선고를 받지 않고 오히려 기사작위를 받았을 테니까. '지혜를 사랑하는 사람들(철학자들)'에게 그러한 일이 진보가 아니고 무엇이란 말인가?

신은 존재할까?

우리는 어제 과학적 사고와 종교적 믿음 사이의 차이점에 대해 얘기를 나누었어요. 이 기회에 우리 계속해서 그것과 관련된 얘기를 했으면 좋겠어요. 어때요, 아빠?

좋아, 그렇게 하자꾸나.

그것에 관해 질문이 하나 있어요. 저는 아빠가 이 질문에 어떻게 대답할지 알 수 있을 것 같지만 그래도 한번 질문해볼게요.

편하게 말해보렴!

아빠가 비웃지 않았으면 좋겠어요!

딸, 도대체 왜 내가 널 비웃을 거라고 생각하지?

음, 질문이 너무 순진하게 들릴 것 같아서요.

아하! 도대체 질문이 뭐야?

먼저 저를 비웃지 않겠다고 약속해요!

좋아, 약속하마!

그러면, 제가 하고 싶은 질문이란······.(망설임)

아이고, 정말 궁금해 죽겠네.

그게, 그러니까, 신이 존재해요?

하하하하! 미안하구나. 정말 웃지 않을 수가 없구나! 네 질문 때문에 웃는 것이 아니라 그 질문을 하려고 그렇게 심하게 뜸을 들인 것 때문에 웃는 것이란다.

진지하게 대답해주세요! 자, 아빠 대답이 무엇이죠? 신이 존재해요?

네가 놀랄 수도 있지만, 일종의 '신'이 있는지 없는지 정말 나는 전혀 모른단다! 네 질문이 무엇을 의미하는지조차 나는 정말로 모르겠구나.

뭐라고요? 언론에서는 아빠를 '독일을 대표하는 무신론자 우두머리'라고 부르는데도 지금 여기서는 신이 존재하는지 존재하지 않는지 전혀 모른다고 대답하시네요. 이게 도대체 이치에 맞다고 생각하세요?

왜 그런지 기꺼이 설명해주마! 하지만 그 전에 먼저 내 쪽에서 물어보고 싶은 것이 있다. 즉, quasiolytischer Phraseometer라는 것이 있는지 없는지 내가 너에게 물어본다면 너는 뭐라고 대답하겠니?

그게 뭔데요?

Quasiolytischer Phraseometer라는 것 말이다. 그런 것이 있을까, 없을까?

감이 안 와요. quasiolytischer Phraseometer라는 단어가 무슨 말인지조차도 전혀 모르겠는데요, 뭘!

자, 그러면 알겠지? '신'이라는 개념도 마찬가지란다. 그 단어 뒤에 숨은 의미가 무엇인지 나에게는 아주 불분명하단다. 마찬가지로 나는 신의 존재를 원칙적으로 부정하기 때문에 '무신론'이란 단어에서도 애를 먹고 있단다. 왜냐하면 그 개념을 확실하게 정의할 수 있어야 합리적으로 반박할 수 있기 때문이란다. 하지만 '신'이라는 단어에서는 경우가 다르단다.

모든 사람들이 신에 대해 자신들만의 이미지를 가지고 있기 때문이죠?

그렇단다. 나는 '신은 사랑'이라거나 '신은 우주에 있는 존재 모두를 아우르는 총체'라고 말하는 사람들을 만난 적이 있단다. 나는 우주의 존재뿐만 아니라, 사랑의 가능성도 의심하지 않기 때문에 그들이 '신'을 어떻게 이해하고 있건 간에 이의를 제기하고 싶지는 않다. 하지만 나는 사랑을 '신'으로, 그리고 우주를 '신'으로 부르지 말고 사랑을 '사랑'으로, 그리고 우주를 '우주'로 부르는 것이 훨씬 더 좋을 것 같구나. 애매모호한 개념 사용은 혼란만 가지고 올 뿐이지.

좋아요, 알 것 같아요. 하지만 저는 단순히 '사랑'의 다른 말인 '신'을 말하고자 하는 것이 아니라 우리 인간의 상상력을 넘어선 저편에 진짜 존재하는 '더 높은 존재'를 말하는 것이에요. 그러한 '신'이 존재할 수 있을까요?

당연히 '상상도 할 수 없는 신'은 존재할 수 있지.

에, 뭐라고요?

심지어는 엄청나게 많은 무리의 '상상도 할 수 없는 신'과 '상상도 할 수 없는 여신'이 존재할 수 있지. 혹은 전혀 없을 수도 있고. 사람들은 '상상도 할 수 없는 것'에 대해 논리적으로 자세히 설명할 수 없단다! 그 이유는 말 그대로, 그야말로 상상도 할 수 없는 것은 우리의 상상력을 넘어선 저편에 있기 때문이야.

아빠는 '신'이 일종의 '사물자체'이기 때문에 '신'에 대해 자세히 말하기를 거부하시는 거죠.

그래, 아마 그럴지도 모르지. 어쩌면 '신'은 '무의미한 것 자체' 즉, 전혀 존재하지 않는 '자체'는 아니고 다만 인간의 머릿속에서 이리저리 떠도는 유령 같은 강박관념인 것 같구나. 누가 감히 이것에 대해 판단할 수 있겠니? '상상도 할 수 없는 신'이 있다는 것을 부정하거나, 그러한 신이 있다고 주장한다는 것 자체가 우스꽝 스러운 일일지도 모르지!

아빠는 '상상도 할 수 없는 신'을 비판하고자 하는 것이 전혀 아니고 '신' 이나 '신들'을 만든 그 생각을 비판하려는 것이죠?

바로 그거다! 나는 '상상도 할 수 없는 신'의 존재를 부정하는 것 이 아니란다. 그 이유는 내가 그 존재에 대해 아무것도 말할 수 없 기 때문이지. 내가 부정하고자 하는 것은 현재와 과거의 사람들이 대부분 자신들의 생각 속에서 만들어낸 신들의 존재란다.

아하! 그러면 왜 그러한 생각을 비판하는 거죠?

왜냐하면 그들이 우리가 알고 있는 세계에 관한 지식과 모순되는 성질을 그 '신들'에게 부여했기 때문이지.

그에 대한 예를 들 수 있어요?

기본모델로 기독교를 예로 들어보자. 기독교인들이 믿고 있는 신 은 무슨 일이든 다 할 수 있는 능력을 가지고 있고, 과거, 현재, 미 래의 모든 것을 알고 있고, 한없이 선한 신이지. 그러한 신이 이 세계를 만들었다고 한다면 어째서 우리 지구에는 이렇게나 많은 불행과 불평등이 있는지 우리 자신에게 정말 한번 물어봐야 할 것 같구나. 기독교도의 신은 이런 불행을 원하는 것일까? 그렇다면 그는 한없이 선한 신이 아니고 일종의 사디스트겠지. 또한 그 신 이 이런 불행을 원하지 않는다면, 무슨 일이든 다 할 수 있는 능력 을 가진 신이 아니겠지. 왜냐하면 이런 불행을 없앨 수 있는 능력 이 없는 것이니까. 이렇게 세계악의 존재 앞에 서 있는 한없이 선 한 신을 변호하기 위한 이론이 바로 '신정론(神正論, theodicy. 이 세상에 악 이나 화가 존재한다는 이유 때문에 신의 존재를 인정하지 않으려는 주장에 대응하여 생긴 이론이다. 신은 악이나 화를 좋은 목적으로 활용하고 있기 때문에 신은 의롭고 바른 것이라는 이론)문제'란다. 하지만 이 신정론 문제에서 신학자들은 지금까지도 만족할 만한 해답을 발견하지 못하고 있단다. 신정론 문제에 대해 혁신적인 견해를 주장한 다재다능하고 위대한 학자였던 고트프리트 빌헬름 라이프니츠 자신조차도 이 문제를 해결하지 못했단다. 하지만 이 신정론 문제에 대한 라이프니츠의 문제해결 접근법은 적어도 독창적이었다고 인정하지 않을 수 없구나.

어째서요?

우선 '사랑하는 신'을 변호하기 위해서 라이프니츠는 모든 악은 단지 커다란 선의 일부라는 논리적 증거를 찾아내려고 애썼단다. 이를 근거로 라이프니츠는 우리가 '있음 직한 모든 세상 가운데서 가장 좋은 세상'에 살고 있을지도 모른다고 주장했지.

세상에, 뭐라고요? 저는 아빠와 얘기하는 동안 라이프니츠가 버터 비스킷이 아니라 '머리가 돈 사람'이라는 감이 왔어요. 안 그래요, 아빠? 사람과 동물에게 일어나는 수많은 끔찍한 일들만 보더라도 우리가 '있음 직한 모든 세상 가운데서 가장 좋은 세상'에 살고 있다고 진지하게 주장할 수는 없는 거잖아요!

바로 그 점에서 프랑스의 계몽 철학자 볼테르가 너와 같은 생각을 했단다. 자신의 풍자소설 『깡디드(Candide)』에서 볼테르는 자신이 만들어낸 순진무구한 주인공을 이리저리 데리고 돌아다니면서 숱한 불행을 경험하게 하고 있단다. 하지만 이 주인공은 여전히 구제불능의 마음가짐으로 자신이 '있음 직한 모든 세상 가운데서 가장 좋은 세상'에서 살고 있다고 철석같이 믿고 있지. 18세기 유럽의 절반이 이 작품의 패러디를 통해 라이프니츠를 비웃었단다.

얼마 후 철학적 염세주의의 거장인 아르투르 쇼펜하우어(Arthur Schopenhauer)가 여기에 한 술 더 떠서 우리는 '있음 직한 모든 세상 가운데서 가장 나쁜 세상'에 살고 있다고 주장했단다. 만일 우리 세상이 한 가닥의 털끝만큼만이라도 더 나쁘다면 이 세상은 더 이상 존재하지 않을 수도 있다고 주장했지.

아이고, 하지만 그 말도 마찬가지로 과장된 것 같네요! 제 상상으로는, 우리가 사는 이 세상보다 더 나은 세상은 물론, 더 나쁜 세상도 있을 수 있다는 생각은 들어요. 우리 다른 얘기해요. 신학자들의 주장에 의하면, 이 땅 위에 있는 온갖 불행은 신이 만든 것이 아니고 자신의 자유의지를 제대로 통제할 수 없는 인간들이 만든 것이죠, 그렇죠? 이 주장에 따른다면 신에게 이 모두 불행에 대한 책임이 있는 것이 아니고 우리 인간에게 책임이 있을지도 모르겠네요.

그래, 그렇게 주장하는 신학자들이 분명히 있지. 하지만 그 주장은 이치에 맞지 않아. 왜냐하면 예를 들면, 어린 아이가 백혈병에 걸린다거나 젊은 어머니가 유방암으로 죽는 원인이 인간의 의지행위 때문이라고 말할 수 있을까? 지진이 일어나서 몇 천 명의 사람들이 땅 속에 묻히게 되면 어떤 인간의 의지행위가 이를 책임져야 하지? 또한 우리 인간종이 지구 위에 나타나기 훨씬 전에 자연 전체를 지배했던 그 끔찍스런 불행에 대해서는 도대체 어떻게 설명할 수 있지? 6,500만 년 전 공룡이 멸종된 경우를 생각해보렴! 그들이 무슨 죄를 지었기에 그 짧은 시간에 흔적도 없이 사라져버린 걸까? 진화의 과정 속에서 잡혀 먹히고, 굶어 죽고, 목말라 죽고, 숨막혀 죽고, 물에 빠져 죽고, 불에 타 죽고, 속이 썩어 죽은 그 동물 모두를 생각해보렴! 생명체의 고통은 수백만 년 전부터 하늘까지 다다랐을 텐데 어떤 '신'이 개입해서 이 고통을 덜어주었다는 증거는 전혀 없잖아.

글쎄요, 기독교인이 보는 바로는 적어도 '신'이 어떤 형태의 동정심을 나타냈다고 하던데…….

그 신이 2,000년 전에 소위 인간의 모습으로 십자가에 못 박혔기 때문에 그렇다는 거니?

아빠도 알다시피 제 개인적으로는 그런 얘기를 믿지 않아요. 하지만 대단히 오래된 이 종교의 교리를 우리가 존중해주는 것이 예의잖아요. 기독교인들은 신이 이 세상을 창조했음은 물론 고통도 함께 만들었다는 것을 믿고 있을 뿐만 아니라 신 자신이 이 고통에 몸을 내맡겼다고 믿고 있잖아요.

맞아! 하지만 그가 그렇게 했다고 해서 세상의 고통이 달라진 게 있니? 인간과 마찬가지로 '하나님의 독생자' 또한 그 끔찍한 인간의 고통을 감수해야만 한다는 것을 확신하기 때문에, 자신의 아이가 고통에 차 죽어가는 것을 그저 바라보고만 있으면 모든 것이 쉽게 해결되고 마음도 편해질까? 신은 무슨 일이든 다 할 수 있는 능력을 가지고 있고, 과거, 현재, 미래의 모든 것을 알고 있고, 한없이 선한데, 좀 더 나은 해결법을 사용하실 거라고 사람들이 기대하면 안 되는 것이었을까? 처음에는 자신의 창조물들을 엉망으로 망쳐놓더니, 여기서 발생된 피해를 보상하려고 자기 자신의 일부를 십자가에 못으로 박게 하는 신을 믿는 것에 대해 나는 아주 불합리하다고 생각한단다.

어떤 신학자가 이 자리에 있다면 분명히 신의 행위를 인간의 척도로 판단해서는 안 된다고 말할지도 모르겠네요…….

물론이지. 그런 주장을 하면서 교묘하고 멋지게 이 곤란한 상황에서 빠져나갈 수 있지. 황당무계한 주장들은 항상 모두 그런 식으로 자기방어를 하며 빠져나가지. 하지만 우리는 그들이 그렇게 쉽게 도망가게 내버려 두어서는 안 된단다. 왜냐하면 어떤 주장들이 있으면 그 주장을 인간의 척도로 평가하는 방법 이외에는 어떤 다른 방법도 없기 때문이지. 우리는 어떤 다른 방법도 가지고 있지 않단다.

우리의 인식 밖에 존재하는 세계를 우리가 지각할 수 없기 때문이죠.

바로 그렇단다. 때문에 우리가 확인했다시피, 우리는 '우리를 위한 세계'에 대해서만 얘기할 수 있는 것이지. 그리고 그 제한된 영역 안에서도 역시 유의미한 진술과 무의미한 진술의 차이를 명확하게 분간할 수 있단다.

다시 말해, 논리와 경험의 도움을 받아서 말이죠.

그렇지! 논리와 경험은 진리를 찾아내는 도구로서 최적임이 증명되었는데 갑자기 종교문제에서만 이 논리와 경험의 사용을 포기해야 할 이유는 없는 것이지!

그럼에도 불구하고 과학이나 철학의 도움을 받아도 이해할 수 없는 '보다 높은 진리'를 종교가 가르쳐 주고 있다고 많은 사람들은 믿고 있지요.

알고 있단다. 여전히 그것이 내가 이해하지 못하는 점이란다! 예를 들면, 종교는 지구의 나이, 태양계 속에서의 지구의 위치, 혹은 인류의 탄생 같은 수많은 '간단한 진리'에 대해서조차도 노골적으로 완전히 다른 얘기를 하고 있지. 이러한 진리들이 하필이면 그 '보다 높은 진리'의 구색맞추기가 되어야 하는 이유가 무엇일까? 어떤 건축가가 지은 집들이 거의 대부분 와르르 무너졌다는 것을 알면서도 그 건축가에게 다시 주택단지 전체를 지어달라는 엄청난 부탁을 할 수는 없겠지. 그렇지 않니?

분명히 그렇게 하지 않겠죠. 하지만 대부분의 사람들은 그렇게 자세히는 모르고 있잖아요! 종교가 과거에 어떤 오류를 범했는지 도대체 누가 자세히 알겠어요? 하지만 그런 것들이 정말 그렇게 중요한 것인지 의문이 들어요. 왜냐하면 과거는 이미 지나간 것이고, 우리에게 중요한 것은 현재와 미래잖아요. 게다가 그 점에서 대부분의 종교지도자들은 자신들의 실수를 통해 진정으로 무엇인가를 배운 것 같다는 생각이 들어요. 가톨릭교회 자신도 그 사이에 진화론을 인정하지 않았나요?

　　그래, 신문에 그렇게 쓰여 있지. 하지만 자세히 들여다보면 그것 또한 반 토막의 진실일 뿐이란다!

아빠는 지금 설마 성경에 쓰여 있는 대로 이 지구가 대략 몇 천 년 전에 생겼다고 믿는 교황에 대해 얘기하시려는 것은 아니겠죠!

　　아니다, 그 점에서라면, 오늘날 가톨릭교회는 현재 살고 있는 종들이 수백만 년에 걸쳐 진행되어 온 진화로 인해 남게 되었다는 사실을 공식적으로 인정하고 있단다. 그 밖에도 가톨릭교회는 600만 년 전에 살았던 우리의 조상이 인간과 침팬지의 공동 조상이었다는 사실도 인정하고 있지.

그러면 이제 모든 것이 다 해결되었네요!

　　절대 그렇지 않아! 왜냐하면 가톨릭교회는 그러한 사실을 인정하면서도 거기에 덧붙여 인간의 '육체'만 진화에서 비롯되었을 뿐이라고 가르치고 있기 때문이란다. 그러면서 인간의 '영혼'은 신이 별도로 창조했다는 것이지. 그렇기 때문에 우리의 정신적 체험이자 동시에 사고수단인 인간의 '보다 높은 정신적 능력'은 진화론적으로는 절대 설명할 수 없다는 것이지.

뭐라고요? 인간의 두뇌는 진화의 산물이지만 생각하고 느끼는 방법은 진화 덕분이 아니라고요? 이치에 맞지 않는걸요?

교황에게 물어보는 게 나을 것 같구나! 우리가 알고 있는 모든 지식에 따르면 육체와 정신을 분리해서 관찰한다는 것은 전혀 불가능한 일이지. 그 밖에도 이와 관련하여 언제, 어디서, 이 '사랑하는 신' 께서 인간에게 영혼을 만들어 넣기 시작하셨는지 흥미로운 의문이 생기는구나. 벌써 우리 인간의 초기 조상 중 하나였던 오스트랄로피테쿠스 아파렌시스(Australopithecus afarensis) 때였을까, 아니면 비로소 호모 에렉투스(Homo erectus) 때 그런 작업을 하셨을까? 네안데르탈인(Neandertaler)은 그 당시 이미 '영혼' 을 가지고 있었을까? 그런데 만일 그렇지 않다면 의문이 생기는구나. 호모 네안데르탈엔시스(Homo neanderthalensis)와 호모 사피엔스(Homo sapiens)의 성적 결합으로 탄생된 아이들은 어떻게 된 거지? 얘네들의 몸 속에는 '반 토막의 영혼' 만 있었던 걸까? 아무리 거듭해 질문해도 합리적인 해답이 없단다. 왜냐하면 이러한 사고에 대한 접근방법 전체가 불합리하기 때문이지!

하지만 역시 바티칸 사람들 모두는 그런 사실을 분명히 알고 있을지도 모르죠! 멍청한 사람들은 아니잖아요! 어째서 그 사람들은 '신' 이 인간의 영혼을 몸과 분리해서 따로 창조했다고 고집하고 있는 거죠?

그 이유는 그런 방법으로만 기독교적인 인간상을 건져낼 수 있기 때문이지. 즉, 우리 인간은 '이 세상에서 탄생한 것이 아니고' 송로버섯을 사냥하는 비천한 돼지에게는 없는 '신적인 불꽃' 이 우리 몸속으로 들어왔다는 가정에 뿌리박고 있지.

우리는 무엇인가 정말 좀 더 나은 존재가 되고 싶어 하잖아요! 그것은 이해할 만해요, 그렇지 않아요? 예수가 송로버섯을 사냥하는 돼지로 태어나지 않고 우리와 같은 혈통에 속한 종으로 태어난 것에 대해 아무도 이상하게 생각하지 않을 거라고 믿어요.

하지만 바로 그것이 문제란다. 우리는 우리 자신을 종으로서 지나치게 중요하게 생각하고 있단다! 그리고 우리 인간이 만들어낸 거의 모든 종교에서 그렇게 주장하고 있지. 자세히 관찰하면 그 종교들은 갈 대로 가 버린 과대망상의 징후란다. 힘들게 꼿꼿이 일어나서 걸어 다니는 원숭이인 우리들은 전 우주 속에서 우리만 중요하다고 극도로 진지하게 생각하는 망상에 빠져 있단다! 얼마나 가소로운 짓인지, 뭐라고 해야 할지 적당한 말을 생각해내기가 아주 어렵구나.

무슨 의미에요?

네가 알다시피 기독교인, 유대교인, 그리고 이슬람교인들의 믿음은 이 세상이 우리 인간만을 위해 특별히 창조되었다는 주장에서 출발하고 있지. 말하자면, '신'이 우리를 '원했기' 때문에 처음부터 '창조계획' 안에 우리의 존재가 예정되어 있었던 것이지. 현재의 교황도 몇 번이나 거듭해서 이것을 강조해왔어. 잠깐만, 이에 대한 인용거리가 어딘가에 있을 텐데……. 그렇지, 여기 있다. '우리는 우연적이고 의미 없는 진화의 산물이 아니다. 우리 모두는 하나님이 생각해낸 결실이며, 하나님은 우리 모두를 원하고 있고, 우리 모두를 사랑하고 있으며, 우리 모두를 필요로 하고 있다.' 이것은 베네딕트(Benedikt) 16세가 아주 중요한 행사에서 한 말이란다. 바로 교황 취임연설에서 한 말이지.

좋아요, 그런데 무엇이 잘못됐어요?

이 문장에는 우리 인간이란 종에 대한 자만심이 표현되어 있다고 생각하지 않니? 이 우주의 어마어마한 크기를 한번 생각해보렴! 우리가 그 주위를 돌고 있는 태양만 보자. 우리는 태양 없이는 존재하지도 못하는데 이 태양은 은하수 언저리에 있는 눈에 띄지도 않는 중간 정도 크기의 별에 불과하단다. 우리가 속한 은하계 단 하나에 1,000억 개에서 2,000억 개 사이의 별들이 있지. 뿐만 아니라 1,000억 개의 또 다른 은하계가 있고 이들 각각의 은하계에는 또 수천 억 개의 별들이 있단다. 그런데 여기 이 아주 작은 푸른색의 꼬마 행성에 살고 있는 우리가 만물이 오직 우리를 위해 만들어졌다고 자만하고 있는 이유는?

맞아요, 아무 짝에도 쓸모없는 공간낭비죠!

정말 그렇단다! 우주에서 정말 우리가 가장 중요한 존재여서 모든 것이 우리를 중심으로 돌아가야 한다면, '사랑하는 신'께서 둥근 하늘(Firmament, 창궁)을 가진 작고 납작한 원반 세계 하나를 만드셨어야 했을 텐데 말이다. 즉, 성경 창조 기사의 저자가 세상을 그렇게 상상했던 것처럼 말이지.

그야 당연한 것 아니에요? 인간, 식물, 그리고 동물을 위해 무아경 속에서 너무 열심히 창조하다 보니 '보다 큰 것'을 더 좋아하는 '신'이 작고 형편없는 지구에 만족할 수 없었다고 사람들이 상상해볼 수도 있잖아요. 우리를 위해 어떤 '신'이 이렇게 어마어마한 우주를 창조했다는 것을 믿기 어렵다는 것은 인정하겠어요. 하지만 아빠의 주장도 100퍼센트 납득할 만한 얘기라고는 생각하지 않아요!

좋아. 아마 다음의 주장이 한층 더 이해가 빠를 것 같구나(창조신앙에 반대하는 여러 주장 중에서 이것이 내가 즐겨 사용하는 주장 중 하나이다). 만약 우리가 장난으로 교황의 가르침에 따라 '신'이 정말 처음부터 인간을 '원했다'는 것을 주장한다면, 우리는 이 '어떤 일에나 못함이 없이 능한 존재'가 자신의 목적을 달성하기 위해 어째서 그렇게나 자주 이상하게 먼 길을 돌아다녔나 하는 의문에 분명히 직면하게 될 거야! 자, 그는 먼저 a) 어째서 가지각색의 아주 다양한 공룡을 창조해서 수백만 년 이상 지구를 지배하게 했을까, b) 어째서 직경이 10킬로미터나 되는 소행성을 창조해서 자신의 지구에 부딪치게 했을까, 그 결과 c) 어째서 그 공룡들을 다시 전멸시켰을까, d) 어째서 그 전멸의 이유가 크기가 쥐만한 몇 마리 포유동물에게 자리를 내주기 위해서였을까, 그 포유동물로부터 e) 어째서 수백만 년이 흐른 후 소위 '창조'의 '정점'격인 자신의 호모 사피엔스가 진화되어 나온 것일까? 네게 물어보고 싶은 것이 있구나. 즉, 얼마나 '지적'인 '창조자'이기에 이러한 터무니없는 작업방식을 과시하는 거지? 어떤 그래픽 디자인 회사도, 어떤 자동차 생산업체이도, 어떤 패션 디자인 회사도 아무리 회사가 엉터리라고 해도 이러한 비용—편익 분석 결과 엄청난 손해를 끼치는 설계자를 고용하지는 않을 거야!

흠, 그거 정말 불합리한 작업방식 같네요! 그런 행동은 한때 전능한 '신'이었던 미스터 빈(Mr. Bean)을 연상시키네요.

나 역시 그렇단다! 만일 '신'이 이러한 뒤죽박죽 창조계획에 따라 이 세상을 창조했다면, 그는 우리가 전능하고 전지하다고 부르는 존재는 아닐 테고, 단지 자신도 모르게 맹목적이고 알맹이 없이 되어 버린 우스꽝스러운 인물의 전형일 테지. 이렇다면 누가 이렇게 고도로 산만한 창조신을 믿을 수 있겠니.

교황도 분명히 안 믿을 것 같아요! 제 생각인데, 설령 이 고도로 산만한 창조신이 지구에서 벌어지고 있는 일에 대해 몇 가지를 해명해줄 수 있다고 해도 말이죠.

그럴 것 같구나. 어쨌든 우리가 사는 세상은 파산, 불행, 사고로 가득한 채 무지하게 설계되어서 지적으로 행동하는 창조신에 대한 믿음 자체가 쓸모가 없는 것이지.

그렇다면 아빠는 그 고도로 산만하고 무지하게 행동하는 창조신을 분명히 믿지 않겠네요. 아니에요?

그래, 맞아. 나는 자연주의자란다. 즉, 우주는 '신', '요괴', '마녀', '요정', 그리고 '악마'의 간섭이 일어나는 곳이 아니라, 그냥 '자연스러운 일'이 일어나는 곳이라고 주장하는 사람이지.

합리적인 말 같군요. 하지만 역시 이러한 '자연주의'에도 반론을 못하게 하는 신조 즉, 독단만 지배하지 않나요? 제 말은, 아빠는 '신'에 대한 믿음을 그냥 단순히 자연주의에 대한 믿음으로 바꾼 것은 아닌가요?

그게 아니란다. 자연주의는 독단이 아니라 일종의 작업가설(作業假說, working hypothesis) 즉, 일종의 추측으로 현재 합리적인 연구방법으로 여겨지고 있단다. 우리는 우주에서 뭔가가 '제대로' 돌아가지 않고 있다고 확인하면 어느 때건 이러한 추측을 포기할 수 있지.

다시 말하면, 아빠의 신에 대한 불신이 독단이 아니고 단지 일종의 가설 즉, 추측이라는 것이죠?

그래. 신이 존재하지 않는다는 나의 믿음은 독단적인 것이 아니란다. 나는 단지 문제를 해결할 수 없으면서 오히려 여러 문제만 일으키는 일종의 나쁜 가정으로 '신'을 생각할 뿐이지. 하지만 물론 이러한 평가는 달라질 수 있지. 즉, 만일 내가 앞으로 기독교도의 신이 존재한다는 훌륭한 증거를 발견한다면, 아마 그 다음날 바로 성직자가 될 거야. 아직까지 내 눈 앞에 그와 비슷한 일이 나타난 적이 없었고 아마 앞으로도 그럴 일은 없을 것 같구나.

기독교도의 신이 존재한다는 훌륭한 증거라고 한다면, 어떤 것을 말하는 거죠?

우선, 신자들은 항상 그들의 신이 정말 존재하면서 그들과 교감하길 원한다고 주장하고 있지. 하지만 그런 것쯤이야 '어떤 일에나 못함이 없이 능한' 존재에게는 별로 어려운 일이 아니겠지. 그렇지 않니? 예를 들면, 유엔 총회에서 불타는 가시나무의 모습으로 나타나 불꽃 같은 연설을 한다거나, 하늘에 어마어마하게 커다랗게, 그리고 지워지지 않는 글씨로 다음과 같이 쓸 수도 있을 거야. '사랑하는 인간들이여, 여기 신이 한 마디 하겠다. 나는 정말로 존재하고 있다! 나를 믿어, 그러면 모든 것이 다 잘 될 거야!' 그런데 그 대신 그는 무엇을 할까? 역사 속 점령군으로 하여금 소위 말하는 자신의 일부를 십자가에 처형시키게 하면서 사람들이 이 사건에서 올바른 결론을 끄집어낼 것이라고 주장하고 있지. 예를 들어, 올림픽 경기의 개막식과 같은 세계 대중 앞에 몸소 나타나는 대신 그는 '성모' 마리아에게 멀리 떨어진 어떤 장소에서 작은 양치기 소녀에게 나타나라는 임무를 주는 거지. 도대체 이 유치한 숨바꼭질 놀이는 뭐냐? 심하게 속은 기분이 드는데 날더러 이러한 신을 믿으라고 하다니! 어쨌든 나는 나를 창조한 존재에게 졸라서 홍보담당 고문을 바꾸라고 해야 할 것 같구나. 왜냐하면 '신'이 자신이 창조한 인간을 위해 채용한 교감전략가가 지금까지는 뛰어난 기량을 전혀 보여주지 못하고 있으니까 말이지.

제가 보기에, 아빠는 이 화두에서 최고의 실력을 발휘하고 계시네요! 그러면 우리 계속해서 이것에 대해 좀 더 진지하게 토론해보죠. 괜찮죠? 아빠가 방금 얘기하신 것처럼 가설의 신은 문제를 해결할 수 없고 오히려 더 많은 문제들을 일으키고 있네요. 어떤 문제를 말하는 거죠?

무엇보다 먼저 세계 해석이 문제가 된단다. 다시 말해, 만일 우주의 배후에 신적인 구원계획이 숨어있지 않고 우연과 필연이라는 목적 없는 상호작용만 숨어있다고 가정한다면, 우리가 알고 있는 우주는 그야말로 가설이 가능한 성질을 가지게 되는 것이지. 그러나 만일 우리의 세계 방정식에 '신'을 대입하면 우리는 당장 이를 설명하지 못하는 난처한 상황에 빠지게 된단다. 왜냐하면 우리는 어디에서두 자연법칙에 개입하는 '보다 높은 능력'을 찾아볼 수 없기 때문이란다. 만일 우리가 이 '보다 높은 능력'이 전능, 전지, 그리고 무한 선이라고 한다면 어째서 현재의 세상이 이 꼴인지, 무엇보다도 어째서 이 세상에 이렇게나 많은 불행이 있는지 이해하지 못하게 되는 것이지.

맞아요, 우리는 이미 신정론 문제와 관련해서 얘기했잖아요.

그래. 신에 대한 가설이 가지고 있는 또 다른 문제점은 윤리와 정치에 부정적 영향을 주고 있으며, 이런 현상이 자주 발생한다는 데 있지. 알려진 바와 같이 '신'이라는 정치구조는 인간 역사 속에서 항상 지배권을 합리화하기 위한 수단으로 사용되어 왔단다. 정치 지배자는 물론 종교 지배자도 무력정치를 통해 자신들의 이익을 관철하고자 할 때마다 추한 방법으로 늘 자신의 정치권위가 '전능하고 어떤 일에나 못함이 없이 능한 신'이 주신 거라며 변명해왔지. 이에 대한 예는 수없이 많아. 즉, '주님이 원하고 있기 때문에!'라고 외치며 '성지'에서 대학살을 자행했던 기독교 십자군 전사들은 물론, 나치 역시 '주님이 우리와 함께 하신다!'는 표어를 내걸고 전쟁터로 행군해 나갔단다.

그것이 과거에만 해당되는 것은 아니죠. 그렇죠? 신의 부름으로라는 말이 아직도 여전히 큰 사랑을 받고 있는 현상을 어떻게 설명할 수 있을까요? 여기서 저는 한 예로 이슬람교도의 자살폭탄 테러범들이 생각나네요. 그들은 신이 자신들의 순교를 기대하고 있다고 말하면서 범행 장소로 가고 있잖아요.

사실상 이것은 일종의 기발한 지배전략이란다! 만일 내가 뻔뻔한 독재자라면, 나 역시 다음과 같이 나름대로의 전략을 세울 것 같다. '신의 은총을 받은 지배자인 나는 우주에서 가장 위대한 권력의 부름을 받았다. 물론 나는 이 우주에서 가장 위대한 권력이 나의 권위 독점에 저항할 수 없다는 것을 잘 알고 있다. 그 이유는 확실성에 가까운 개연성으로 그러한 권력이 전혀 존재하고 있지 않기 때문에!'

'신'의 부름을 받은 사람들이 사실은 '신'을 전혀 믿고 있지 않았다는 뜻이에요?

아니지, 너무 쉽게 생각했구나. 분명히 정치권력을 차지하기 위해 '신'이라는 구조를 이용했던 지배자들이 있었던 것은 분명한 사실이지만, 아마 그들 대부분은 자신들이 외치며 공표했던 것을 믿었던 것도 사실일 거야. 그 이유는 그렇게라도 하지 않으면 아랫사람들을 감동시킬 수 없었을 테니까. 훌륭한 배우는 드물단다 – 역시 정치에서도 예외는 아니지…….

어째서 우리는 그러한 정치권력의 전략에 쉽게 넘어가는 거죠?

그것은 아마도 우리가 때로 극히 원숭이 같은 역할모델에 따라 행동하려고 하는 영장류라는 것과 관련이 있을 게다. 만일 외계에서 날아 온 어느 영장류 과학자가 지구를 방문한다면 아마 곧바로 침팬지 떼의 행동과 인간의 예배가 아주 비슷하다는 점을 발견할지도 모르지. 이 과학자가 '신'이라는 개념을 모른다고 가정하면, 그의 눈에는 아마 사람들이 온갖 복종의 몸짓을 써가며 달래고 있는 '신'을 가상의 '알파 수컷'처럼 묘사할 거야. 사람들이 이러한 복종의 몸짓을 하는 이유는, 이들에게 위험이 닥치면 '저편의 실버 백(등에 은백색 털이 난, 나이 많은 침팬지나 고릴라 수컷, silverback)'이 어쩌면 한 번 자신들을 곤경에서 구해주겠지라고 공상하고 있기 때문이지.

아빠, 지금 과장하고 있어요!

전혀 그렇지 않단다. 사람들의 문화를 잘 생각해보려무나. 하늘 위에 있는 '가상의 알파 수컷'과 특별하고 훌륭한 줄로 연결되어 있다는 사실 하나로 사람들을 감동시킬 줄 아는 그 사람이 어떤 장점을 가지고 있지? 분명히 그는 이 능력을 사용해 인간이라는 포유동물의 계급서열 내에서 당연히 자신의 위치를 높일 수 있지. 우리와 가장 가까운 친척인 침팬지에게서도 이것과 아주 비슷한 행동을 볼 수 있단다. 서열상 계급이 낮은 녀석들은 지배권을 가진 알파 우두머리에게 아부와 복종의 몸짓을 이용해서 높은 서열로 올라간단다. 이성을 가진 똑똑한 원숭이가 이 가상의 오만한 알파 수컷에게 좋은 인상을 주지 못하는 것은 당연한 일이지. 이러한 일에서는 단연 우리 인간이 '창조의 정점'에 선 챔피언과 같은 위치에 올라와 있단다.

자, 아빠, 지금까지 원 없이 신성모독을 하셨네요! 그렇다면 아빠가 조금이라도 인정할 수 있는 신의 이미지는 전혀 없는 거예요?

　물론, 있지! 그것은 범신론이란다. 즉, 모든 종교에서는 '신'을 정해진 특성을 가진 인간의 인격체로 보려 하지 않고 '전체를 포괄하는 유일체'로 이해하려는 신비주의적인 전통을 가지고 있단다. 인간의 모습을 하지도 않고, 상상도 할 수 없는 이러한 '신비주의적인(혹은, 비밀스럽게 숨어있는) 신'에게 사람들은 어떠한 특정의 성질을 부여할 수 없단다. 그 이유는 그 신 안에 모든 특성이 하나로 결합되어 있기 때문이지. 그 신은 자연의 바깥에 머무는 것이 아니라 자연 속에 존재하는 모든 사물과 함께 어울리는 유일체란다. 아르투르 쇼펜하우어는 '신'을 우주와 대등하게 취급하는 이러한 '범신론'을 일종의 정중한 형태의 무신론이라고 주장했단다.

어째서죠?

　아주 간단하지. 어디에나 있는 '신'은 또한 동시에 아무 곳에도 없으니까! 그 신은 모든 교회 안에 존재하고, 모든 이슬람 사원 안에 존재하며, 또한 모든 유대 교회 안에도 존재하고 있지. 뿐만 아니라 모든 사창가에도 존재하고, 모든 동성연애 전문 사우나 안에도 존재하고 있으며, 동시에 신을 부인하는 단골모임 식탁 위에도 존재하고 있단다. 그 신은 금성은 물론 화성에도 존재하고, 해바라기 꽃에도 존재하며 독약 주사기 안에도 존재한단다. 이러한 '신'을 위해 교회를 짓지 않고, 설교도, 교리도, 계명도, 금지사항도 없지. 아마 이것이 모든 종교적 신비주의자들이 그렇게나 많은 박해를 받아야만 했던 원인일 거야. 대표적인 인물로 지오르다노 브루노(Giordana Bruno) 같은 철학자가 생각이 나는구나. 그는 이미 400년도 더 전에 우주는 끝이 없고, 지구도 태양도 우주의 중심에 있지 않으며, 생명체 또한 지구에만 존재하고 있는 것이 아니라 다른 행성에도 있다고 추정했지. 브루노의 '신'은 우주처럼 무한한 존재였기 때문에 그는 '신'이 하필이면 인간의 형상을 하고 나타나야 한다는 생각에 대해 웃음을 참지 못했을 거야. 지오르다노 브루노는 이러한 부정한 생각 때문에 7년 간의 어두운 감옥생활이 끝난 뒤인 1600년에 '종교재판' 끝에 화형을 당했단다.

지오르다노 브루노 얘기는 지극히 지금의 얘기같이 들리네요.

그렇단다. 오늘날 우리는 브루노가 정말로 많은 점에서 옳았다는 것을 알고 있단다. 그러나 그가 살던 시대에는 누구도 그의 생각을 인정할 수 없었지. 그는 그가 살았던 시대에서 너무나 멀리 앞서 나갔던 것이지! 자, 알겠지, 늦게 오는 사람뿐만 아니라 일찍 오는 사람도 귀신이 잡아간다는 것을······.

'만일 말들이 신을 가지고 있다면, 그 신들의 모습은 아마 말의 모습일 것이다.'

이 명언은 초기 그리스의 철학자이며 작가인 크세노파네스 폰 콜로폰 (Xenophanes von Kolophon, BC 570-470)의 통찰에서 비롯되었다. 그는 검은 피부를 가진 에티오피아 사람들의 신들은 검은 반면에, 밝은 피부를 가진 트라키아 사람들(고대의 인도게르만족)의 신들은 푸른 눈에 붉은 머리털을 가진 것을 보고, 이들 '신들' 의 모습이 기이하게도 사람과 비슷한 것에 놀랐다. 신에 대한 크세노파네스의 의혹은 신들의 존재를 완전히 의심할 정도까지 발전하지는 않았지만 사람들이 신들에 대해 무엇인가 좀 더 합리적으로 따져볼 수 있는 능력이 있는 것인지에 대해 의문을 품었다.

'인간은 만물의 척도' 라는 그 유명한 논제를 만들어낸 그리스의 철학자 프로타고라스(Protagoras, BC 490-411)도 이와 비슷한 입장을 대변했다. 프로타고라스는 이 논제를 통해 우리 인간이 성경에 쓰여 있는 것처럼 '지구를 신하' 로 만들어서는 안 되며 오히려 우리가 우리 자신의 우매함을 깨달아야 한다는 의미로 말한 것이었다. 그의 유명한 논문 〈신들에 관하여〉에서 프로타고라스는 다음과 같이 설명했다. '신들에 대해, 이들이 존재하는지, 안 하는지, 또한 어떤 모습을 하고 있는지 안다는 것은 내게 불가능하다. 그것을 알려는 것을 방해하는 세력들은 많고 질문은 얽히고설켜 있는데 인생은 짧기만 하다.'

2,500년이 지난 후에야 비로소 현명하고 소박한 이 주장에 어울리는 개념이 만들어졌다. 그것은 '불가지론(不可知論, agnoticism;그리스어 단어인 'a-gnoein' 에서 비롯되었고 '알지 못한다, 알려져 있지 않다, 인식할 수 없다' 라는 의미가 있다)' 이다. 찰스 다윈의

대표적 지지자로 진화론을 옹호하면서 용감하고 헌신적으로 활동한 노력 덕분에 '다윈의 불독'이라는 별명을 얻은 영국의 생물학자 토머스 헨리 헉슬리(Thomas Henry Huxley, 1825-1895)가 이 말을 만들어냈다. 헉슬리는 저편 신들의 존재를 원칙적으로 해명할 수 없다는 것을 증명해 보여주었고, 따라서 이 신의 존재를 연구하는 학자들은 이에 대한 '확실한 지식'을 가지고 있다고 망상하지 말고 신중할 것을 지적했다(이에 관하여 앞에 언급한 테마 '우리가 알 수 있는 것은 무엇일까'를 참조할 것). 그렇다고 해서 이 '다윈의 불독'이 불편한 질문에 대한 설명에 앞서 편안함을 찾으며 살짝 도망치는 식의 '비겁한 불가지론'을 주장한 것은 아니었다. 불가지론에 대해 신중한 입장이었음에도 불구하고, 기독교 신의 존재는 '이빨요정'의 존재처럼 없을지도, 있을지도 모른다고 주장한 영국의 진화생물학자 리처드 도킨스(Richard Dawkins, 1941-)가 나타났을 때, 아마도 헉슬리는 자신의 '마음속에 점찍어 둔 후계자'가 나타났다며 그에게 찬사를 보냈을 것이다.

'불가지론'에 대한 헉슬리의 주장이 있기 몇 년 전에, 마찬가지로 크세노파네스의 생각을 끄집어 낸 독일의 철학자 루드위그 포이어바흐(Ludwig Feuerbach, 1804-1872)는 신의 존재에 대해 하나의 철학적 접근법을 개발했다. 즉, '신들'이란 단지 '이렇게 되었으면' 하고 생각하며 바라는 인간의 관념과 소망이 거울에 비친 환영에 지나지 않는다고 주장했다. 포이어바흐의 주장을 근거로 한다면, 우리는 성경의 창조설화의 핵심문장을 거꾸로 뒤집어 볼 수도 있을 것이다. 즉, '하나님'이 자신의 '모습'을 따라 인간을 창조한 것이 아니고, 인간이 자신의 '모습'을 따라 '신'을 창조한 것으로 뒤바뀌게 되는 것이다!

사회비평가로서 종교에 대한 자신의 핵심화두를 신앙의 사회적 기능에 두었던 카를 마르크스(Karl Marx, 1818-1883)도 역시 그렇게 생각했다. 마르크스에 의하면(주어진 사회적 조건하에서) 종교가 인민에게 약속한 '환상에 불과한 인민의 행복'이라는 복음이 큰 성공을 거둘 수밖에 없었던 이유는 바로 '진정한 인민의 행복'으로의 길이 봉쇄되어 있었기 때문이다. 이와 관련하여 마르크스는 다음과 같이 간략하게, 그러나 현대 철학사에서 아주 유명하게 된 종교 비판적 의견을 표현했다. '종교는 억압당하는 인간들의 신음소리이고, 냉혹한 세상의 마음이며, 영혼 없는 상태의 영혼이다. 종교는 인민의 아편이다.'

카를 마르크스가 이 문장을 썼을 때, 그는 자신의 이론이 20세기에 전 세계로 퍼져 나가면서 없어서는 안 될 정치적 종교이론이 될 줄은 짐작조차 할 수 없었다. 1917년 러시아의 10월 혁명이 끝난 후 마르크스의 작품들은 '성서'의 반열로 승격되었고, 이제 자신들이 신부 행세를 하게 된 당의 간부들은 이 마르크스 성서를 인용하면서 한때 주교들이 성경을 인용하며 설교할 때와 마찬가지로 열렬하게 설교를 했다. 마치 중세교회가 자신들의 진리를 무조건 믿으라고 요구한 것처럼 마르크스 성서를 믿는 나라의 사람들도 마르크스-레닌주의의 '진리'를 의심하면 안 되게 되었다. 이러한 의심을 막기 위해 엄청나게 많은 숫자의 공산주의 재판관들이 비판자들을 무자비하고 냉혹한 방법으로 문책했다. 현 시대의 '지배적 견해'에 도전해 이의를 제기하는 '이교도'들은 브루노가 살던 시대가 아니어도 목숨을 잃을까 두려워 해야만 했다.

마르크스와는 전혀 상관이 없음에도 불구하고 때때로 서로 무자비하게 싸우는 여러 형태의 '공산주의'의 참담한 정치발전은, 신에 대한 믿음을 거부하는 무신론이 항상 '신', 혹은 '신들'을 믿은 유신론보다 나을 것이 없다는 사실을 보여주고 있다. 그 이유는 '신'을 전면에 내세우던 안 세우던 간에 종교적·정치적 지도자들이 자신들에게만 허락되어 아무도 이의를 제기할 수 없는 불가침의 수단인, 이러한 '성스러운 존재'가 있다는 주장을 끝없이 되풀이하면서 사람들로 하여금 '성스러운 존재'가 있다고 생각하게 하는 한, 사전 프로그램된 것처럼 많은 문제점들이 나타날 것이라는 것은 불 보듯 뻔한 일인 것이다. 소크라테스 이전의 철학자들도 벌써 이러한 사실을 2,500년 전에 분명히 알고 있었다. 지금이야말로 사람들이 이러한 사실에 대해 서서히 자각해야 할 때인 것 같다.

죽음 뒤에 또 다른 삶이 존재할까?

 '신'에 대한 대화 속에서 우리는 무엇인가 중요한 것을 빠트린 것 같은 느낌이 들어요. 즉, 죽음 후의 삶에 대한 문제 말이에요! 많은 사람들이 '신'을 믿는 이유가 그들이 반드시 죽어야만 한다는 것을 인정할 수 없기 때문에, 바로 그것 때문에 믿는 것 아닌가요? 많은 사람들이 종교에서 의지할 곳을 찾는 근본적인 이유는 죽음에 대한 공포와 죽은 후에도 혹시나 다시 한번 무엇인가가 있지 않을까 하는 불확실성 때문 아닐까요?

 재미있는 질문이구나. 그 질문을 들으니 최근에 내가 다시 읽은 '교부' 아우구스티누스(Augustinus)의 저서 『고백록』의 한 구절이 생각나는구나. 아우구스티누스는 기독교로 개종하기 전에 대단히 '방탕한 생활'을 했다는 것을 먼저 알아두자꾸나. 자신의 『고백록』 속에서 그는 왜 '육체의 쾌락'을 멀리하게 되었는지, 그 이유에 대해 정말 솔직하게 이야기하고 있단다. 그는 저서에서 다음과 같이 쓰고 있지. '죽음과 심판에 대한 공포 외에는 아무것도 육체적 쾌락의 심연으로 떨어지려는 나를 제지하지 못했다. 이러한 공포 속에서 나는 내 친구들과 함께 최대 선과 최고 악에 대해 토론했고, 그때 그리스의 철학자 에피쿠로스가 부정했던 죽음 후에 올 또 다른 삶과 천벌에 관하여 깊이 생각하지 않았더라면 나는 향락을 즐기면서 최대의 선을 찾아야 한다던 에피쿠로스의 승리를 선

언할 뻔했다.'

바로 그것이 제가 했던 말이 의미하는 것이에요! 죽은 후의 '다른 삶'에 대한 생각 때문에 주저하면서 많은 사람들이 종교신자가 되잖아요. 하지만 사람들은 '천벌'이 있다는 주장을 이제 더 이상은 안 믿죠. 그렇죠?

글쎄, 서부유럽에서는 맞는 얘기지만 그 밖의 대부분의 다른 나라에서는 여전히 어떤 종류이건 상관없이 '죽은 후 천벌'의 관념이 아주 널리 퍼져 있단다. 그런데 말이다, 이것은 아프리카 대륙, 남아메리카, 그리고 중동에만 해당된 현상이 아니란다. 미국에서도 여전히 대다수 국민들이 '지옥'과 '악마'의 존재를 정말로 믿고 있단다.

정말이에요? 상상이 안 돼요!

그것은 아마 네가 광범위하게 속화된 즉, '속세화된' 나라에서 성장해서 그럴 거야. 대부분의 독일 사람들은 혹시 자신들이 특정 종파에 속해 있더라도 더 이상 자신들의 종교를 극단적으로 진지하게 생각하고 있지는 않지. 몇 십 년 전만 하더라도 전혀 다른 모습이었단다. 그때는 사람들이 정말로 현세의 삶 후에는 영원한 지옥의 고통이라는 천벌을 받을 것이라며 무서워했지. 너의 할아버지, 할머니 세대 사람들에게 한번 물어보려무나!

좋아요, 하지만 오늘날 그러한 생각들은 아주 많이 사라졌어요. 그렇지 않나요?

그렇단다. 지옥을 사용해서 하는 위협은 그 사이 대부분의 사람들에게서 그 두려움의 강도를 상실했지. 이 땅의 성직자와 신학자들은 여전히 '경건한 말투'로 얘기하고 있고, 그 말투가 종교적으로 들리기는 하지만 사실 더 이상 전혀 종교적인 의미로 말하는 것이

아니란다. 전 독일개신교연합회 회장인 볼프강 후버(Wolfgang Huber)
는 어느 토크 쇼에서, 지옥은 존재하지만 '비어' 있다고 말했단다.
이러한 발언은 사실 호감이 가는 말이기는 하지만 기독교계의 다
른 교회 동료들에게는 문제가 되는 발언이지.

어째서요?

왜냐하면 한 마리 파리에게도 해를 주지 않을 정도로 아주 친절한
'신'이 이제는 인간의 삶 속에서 더 이상 큰 역할을 하지 못하게
되었기 때문이지! 내가 저지르는 모든 일을 용서하는 '친절한 친
구—신'을 믿으면 아마 위장이 편안한 느낌을 줄지는 모르겠지만,
내가 그 신의 의미를 인정할 수 없는데도 믿음의 법칙을 믿으라며
내 무릎을 꿇게 할 수는 없는 일이지. 예를 들어, 동성연애의 기질
이 있는 사람들이 자신과 자신의 섹스 파트너에게 어떠한 해도 끼
치지 않는데 어째서 자신들의 성적 애정을 포기해야 하지? 사람
들이 그러한 믿음의 법칙에 굴복한다는 것은 단지 사람들이 법칙
을 위반하면, 그 대가를 치러야 한다는 것을 염두에 두고 있기 때
문이란다. 성경과 코란에 나타난 지옥의 형벌이 그렇게 과격하게
표현된 것에는 다 이유가 있는 것이란다.

당연한 말이죠! 만일 내게 손해 볼 게 아주 많다면, 당연히 온 힘을 다해 마
음을 가다듬을 테지요. 저는 지옥에서 냄비요리가 되는 것이 무서워서 그
알량한 금지된 일을 하지 않으려고 노력할 거예요.

바로 그거야. 그것과 관련된 그 유명한 '파스칼의 내기(Pascal's
Wager)'가 떠오르는구나. 그것에 대해 한번이라도 들어본 적 있니?

파스칼의 내기라고요? 아니요, 잘 모르겠어요…….

그렇구나. 블레즈 파스칼(Blaise Pascal)은 17세기 프랑스의 명석한 수

학자, 물리학자인 동시에 철학자였단다. 무엇보다도 그는 확률론의 대부들 가운데 한 사람이었지. 파스칼은 아주아주 경건한 남자이기도 했기 때문에 자신이 왜 경건한지 수학적으로 확실한 근거를 발견해내기도 했단다. 신과 영생이 있다고 믿는 쪽에 내기를 거는 사람만이 이길 수 있고, 반면에 이를 믿지 않는 사람은 당연히 질 수밖에 없다고 주장했지.

어째서요? 이해하지 못하겠어요.

파스칼은 믿는 사람과 믿지 않는 사람을 위해서 네 가지의 손익설정을 계산했단다. 첫 번째 가능성은 네가 신을 믿고 있는데 정말신이 존재하는 경우이지. 이 경우에 너는 천국에서의 영원한 행복을 보상받게 되는 거지. 마치 '저편의 대박'을 터트리는 것과 마찬가지란다! 파스칼의 주장에 의하면 믿음 쪽에 확실한 플러스 점수가 되겠지. 그래서 1:0으로 믿음의 리드.

좋아요, 제대로 이해하겠네요.

두 번째 가능성은 네가 신을 믿고 있는데 신이 존재하지 않는 경우란다. 이 경우 네가 틀리기는 했지만 죽은 사람이기에 너는 이사실에 대해 아무것도 알지 못할 거야. 따라서 역시 손해 볼 것이전혀 없지. 그래서 이 경우에 여전히 스코어는 1:0으로 믿음의 리드가 유지되겠지.

역시 맞는 말이지요.

세 번째 가능성은 네가 신을 믿고 있지 않는데 정말 신이 존재하지 않는 경우야. 자, 이제, 너의 판단이 옳았다고 해도 역시 너는죽은 사람이기에 너는 이 사실에 대해 아무것도 알지 못할 거야.따라서 이 경우에 여전히 1:0으로 또다시 믿음의 리드가 유지될 테고.

맞네요.

　네 번째 가능성은 네가 신을 믿고 있지 않는데 신이 존재하는 경우야. 이 경우에 당연히 너의 패배는 뻔한 일일 테고 이러한 부정한 불신 때문에 너는 파스칼이 확신한 것처럼 영원한 지옥의 고통으로 벌을 받을 거야. 불신자의 끔찍한 자살골이지. 결론적으로 이 내기는 신을 믿는 쪽이 2:0으로 일방적으로 승리한 채 끝나게 된단다. 때문에 신의 존재가 있을 것 같지 않다고 해도 신을 믿는 것이 현명한 일이라고 파스칼은 주장하고 있는 것이지!

와! 기발한 생각이네요! 처음에 들으면 아주 그럴듯하네요. 그렇죠?

　그래, 이 '파스칼의 내기'는 많은 사람들에게 영향을 주었지. 하지만 자세히 들여다보면 이 파스칼의 주장이 오류로 가득 차 있다는 것을 알 수 있지.

예? 정말이요? 어떤 오류들을 말하는 거예요?

　문제는 이 내기의 토대가 되고 있는 전제조건이 매우 일방적으로 정의되어 있다는 것이지. 파스칼의 전제는 신이 기독교 전통신앙의 하나님과 같다며 이 둘을 단순하게 동일시하고 있단다. 하지만 기독교의 신은 알다시피 우리 인간종이 역사 속에서 만들어낸 신에 대한 수많은 관념들 중 하나일 뿐이지. 어째서 하필이면 내기를 위한 전제조건으로 이러한 관념을 끌어와야 하는 거지? 대안으로서 많은 신을 믿는 힌두교의 다신교를 마찬가지로 같은 전제로 삼아서 기독교도와 믿지 않는 사람이 0:0 무승부로 시작할 수 있게 할 수도 있겠지. 이렇게 되면 궁극적으로는 사람들이 평생 동안 유대의 순회 설교가(예수)를 믿고 안 믿는 것은 힌두교의 신들인 브라만, 시바, 그리고 비슈누에게는 극히 상관없는 것이 될 수도 있는 것이지.

아마 그렇겠지요.

사람들은 심지어 무신론자들을 천국으로 보내고, 기독교인들을 지옥으로 보내겠다며 농담을 즐기는 반기독교 신의 존재를 가정해볼 수도 있겠지. 이것은 파스칼이 기독교 신의 존재를 전제로 한 것과 마찬가지로 정당한 일일 거야. 자, 이렇게 되면 파스칼, 베네딕트 16세(현재의 교황)와 그의 동업자들은 0:2로 리드 당한 채 아주 참담한 패자가 되겠네.

하하하! 좀 이상하게 들리지만, 아빠의 말이 당연히 옳아요. 논리적으로도 가능한 이야기죠…….

그 밖에도 파스칼이 자신의 주장에서 완전히 은폐한 사실 하나는 이 인간 세상에서 믿는 것 때문에 나타날 수 있는 희생이란다. 바로 그 이유 때문에 그는 신이 존재하지 않아도 믿는 사람들은 손해 볼 게 아무것도 없다고 주장할 수 있었던 것이지.

믿는 사람들이 어떤 희생을 당한다는 것이죠?

신을 믿고 있는 남성 동성연애자들을 예로 들어보자. 만일 그가 신앙 때문에 자신의 애정을 억누른다면 자신의 인생에서 성적 만족을 실현할 수 있는 기회를 스스로 박탈하는 것이지. 이것은 우리가 고려해야 할 아주 엄청난 희생이란다! 또 다른 예는 자신에게 고문을 가하는 사람들이란다. 그 이유는 자신들이 이 방법을 통해 십자가에 못 박힌 '메시아'와 가까워질 수 있다고 주장하기 때문이란다. 신을 믿는다는 것이 극단적인 경우에 얼마나 커다란 희생이 따르는 일이 될 수 있는지 블레즈 파스칼 자신이 슬픈 증거를 보여주었단다. 그는 일종의 종교적인 각성체험을 한 후에 십자가에 못 박힌 '구세주'를 따르겠다는 생각에 너무나 집착한 나머지 '오랜 질환을 앓는 것'에서 '기독교인의 자연스러운 상태'를 인식할 수 있다고 믿었단다. 파스칼에 따르면 인간은 오랫동안 질병을 앓는 상태가 비로소 '제대로' 된 상태라는 것이지.

어머나, 세상에!

불행하게도 파스칼은 사람들 앞에서는 물에 대해 설교하면서 뒤에서는 와인을 취하도록 마셔대는 그런 종류의 기독교인이 아니었단다. 분명 아니었지. 그는 그러한 주장에 극단적으로 진지했단다! 엄격하고 금욕적인 생활방식으로 인해 파스칼은 39살의 나이로 죽음을 맞이하게 되지. 프리드리히 니체는 200년 후에 이에 대해 다음과 같은 말로 평을 했단다. '사람들은 파스칼 같은 사람을 망쳐놓은 기독교를 결코 용서해서는 안 된다.'

이해하겠어요. 그 불쌍한 사람은 불확실한 저편의 삶을 위해 현세의 소중한 삶을 희생한 거죠. 그가 생각한 것처럼 그렇게 현명한 일은 아니었네요.

그렇단다. 그 밖에도 기독교 신에게 복종하는 이유가 천국과 지옥을 믿기 때문이라는 것이 마땅한 이유가 될 수 있는지에 대해서 이의를 제기하고 싶구나.

왜죠?

파스칼이 생각한 방식대로 천국과 지옥이 실제로 있다고 가정해 보자. 다른 사람들은 영원히 타오르는 지옥의 화염 속에서 살이 익어가는데, 이런 상황에서 천국에 다다르기 위해 십자가로 기어가는 것이 정말 합당한 일일까? 아니, 절대 그래서는 안 되지! 이렇게 줏대 없이 끌려가는 짓은 도덕적으로 정당화될 수 없단다.

교회는 파스칼의 주장에 따라 믿으라고 설득하는 데 지옥이야말로 아주 효과적이고 논리적인 수단이라고 생각해서 이 지옥을 들먹이면서 믿으라고 위협하고 있단다. 이러한 사실 하나만으로도 그러한 믿음에 거역해야 하는 최고의 논리적 증거가 될 수 있단다. 그 이유는 도덕적으로 사고할 줄 아는 인간이라면 지옥불을 사용해 위협하는 종교에 결코 굴복해서는 안 되기 때문이지. 이것이 현대 신학자들이 영원한 지옥살이라는 관념 사용을 포기하고 있는 중요한 이유란다. 사람들이 예수가 신약성서에서 틈만 나면 '죄인'들을 '용광로' 속에 집어 던져 그 안에서 지옥불로 영원히 타오르게 할 거라며 위협하고 있다고 신학자들에게 말하면, 이들 신학자들조차도 이 단어에 대해 당황스러운 느낌을 가질 때가 있단다.

세상에나, 그것은 교회가 그냥 만들어낸 것 아니에요? 사람들이 죽은 후에 예수가 몸소 그들을 영원히 타오르는 지옥불로 내던지겠다고 위협하고 있다고요?

그렇단다, 성경에 그러한 문구가 여러 번 등장하고 있단다. 그러나 그 문구들은 오늘날 설교 안에서 거의 사용이 안 되고 있지. 지적으로 수준 높은 사람들에게 영원한 고문이라는 위협을 하게 되면 오히려 믿지 않는 효과뿐 아니라 비도덕적이라는 역효과도 나타날 것이라는 것을 현대 신학자들은 알고 있기 때문이지. 생각해 보렴, 아무리 나쁜 범죄행위라도 영원한 형벌을 주는 것은 올바르지 않은 것이지!

알았어요. 지옥을 이용한 위협 얘기는 이제 그만 해요. 그런 위협은 아빠가 얘기하신 대로 분명히 이제 이 나라에서는 더 이상 큰 의미가 없어졌어요.

사람들이 긍정적인 측면으로서 더 중요하다고 생각하는 것은 죽음 후의 영원한 행복을 약속한 것이죠! 이것이야말로 이 종교의 비장의 무기 아닌가요?

글쎄, 역시 나는 그 점에 대해서도 회의적이란다. '좋은 날만 계속된다면, 그보다 참을 수 없는 일도 없을 것이다.' 라는 속담 알고 있지, 그렇지? '좋은 날만 계속됨' 에다가 '끝없음' 을 곱해보렴! 아마 우리 마음에 드는 답은 안 나올 거야. 죽을 수 없다면, 우리는 죽고 싶을 정도로 지겨워지겠지. 저세상에서 우리가 사람들을 날마다 새롭게 사귄다 해도, 또한 그 천국에서 진탕 먹고 마시며 난잡하게 즐기는 잔치 등등을 즐길 수 있다고 해도, 적어도 백만 년이나 십억 년이 흘러가도 모든 것이 똑같이 반복될 뿐이야.

여류 작가 에스터 빌라(Esther Vilar)는 이에 대해 '천국의 두려움' 이라는 제목으로 한 권의 재미있는 소설을 썼단다. 그녀의 결론은 다음과 같아. 만일 혹시라도 우리가 예상치 않게 강제로 하나님의 오른편에 앉혀진다고 가정해보자. 그 끝없는 영원한 세월을 지내면서 천국에서의 지루함을 느낀 다음에 우리는 창조주에게 무릎을 꿇고 이제 그만 불멸이라는 이 끔찍한 저주에서 풀어달라고 간청할 것이다! 그래서 우리가 좀 더 자세히 생각해보면, '영생' 이라는 기독교의 이 마지막 비장의 무기도 일종의 '천덕꾸러기 신세' 에 지나지 않지. 왜냐하면 우리 인간은 기복 없는 무미건조한 영생을 참아낼 수 있을 정도로 빈틈없는 존재가 아니기 때문이지. 우리 존재의 유한성이야말로 우리 인생의 양념일 게다! 우리가 죽을 수 없는 '영생' 을 가지게 된다면, 우리 인간 존재는 따분하고 공허해질 거야.

저는 그렇게까지는 생각 안 했어요. 다만 저는 '죽은 뒤의 삶'에 대한 질문에서 '기독교의 천국'이 아니고 이 세상에 다시 태어나는 것을 생각했었어요. 그러면 항상 처음부터 다시 시작하니까 영원한 지루함이라는 문제가 전혀 생기지 않을 테니까요. 이거 멋있는 생각 아닌가요?

글쎄, 모르겠구나. 그러면 너는 항상 기쁜 마음으로 쥐며느리로 다시 태어나고 싶을까? 혹은 촌충은 어때? 아니면 너는 천 번이나 반복해가며 피타고라스의 정리를 벼락공부 해야 하는 아이가 되는 것이 좋아?

어머나, 아니죠…….

그것 봐라! 사람들이 자신이 가지고 있던 성품의 일부분을 가지고 정말 다시 태어난다고 가정한다면, 이것 역시 즐거운 생각은 아닐 게다! 이런 이유 때문에 재생을 믿는 힌두교도와 브라만(Brahman)들은 절대 다시 그대로 태어나는 것을 추구하는 것이 아니고, 반대로 '재생의 영원한 순환(윤회)'에서 벗어나서 힌두교의 세계영혼이나 불교의 니르바나(열반, Nirvana)에 오르고자 염원하는 것이지.

신자로서 그들의 목표는 죽은 후에도 다시 살려는 것이 아니라, 반대로 '나'로서 더 이상 존재하지 않으려는 것이죠?

맞아. 그리고 이런 점에서 나 같은 자연주의자들은 확실히 장점을 가지고 있단다. 즉, 재생을 방지하기 위해 우리가 어떤 특정 종교의 복잡한 의식절차를 밟을 필요가 전혀 없기 때문이지. 그 대신 우리는 '즉석 열반'의 길로 갈 수 있단다. 만약 우리가 죽는다면, 우리는 그냥 그렇게 죽은 것이며 그 다음에는 아무것도 이어지지 않는다는 사실을 알고 있기 때문이지.

어째서 아빠는 그것을 그렇게 확신할 수 있는 거죠?

너도 알다시피 나는 '완전하고 확실한 지식'을 소유하고 있다고 우쭐대는 사람이 아니란다. 그러나 우리가 알고 있는 모든 사실들을 논리적으로 서로 엮어보면, 생물학적 죽음 후에 사람이 다시 살아날 가능성은 조금도 없다는 사실이 분명해지지. 우리가 다시 태어날 수 있다는 주장보다는 오히려 스파이더 맨, 이빨 요정, 혹은 스파게티 괴물이 진짜 존재하고 있을 가능성이 더 클 거야!

어째서요?

그 이유는 우리 뇌의 뉴런구조가 우리의 인격을 좌우하기 때문이지. 뇌를 떠나서 나는 존재할 수 없지! 때문에 뇌가 생물학적으로 그 기능을 멈추면, 이것은 또한 필연적으로 우리 인격의 마지막을 의미하는 것이란다.

이성적으로 의심해볼 여지는 없는 건가요?

없단다. 적어도 오늘날 우리의 지식수준을 근거로 할 때는 말이다. 그리고 이것 이외의 다른 판단 근거는 없단다. 인간의 문화가 발전되는 과정에 '신'이 어떤 방법으로든 육체와 상관없이 존재할 수 있다는 생각이 널리 퍼져있기는 하지만 그것은 확실성에 가까운 개연성으로 환상에 지나지 않는단다. 사고, 질병, 혹은 유전적 결함으로 인해 뇌가 손상된 사람들을 예를 들어,보면 이 사실이 아주 뚜렷해지지. 예를 들어, 많이 진행된 단계의 '알츠하이머병'을 앓고 있는 사람들은 더 이상 과거의 그 사람들이 아니란다. 그들이 한 때 형성했던 개인으로서의 인격은 자신들의 생물학적인 존재가 끝나기 전 즉, 죽기 전에 이미 벌써 소멸되었단다. 그렇다면 여기서 사람들은 다음과 같은 의문을 가져야 하지. 알츠하이머의 경우처럼 약간의 뉴런이 소멸되면 한 사람의 인격도 없어지게 되는데, 뇌사의 경우에는 모든 뉴런이 죽어버렸을 텐데 도대체 어떻게 인격이 멀쩡하게 남아있다고 할 수 있을까?

아빠 말이 옳아요. 그럴 개연성이 전혀 없어지는 것이죠! 그렇다면 우리가 죽은 후에도 삶이 존재한다는 생각은 버려야 한다는 의미겠죠?

나는 그렇다고 생각한단다! 우리는 그런 환상에 빠져서는 안 된다는 것이지. 그렇게 하면 아주 긍정적인 결과들도 몇 가지 생길 수 있단다. 왜냐하면 무엇인가 '현자의 돌(영생의 돌, 중세의 연금술사들이 모든 금속을 황금으로 만들고 영생을 가져다준다고 믿었던 상상의 물질)' 같은 것이 있다면, 아마 그것은 묘비에 불과할 테니까 말이야.

재미있는 말인 것 같은데, 그게 무슨 말이죠?

만일 우리의 삶에 끝이 있다는 것을 안다면, 우리는 이 유일한 삶에 대해 대단히 감사하면서 특별하게 대하게 될 거야! 궁극적으로 우리는 이 세상으로 초대된 이 짧은 연극을 소중히 여길 것이기 때문에 천국에서 영원한 연장공연을 한다든지, 재생의 형태로 재공연을 희망할 수 없을 거야. 우리에게는 분명히 우리 자신의 삶을 뜻깊게 살아갈 유일한, 단 한 번의 기회만 있을 뿐이지. 우리가 만약 우리 곁을 지나가는 이 기회를 사용하지 못하고 놓쳐버린다면, 우리는 모든 것을 놓쳐버리게 되는 것이란다. 더 이상 놓칠 게 없을 테니까!

물론이죠. 죽음 후의 삶이 없다면, 죽기 전의 삶이 더욱 더 소중해질 테니까요.

그렇단다. 그렇기 때문에 그리스의 철학자 에피쿠로스의 제자들은 인간의 유한성을 인식하고 '카르페 디엠(Carpe diem)'이라는 금언을 추론해냈지. 이 금언은 '오늘을 잡아라!(혹은 쓸모 있게 이용하라)'라는 뜻을 가지고 있단다.

정확히 무슨 뜻이에요?

에피쿠로스 학파 철학자들의 충고는 다음과 같단다. 너는 죽음을 피해 갈 수 없으므로, 네 자신의 삶을 즐기는 것을 내일로 미루지 말아야 할 것이다. 아무 가치 없는 일에 너의 시간을 허비하지 말고 네 삶에 풍요로운 의미를 주도록 노력하라! 왜냐하면 우주 가운데 떠 있는 이 먼지 알갱이 위에 있는 너의 존재가 네가 생각하는 것보다 훨씬 더 빨리 없어질 것이기 때문이다.

자, 그 말이 오늘의 끝을 맺는 멋있는 말인 것 같네요. 그렇죠? 좋은 생각이 하나 떠올랐어요. 지금 저를 저녁식사에 초대하는 게 어때요, 아빠? 점점 늙어가는 아빠 나이에 이런 기회가 얼마나 더 찾아올지 아무도 모르잖아요…….

하하하! 좋다. 내가 보기에 너는 벌써 에피쿠로스의 지혜를 아주 잘 이해하게 된 것 같구나.

'나는 죽음 후의 삶을 믿지 않는다. 그러나 혹시 모르니, 갈아입을 속옷은 항상 가지고 가겠다.' 미국의 배우이며 영화감독, 그리고 작가인 우디 앨런은 '영생'에 대한 현대인의 태도를 이렇게 풍자하고 있다. 한편으로 우리들 중 대부분이 확실성에 가까운 개연성으로 죽음 후에도 삶이 계속 된다는 것은 당치도 않다고 생각하고 있으나, 또 다른 한편으로 사람들은 여전히 이 냉정한 사실을 전혀 믿으려 하지 않고 있다.

 우리가 우리 자신의 삶에 끝이 있다고 상상하기는 분명히 어려운 일일 것이다. 이런 식으로 세계 주요 종교들은 온갖 수단을 다해 갖가지 종류의 '영생'을 고안해냈다. 역시 고대 민족의 많은 신화 속에서도 이러한 상상은 중요한 역할을 담당했다. 4,500년 전의 이집트인들은 사자(死者)의 신 오시리스가 지하세계를 지배하면서 죽은 사람에게 살아 생전에 속세에서 한 행동에 대한 해명을 요구한다고 믿었다. 그리스 신화에서는 하데스라는 신이 지하세계의 지배자였다. 이 신화에서도 죽은 사람들은 저승에서 심판을 받는다고 생각했다. 이때 신들에게 대항해 불손한 행위를 한 사람들에게는 특별히 심한 벌이 가해졌다고 한다. 즉, 이들은 지하세계 중에서도 가장 아래쪽으로 내동댕이쳐져 영원한 고문을 받아야 했다.

 이러한 이야기에서 생긴 상상이 많은 사람들에게 두려움을 주었다. 그리스의 저명한 철학자들 가운데 아마 가장 위대한 휴머니스트였을지도 모를 에피쿠로스(Epikur, BC 341-271)는 이러한 두려움을 진정시키려고 노력했다. 그 유명한 '메노이케우스(Menoikeus)에게 보내는 편지'에 그는 다음과 같이 썼다. '죽음이 우리에게 아무런 의미가 없다는 믿음에 익숙해져라. 왜냐하면 선하고 악하다고 느끼는 모든 일들은 오직 감각이 하는 일일 뿐이고, 죽은 후에 이 감각은 없어지기 때문이다. …… 따라서 많은 악 중에서도 가장 두려운 악인 죽음은 우리에게 아무런 의미가 없다. 왜냐하면 우리가 존재하는 한 죽음은 존재하지 않으며, 죽음이 다가오면 우리가 존재하지 않기 때문이다.'

죽음에 대해 오늘날에도 이보다 더 정확하게 표현할 수는 없을 것이다! 더군다나 2,300년 전에 '현세의 작은 행복'을 주장하며 쓴 이 철학자의 많은 글이 오늘날에도 우리에게 영향력을 발휘한다는 것은 놀랄 만한 일이다. 그럼에도 불구하고 에피쿠로스 학파의 이러한 철학은 몇백 년에 걸쳐 혹독한 경멸을 받아왔다. 심지어 기독교인들의 사교계에서 '에피쿠로스파'라는 개념은, 오로지 감각적 쾌락만을 위해 자신의 '영생'을 걸고 도박을 하는 사람에게 수치심을 주려고 즐겨 사용하는 욕설로 사용되었다. 비록 '에피쿠로스 철학자로 활동하는' 대부분의 현대 철학자들이 이 그리스 철학자의 이름을 거의 사용하지 않는다고 해도, 결국 에피쿠로스의 승리의 행진을 멈추게 할 수는 없다.

특히 에피쿠로스의 사상은 죽음을 대하는 우리의 태도에도 영향력을 발휘하고 있다. 쾰른의 캬바레 아티스트인 위르겐 베커(Jüren Becker, 1959-)가 다음과 같은 심오한 유머를 던졌을 때, 이 유머는 불 같은 분노가 아닌 수긍하는 박장대소를 이끌어냈다. '유머란 그럼에도 불구하고 웃는 것이다. 철학이란 그럼에도 불구하고 사고하는 것이다. 종교란 그럼에도 불구하고 죽는 것이다.' 이 유머는 의심할 바 없이 '에피쿠로스의 정원'에 유쾌한 분위기를 선사했을 것이다.

모든 것은 헛된 것일까?

저는 어제 했던 대화를 다시 한번 깊이 생각해보았어요. 그리고 어제 저녁 식사를 하면서 아빠가 얘기해주셨던 에피쿠로스에 대해서도요. 얼핏 보면 모든 것이 아주 멋있게 들린다는 것은 인정해요. 즉, 죽음 후의 또 다른 삶이 없다는 것을 우리가 인정한다면, 우리는 죽기 전의 삶을 아주 값지고 소중하게 생각할 거예요. 뿐만 아니라 죽음이 없다면 우리도 더 이상 존재하지 않는다고 전제할 수 있기 때문에 우리는 죽음을 두려워 할 필요가 없겠죠. 그럼에도 불구하고 저는 이러한 태도가 죽음을 너무 무시하는 것은 아닌가 하는 기분이 들어요. 사실 사람들이 자신 혹은 자신이 사랑하고 있는 사람이 머지 않아 죽는다는 것을 안다면 그 죽음은 아주 심각한 일이 될 거예요! 그렇게 생각하지 않으세요?

물론 네 말이 맞아. 에피쿠로스가 주장하는 생활의 지혜는 한 사람 한 사람의 생명이 끝날 때마다 우리가 싸워 이길 수 없는 비극이 도사리고 있다는 것을 부인하고 감추려는 것은 아니란다. 나도 그렇게 똑같은 운명을 맞이할 것이고, 유감스럽지만 너도 또한 같은 운명을 맞게 될 거다. 이 글을 읽는 모든 사람뿐만 아니라 읽지 않는 사람도 마찬가지로 같은 운명을 맞이하게 되지. 우리 모두는 우리가 사랑했고 소중하게 여겼던 모든 것을 잃어버리게 될 거야. 죽음이라는 것은 모든 것으로부터의 영원한 이별을 의미하는 것이고, 이 죽음으로 인한 이별의 아픔은 우리에게 아주 큰 고통을 주지.

맞아요. 또한 이러한 고통은 죽어가는 사람뿐만 아니라 당연히 그 사람 없이 계속 살아가야 하는 사람들에게도 마찬가지예요. 사랑했던 사람이, 많은 것을 신세졌던 사람이 갑자기 영원히 사라지는 것이잖아요. 전에 그 사람이 있던 그곳에 갑자기 빈자리만 남게 되는 것이잖아요…….

그 사람의 미소를 다시는 보지 못할 것이고, 그 사람의 목소리도 다시는 듣지 못할 것이고, 그 사람의 따스한 온기도 다시는 느끼지 못하겠지……. 특히 죽어가는 사람이 살아갈 날을 아직도 많이 남겨 두고 있는 젊은 사람이라면, 죽음은 정말 더욱 두렵고 끔찍한 일이지. 유감스럽게도 자연은 우리 모두가 오랫동안 이루어온 삶을 마친 뒤 평화롭게 잠들면서 죽음을 맞이할 수 있도록 예정해 놓지 않았단다. 많은 사람들이 거의 '한창의 나이' 에 목숨을 잃고 있어. 아이들이 아직 어린 나이에 부모를 잃기도 하고, 사랑하는 사람들이 한창 무르익는 사랑 중에 연인을 잃기도 하지. 특히 슬픈 일은 부모가 자신들의 아이의 죽음을 겪어야 하는 일이란다. 나는 이보다 더 끔찍한 일은 상상할 수가 없단다! 얘야, 나는 살다 보니 내 자신의 죽음에 아주 냉정하게 맞설 수가 있을 것 같구나. 그런데 말이야, 너희 같은 아이들이 언젠가 한번은 죽어야 한다는 생각을 하면…… 목이 메어온단다!

아빠, 자주 그런 생각을 하세요?

그렇진 않지. 그런 생각을 자주 하면 건강에 좋을 것이 없지. 하지만 우리가 붙들고 있는 모든 것들이 얼마나 덧없고 무상한지 가끔 생각해보는 것도 나쁘진 않단다.

모든 것이 헛되다는 것을 인정하는 법을 배워야 한다는 말이죠?

그래, 그것이 사실이니까. 비록 그것을 인정해야 한다는 것이 우리에게는 가슴 아픈 일이겠지만 말이다. 그것에 대해 생각나는 것이 있구나. 몇 년 전에 방송했던 텔레비전 시리즈 '식스 피트 언더 (Six Feet Under)' 라고 알고 있지?

장의사업에 관한 드라마였고 각 에피소드마다 사람들이 다양한 원인으로 사망하는 얘기를 다룬 시리즈 말이죠?

맞다. 이 시리즈의 마지막 편이 나에게 아주 큰 감동을 주었단다. 이 시리즈의 맨 마지막 에피소드의 클로징 크레디트에서는 등장했던 주인공 전부 한 사람 한 사람 어떻게 죽었는지 빠른 화면으로 보여주고 있단다. 앞선 사람들의 파란만장한 삶을 기억할 수 있는 사람이 한 사람도 남아있지 않을 때까지 말이야. 이것은 내가 본 드라마 중에서 '가장 마지막다운 마지막' 일 뿐만 아니라 우리 모두에게 어느 땐가 닥쳐올 운명을 과장 없이 보여주고 있지. 우리 모두는 잊혀질 것이고 잊혀진 것조차도 잊혀지겠지! 우리가 살면서 얼마나 많은 노력을 기울여 왔는지, 우리가 얼마나 사랑했고, 희망했고, 마음을 졸였는지, 우리에게 주어진 얼마 안 되는 그 세월을 헤쳐 나가려고 얼마나 애를 썼는지 아무도 기억하지 못할 거야.

어머나, 또다시 점점 긴장되기 시작하네요…….

그래, 덧없음이 무슨 뜻인지 알게 되면 그런 기분이 들만도 할 게다. 덧없음이란 다시 말하면 우리의 노력에도 불구하고 헛되다는 것이지. 우리가 무엇을 하던 간에 우리는 오래 남을 확고한 가치를 하나도 만들어낼 수 없기 때문이란다. 우리의 아이들과 이 아이들의 아이들도 마찬가지로 죽게 마련이란다. 또한 우리가 어떤 분야에서 명예를 얻고 인정을 받는다 해도 그렇게 오래 가지는 못하는 것이란다. 내 친구 칼하인츠 데슈너(Karlheinz Deschner)는 그의 저서에서 '유명한 사람이란 약간 늦게 잊혀지는 사람들' 일 뿐이라고 쓰고 있지.

그렇다면 '영원한 명예' 는 없다는 거네요?

물론 없지! 과거에 자신이 살던 시대에 유명했던 많은 사람들도 이미 오늘날에는 잊혀졌지. 100년이나 200년이 지나도 여전히 사람들이 마이클 잭슨을 기억할지 큰 의문이 생기는구나.

아빠는 지금 진심으로 그렇게 말하시는 거예요? 음……, 하지만 베토벤이나 바흐는 어떻게 된 거죠? 사람들은 벌써 몇 백 년 동안이나 이 사람들을 기억하고 있잖아요. 아니면 아빠가 인용한 철학자들은 어떻게 된 거죠? 프로타고라스, 소크라테스, 그리고 에피쿠로스는 이미 2,000년 전에 죽었잖아요. 그럼에도 불구하고 이 사람들은 아직 잊혀지지 않았잖아요.

그래 맞아. 그리고 앞으로도 100년은 더 그랬으면 하는 바람이야. 하지만 그 시간을 지구의 나이와 비교해보면 2,000년이라는 시간은 그렇게 긴 시간이 아니란다. 45억 년과 비교하면 2,000년이 뭐가 길다는 말이지? 심지어는 비교적 아주 젊다는 우리 인간종의 나이와 비교해도 2,000년이라는 시간은 그 나이의 겨우 1퍼센트에 지나지 않아. 질문을 하나 하마. 20만 년 후, 그러니까 우리 인간종인 호모 사피엔스가 현재보다 두 배의 나이가 되어도 사람들은 그 위대한 철학자들을 기억하고 있을까? 질문 하나 더 하마. 그때가 되면 도대체 무엇인가를 기억할 수 있는 인류가 여전히 존재하기나 하는 걸까? 절대 그럴 일은 없을 거야! 우리의 조상인 호모 에렉투스는 거의 200만 년 동안 지구에 정착해왔지. 이른바 '창조의 정점'인 호모 사피엔스도 그만큼 오래 존재할 수 있을지 의심스럽구나.

왜 그렇게 생각하시죠?

어떤 문명이 발달하면 발달할수록 스스로 멸망할 위험도 더 커진단다! 한번 예를 들어보자꾸나. 우리 인간은 오늘날 원자를 쪼갤 수 있고 인공위성을 통해 교신을 하고 있지만, 그에 걸맞게 이 강력한 기술을 제대로 다룰 수 있을 만큼 성숙할까? 나는 이 점에서는 아주 회의적이란다. 내가 쓴 책들 중 하나에서 이 문제에 대해 다음과 같이 쓴 적이 있단다. 우리는 기술에서는 21세기에 살고 있지만 한편으로는 수천 년 해묵은 소위 성스러운 전설이 우리의 세계관을 지배하고 있다. 고도로 발달된 기술과 유치하고 순진해 빠진 이러한 믿음이 합쳐진 이 세계가 제대로 오랫동안 굴러 갈 수 있을까? 천만의 말씀이지. 우리 인간은 점보 제트기 조종을 책임진 다섯 살짜리 아이처럼 행동하고 있단다! 그렇기 때문에 우리 인간이 멸망하리라는 것은 사실 시간의 문제일 뿐이지.

한 무리 광신자들의 손에 원자폭탄이나 생물학무기가 들어가는 경우를 말씀하시는 거죠?

예를 들자면 그렇단다. 하지만 우리는 원자력 같은 기술을 부주의하게 다루고 있고, 아주 절박하게 의존하고 있는 자연자원을 파괴하고 있기 때문에 본의 아니게 우리 자신을 스스로 멸망시킬 수도 있지.

맞아요, 벌써 오늘날에도 그런 조짐을 많이 볼 수 있어요. 그럼에도 불구하고 우리는 우리가 저지른 실수에서 무엇인가를 배울 수도 있잖아요. 그렇지 않아요?

　　물론이지. 우리 인간은 적어도 학습능력이 아주 띄어난 종이기 때문에 아마 호모 에렉투스보다는 좀 더 오래 지구상에 남아있을 수도 있겠지. 그러나 우리 이전에 생존했던 많은 다른 종의 경우처럼 우리 인간종도 어느 땐가는 멸망할 것이라는 사실은 전혀 달라지지 않는단다. 그 이유는 인류의 생존은 인간 자신에게만 달려있는 것이 아니기 때문이지. 강력한 화산폭발이나 우주에서 날아온 혜성과의 충돌로 인해 우리 문명은 극히 짧은 시간 안에 멸망할 수도 있지. 이처럼 우리의 목숨은 자연의 위대한 힘에 무방비의 상태로 맡겨진 셈이지. 이것은 또한 인간의 생명에 필수적인 에너지를 선사하는 태양의 경우에도 마찬가지란다. 9억 년이 지나면 지구의 평균기온이 어림잡아 섭씨 30도가 될 정도로 태양은 뜨거워지고 밝아지게 될 거야. 그렇게 되면, 우리 인간 같은 고등 생명체들은 아주 위험한 상황에 처하게 되지. 10억 년이 지나면 지구의 기온은 이미 100도 이상 올라갈 것이고, 그렇게 되면 극히 작은 미생물만 생존하게 될 거야. 그리고 대략 70억 년이 지나면 태양이 '적색거성'으로 변하기 때문에 이 미생물도 영원히 살아남지는 못하게 될 거야. 태양은 금성과 화성을 삼켜버릴 것이고 지구의 표면은 이글이글 타오르는 용암의 바다로 변하게 되지. 그러면 지구상의 생명체의 역사는 그 종말을 맞게 되는 것이란다.

아주 나쁜 전망이네요! 먼 미래에 일어날 일이라고는 하지만 뭔가 좀 끔찍한 기분이에요. 하지만 적어도 이론적으로는 사람들이 이 태양계를 떠나서 어딘가 다른 곳으로 이주할 수 있을 가능성은 없나요?

　　엄청나게 먼 거리 때문에 그럴 가능성도 희박할 거야! 하지만 정말 한번 그 가능성을 실현해서 끝없이 먼 우주의 어딘가에서 생존이 가능한 행성을 발견하는 데 성공했다고 아주 낙관적으로 가정해보자. 비록 전혀 가능성이 없는 이러한 상황이 실현되었다고 해도, 확실성에 가까운 개연성으로 인류는 어느 땐가 멸종하리라는 사실에는 변함이 없단다. 그 이유는 역시 이 낯선 행성에서도 이별의 시한부 수명 주기 때문에 얼마 지나지 않아 아주 불안한 상황을 맞을 수밖에 없기 때문이지. 그리고 (물론 비현실적이지만) 살기 적합한 다른 행성을 찾았다고 해도 빅뱅으로 방출된 에너지가 모두 소비되기 때문에 우리는 어쨌든 결국 소멸하게 되어 있지.

어째서요?

빅뱅의 에너지는 뜨거운 커피 잔에 던져 넣은 각설탕에 비유할 수 있단다. 처음에 각설탕은 아주 압축된 상태이지만 시간이 흐르면 잔 속에서 점점 녹아 마지막에는 설탕 결정체 전부가 균일하게 나누어져 버리지. 마찬가지로 빅뱅의 에너지가 우주공간에 균일하게 퍼지면 이 우주공간에는 물리적 과정이 더 이상 존재하지 않게 된단다!

그렇다면 우리 우주는 소위 '식어버린 커피' 신세가 되는 거죠?

그렇단다. 그렇게 되면 모든 별들은 타서 없어지게 되고 우주는 '대동결(大凍結, Big Freeze)'이라고도 부르는 소위 '엔트로피 동사(凍死)'의 상태에서 소멸되는 것이란다.

그게 정말이에요?

정말이고말고. 우리 우주의 멸망에 대한 또 다른 이론이 있단다. '빅립(Big Rip)'이라는 이론인데, 이 이론에 의하면 점점 빨라지는 팽창에 의해서 이 우주가 내부에서부터 '갈가리 찢겨'진다는 것이지. 아무튼 언젠가는 한번 이 지구상 생명체뿐만 아니라 우주 전체의 생명체에게 마지막 커튼이 드리워질 거라는 사실에는 변함이 없단다! 최후의 날에는, 항상 싱긋 웃음을 머금고 있는 '미스터 성장'이나 '예수의 재림'이 예정되어 있는 것이 아니라 구원도 없고, 희망도 없고, 의미도 없는, 공허의 등장만이 예정되어 있을 뿐이지…….

좋아요. 아, 이제 아빠가 '무상함'을 어떤 식으로 이해하고 있는지 대충 감이 온 것 같아요. 즉, 우리에게 닥친 문제는 모든 것이 헛되다는 사실에 만족해야만 할 것인가가 아니고, 오히려 어떻게 하면 그 헛됨 안에서 만족을 찾을 수 있을 것인가 하는 것이겠죠.

그렇지. 영원한 것을 만들려는 우리의 모든 노력이 결국에는 실패할 수밖에 없다는 사실을 알면 사람들은 여러 가지 결론을 내릴 수 있겠지. 이를테면 사람들은 그 사실에서 극단적인 '철학적 허무주의'의 근거를 찾을 수 있을지도 모르지. 어떤 극단적 허무주의자가 모든 것을 '헛되고 공허한' 것으로 간주하고 인간의 노력이 (노력의 종류를 막론하고!) 아무 의미도 없다고 주장할 수도 있겠지. 그 뒤에 숨어있는 자세는 아마 다음과 같이 묘사할 수 있을 거야. 즉, '어쨌든 마지막에는 아무 짝에도 쓸모가 없을 텐데 도대체 무엇 때문에 우리는 꽤나 올바른 생활을 하려고 애쓰는 거지?'

어차피 밤에 다시 누울 텐데 왜 아침마다 침대를 정리해야 하지라고 의아해 하는 의기소침한 사람의 인생관처럼 들리네요.

맞아. 허무주의에서 나온 우울하고 자기 파괴적인 생각의 결과겠지. 그러나 그러한 허무주의는 또한 이유 없는 이기주의를 합리화하기 위해 다음과 같은 모토를 내걸고 공격적으로 외부로 표출될 수도 있단다. 즉, '왜 내가 타인을 배려해야 하지? 결국 마지막에는 모든 것이 헛수고가 될 텐데! 중요한 것은 지금은 나만 즐거우면 되고 내가 죽은 다음에 대홍수나 차디찬 엔트로피적 죽음(엔트로피가 증가하여 어느땐가는 우주가 멸망하리라는 의미)이 오면 되지 않을까!

역시 그 방법도 썩 좋은 것 같지는 않네요. 그렇죠? 그러면 아빠는 도대체 이 절대허무에서 어떻게 해야 좋다는 말인가요?

그야, 자신의 삶에 대해 너무 큰 의미를 두지 말라는 것이 나의 제안이란다. 영원히 지속되지 않는다고 해서 무엇인가가 정말 의미가 없는 것일까? 분명 그렇진 않지! 접시 위에 덤덤하게 쏟아지는 캔 라비올리(이탈리아식 만두 요리, ravioli)처럼, 나중에 몸 밖으로 배출될 거라고 해서 맛있는 음식이 그 가치를 잃는 것은 아니란다! 또한 인류가 어느 땐가 한번 완전히 소멸될 거라고 해서, 내가 이웃의 이익을 침해할 권리는 전혀 없지. 지금 이 순간 우리에게 유익하고 중요한 것들이 있는데, 이것들이 언젠가는 우리 손에서 없어질 거라고 해서 그 가치가 사라지는 것은 아니란다. 반대로 이들이 덧없이 사라질 것이라는 것을 우리가 알기 때문에, 바로 그 이유 때문에 그 가치가 더욱 빛나는 것이란다.

에피쿠로스의 말이 다시 한번 생각나네요. 카르페 디엠!

바로 그거다. 우리가 헛된 존재이고 우리가 사랑하는 모든 것이 헛되기 때문에, 우리는 현재 우리가 소유하고 있는 것과 우리가 살아있다는 것에 감사해야 한단다.

물론 아빠처럼 잘나가는 사람은 쉽게 그런 말을 할 수 있겠죠! 아빠는 건강하고, 집이 있고, 먹고 마실 게 충분하고, 자신을 실현할 직업이 있고, 사랑하는 사람들이 항상 곁에 있잖아요. 그런데 아빠가 이 모든 것을 가지고 있지 않다면, 아빠가 가난하고 아픈 몸이고, 주위에 아빠를 안아 줄 사람이 아무도 없다면 어떻게 하실 거죠?

　　네가 그 문제를 지적하니 잘됐다! 이러한 문젯거리 중 몇 가지는 이상적인 환경하에서 없앨 수 있는 문제들이지만 죽음을 동반하는 질병만은 어쩔 수가 없단다. 이 점에서 우리 인간의 무상(無常, Vergänglichkeit, transience)은 고통스러울 뿐만 아니라 동시에 위안이 되는 측면도 있단다. 즉, 병들어 죽어가는 많은 사람들이 자신들의 최후가 될수록 빨리 오기를 간절히 바란다는 것이지. 따라서 죽음이 있다는 것을 확신한다는 것은 삶의 즐거움과 이별하는 것일 뿐만 아니라 더 이상 감당하고 싶지 않은 모든 고통과도 기꺼이 이별할 수 있다는 각오를 갖게 한다는 것을 의미하지.

그러면 또한 우리 인간의 무상은 한편으로는 긍정적이라는 얘기네요?

　　분명히 그렇지! 이러한 긍정적인 측면은 특히 우리 인생의 후반기에 나타난단다. 물론 유감스럽게도 자연은 죽음을 특별히 편안한 과정으로 예정해 놓진 않았지. 우리의 삶으로 다가왔던 모든 것이 그냥 스쳐 지나가듯 죽음도 그렇게 지나갈 것이라는 사실을 알면 편안한 마음을 갖게 될 거야.

1996년 9월 'UFO 사교집단' 헤븐스 게이트(Heaven's Gate)의 지도자 마셜 애플화이트(Marshall Applewhite, 1931-1997)는 '이번이 재활용되기 전에 지구를 떠날 수 있는 마지막 기회다!'라는 메시지를 전하면서 대중들에게 호소했다. 몇 달이 지난 1997년 3월 26일, 캘리포니아의 어느 빌라에서 39구의 헤븐스 게이트 신자의 시체가 발견되었다. 이들 모두는 검은 옷을 입고 있었고 새로 산 나이키 운동화를 신고 있었으며, 바지 주머니 속에는 육체를 빌려 사용한 대가인 '대여수수료' 명목으로 약간의 잔돈이 남아있었다.

이들은 헤일 밥(Hale-Bop) 혜성과 아주 가까운 거리에 외계인으로 가득 찬 우주선이 있다고 확신했고 '속세의 컨테이너'를 떠나기 위해 마취제가 들어 있는 죽음의 음료수, 사과 주스와 보드카를 마셨다. 이러한 방법으로 그들은 자신들의 'UFO 영혼'과 더불어 은하를 여행하는 우주선에 승선할 수 있으며, 지구라는 '정원'이 완전히 파헤쳐지고 나머지 모든 '인간이라는 식물'을 멸종시킬 '삽질'을 피할 수 있다고 생각했다.

헤븐스 게이트 신자들의 집단 자살이 있기 3년 전에 스위스에서도 53구의 태양신전 교단 신자의 시체가 '기사단 단장' 조셉 디 맘브로(Joseph Di Mambro, 1924-1994)의 시체와 함께 발견되었다. 이들도 소위 임박한 세계멸망을 피하려 했다. 애플화이트와 그의 일행들과는 달리 이들은 집단으로 자살한 후에 시리우스 행성의 태양계 안에서 '예수 비슷한 태양 같은 존재'로 다시 태어나, 그곳에 '새로운 인류'를 창시할 생각이었다.

세계종말을 믿는 이러한 사교집단은 우리 눈에는 기괴한 모습으로 비쳐진다. 그러나 역시 잊지 말아야 하는 사실은 기독교도 처음에는 광적인 세계종말 사교집단의 형태로 등장했다는 사실이다. 다시 말하면 태양신전 교단 신자 못지않게 원시 기독교 공동체도 세계가 곧 멸망할 것이라고 믿었다. 심지어 나사렛 예수(Jesus von Nazareth, BC 4-AD 30)는 복음서 가운데 가장 오래된 복음서인 마가복음 9장 1절에서 다음과 같이 단언하고 있다. '진실로 내가 너희에게 말하겠다. 여기 서 있는 사람 가운데는 죽기 전에 하나님의 나라가 권능을 가지고 오는 것을 볼 사람도 있을 것이다.' 또한 그가 제자들에게 내리는 임무의 내용에서도 그 종말 예언의 증거는 더욱 뚜렷하다. '가서 전하거라. 하늘나라가 가까이 왔다고!'

예수도 2,000년 후의 마셜 애플화이트와 마찬가지로 세계종말이 목전에 와있다는 잘못을 저질렀다. 하지만 숨을 죽이고 기다리던 '최후의 심판'은 전혀 실현되지 않았으며, 그 결과 원시 기독교 공동체에 엄청난 분규가 일어났다. 베드로 후서가 바로 이러한 소요사태를 진정시키기 위해 쓰인 편지이다. (편지의 이름은 기만적이다. 이 편지는 같은 이름의 사도에게서 쓰인 편지가 아니라 2세기 후반에 작성된 것이기 때문이다) 이 베드로 후서의 내용은 다음과 같다. '그들은 당신들을 조롱하면서 다음과 같이 말할 것입니다. 그리스도가 다시 온다고 약속했잖소! 도대체 지금 그는 어디 있는 거요? 그 사이에 그 약속을 기다리던 많은 사람들이 죽었지만 세상이 시작되었을 때처럼 모든 것이 조금도 달라진 것이 없잖소……. 친구들이여, 당신들은 한 가지 다음과 같은 사실을 잊어서는 안 됩니다. 주님의 시간의 길이를 재는 기준은 인간의 기준과 다릅니다. 주님께는 하루가 천 년 같고 천 년이 하루와 같습니다(베후서 3장3절-8절).'

이 '베드로 서한'의 주장은 의심할 바 없이 교묘했다. 이 서한은 한편으로는 '최후의 심판'은 단지 '케케묵은 소문'이기 때문에 믿어서는 안 된다고 명백하게 전제하고 있다. 그리고 다른 한편으로는 세계종말의 날을 아주 정확히 정해야 하는 스트레스로부터 기독교 공동체를 해방시켰다. 하지만 다른 '예수 추종자들'은 그다지 교활하지 못했다. 종교개혁가 마틴 루터(Martin Luther, 1483-1546)의 절친한 친구였고 동시에 개신교 신학자이며 수학자였던 미하엘 슈티펠(Michael Stifel, 1487-1567)은 성경을 활용해, 1533년 10월 19일, 그것도 아주 정확하게 아침 8시에 세계가 멸망할 것이라고 계산해냈다. 모든 사람들을 공포로 몰아넣었던 이 예언 즉, 최후의 심판이 실현되지 않자, 세계종말에 대한 설교 때문에 두려움과 공포로 내몰렸던 로하우(Lochau) 시민들은 호된 매질과 4주 동안의 감옥형으로 슈티펠에게 보답했다. 이후 슈티펠은 더 이상 세계종말에 관한 계산을 할 기분이 들지 않았다.

여호와의 증인은 이와 유사한 실패를 경험했음에도 불구하고 용기를 잃지 않았다. 즉, 자신의 저술로 유혹한 700만 명의 신자를 보유하고 기독교 공동체를 거느렸던 성경 연구가 찰스 러셀(Charles Russel, 1852-1916)은, 주님이 천사들과 함께 믿음에 반대하는 적들과 전쟁을 벌일 '최후의 날'이 시작될 시점으로 1914년을 계산해냈다. 하지만 1914년에 전능하신 그 신이 땅 위에 모습을 드러내지 않자, 날짜를 다시 1925년으로 연기했으나 이마저도 이루어지지 않았다. 이후 여호와의 증인은 1975년으로 예정된 '아마겟돈 전투(예수가 재강림한 후 기독교인들과 사탄의 세력 간에 펼쳐질 마지막 전투. 요한계시록 16장 16절 참조)'에 참석해 같이 싸우려 했으나, 역시 이 종교적이고 거창한 꿈도 현실의 언저리에서 또다시 무참하게 깨지고 말았다. 그때 이후로 여호와의 증인은 세계멸망의 정확한 날을 예정하지 않고 있다. 예측은 매우 어려우며, 미래의 일에 대해서는 특히 그러하다.

왜 섹스는 즐겁고 죽음은 즐겁지 않을까?

아빠는 방금 자연은 죽음을 불편한 과정으로 예정해 놓았다고 했어요. 의심할 여지가 없는 사실이죠. 하지만 그 이유가 무엇이죠? 살아가면서 맛있는 음식, 재미있는 오락, 그리고 즐거운 섹스같이 정말 재미있는 일도 많아요. 어째서 죽을 때는 그렇지 않은 거죠?

　왜 섹스는 즐겁고 죽음은 그렇지 않은지 알고 싶은 거니?

네, 정확히 말하면 바로 그런 거죠.

　내가 보기에, 그거 아주 재미있는 질문인 것 같은데! 그 질문에 알맞은 아주 재미있는 정답이 하나 있단다. 즉, 진화가 진행되는 동안 '즐거운 섹스'를 위해서는 선택적 우위가 개입을 했지만 '즐거운 죽음'에 대해서는 그렇지 않았단다.

예, 뭐라고요?

　흠, 뭔가 좀 더 자세하게 설명해야겠구나. 너도 분명히 알겠지만, 생물학적 진화에는 무엇보다도 번식을 위한 투쟁이 관련되어 있단다. 생명체가 가지고 있는 여러 형질 중에서 어떤 형질은 자주 번식하게 하는가 하면, 이와 반대로 어떤 형질은 자신의 번식을 방해하고, 또 번식을 위해 중요한 역할을 하지 않는 형질도 있단다. 치타를 예로 들어보자. 앞서 우리가 확인한 대로 치타는 먹잇감을 쓰러트려 죽이기 위해 아주 빨라야 하지. 이러한 형질이 없는 치타는 곧 죽을 것이고, 이와 함께 번식도 할 수 없게 될 거야. 당연하죠.

오늘날 우리가 알고 있는 치타는 극도로 긴 다리, 엄청난 크기의 폐, 넓은 비도(鼻道, 콧길)를 가지고 있어서 시속 110킬로미터의 속도로 달릴 수 있는 고양잇과 동물이야. 다시 말하면, 이것은 오랜 진화 과정에서 비롯된 결과물이지. 진화 초기에는 다른 고양잇과 동물의 신체구조와 현재 살고 있는 치타 조상의 체격은 그렇게 큰 차이가 없었단다. 그러다가 어느 때부터인가 생태학적 분화가 시작된 거지. 밤에 활동하기를 선호하는 사자와는 달리 치타는 낮에 사냥을 하지. 치타는 사냥감에 가까이 다가가 덮치는 방법이 아닌 아주 빠른 속도로 사냥감을 급습해 덮치는 방법을 사용하지. 치타가 획득한 이 독특한 생태적 지위(生態的 地位)에서 속도는 생존에 유리한 중요한 장점이 되었단다. 보다 커다란 폐, 보다 긴 다리, 보다 강한 다리 근육 덕분에 치타는 한층 빠른 속도를 낼 수 있었고, 더 오래 생존할 수 있었으며, 조기에 번식해서 자신들의 유전자를 자손들에게 물려주었던 것이지. 치타의 현재 신체구조는 오랜 세월에 걸친 진화로 인해 이러한 형질을 가지게 된 관계로 다른 고양잇과 동물들과 뚜렷하게 달라졌기 때문에 오히려 이제는 그레이하운드의 형질을 연상시킨단다.

좋아요, 그거 간단하네요. 즉, 큰 폐를 가진 치타는 작은 폐를 가진 치타보다 더 자주 번식을 했다. 그 결과 오늘날의 치타가 되었다.

그렇지. 이것은 또한 다음과 같이 표현할 수도 있지. 즉, 치타의 진화가 진행되는 동안 속도를 개선하게 한 형질에 대한 선택적 우위가 있었고, 속도를 줄이게 하려는 특성에 대한 선택적 불리가 있었다.

'선택'은 여기서 '도태'를 의미하죠. 그렇죠?

그렇단다. '도태(淘汰)', 혹은 '선정(選定)'을 의미한단다. 찰스 다윈은 자신의 선택설에 대한 이론을 발전시켜 나가는 동안 우리 인간이 행하고 있었던 동식물에 대한 '인위도태', 내지는 '인위선택'에 커다란 관심을 가지게 되었지. 어림잡아 만 년 전 인류가 정착하게 된 이후로 인간들은 빠른 번식을 위해 자신들에게 유용하게 보이는 형질을 긍정적으로 선택(양성선택)하고, 번식을 억제하기 위해 자신들의 목적에 해로운 것은 부정적으로 선택(음성선택)하면서 식물과 동물을 사육해오고 있단다.

마치 신데렐라가 '좋은 것들은 솥에 넣고, 나쁜 것들은 없애 다오.'라고 말하는 것과 같은 거죠?

맞아, 적절하구나. 마치 치타의 체격을 연상시킬 뿐만 아니라 지구상에서 가장 빠른 육상동물에 속하는 그레이하운드가 바로 이런 방법으로 생겨난 거란다.

즉, 그레이하운드는 치타와 다르게 자연선택이 아닌 인간들의 인위선택을 통해서 나온 결과물이라는 것이죠?

그렇지. 사람들이 가장 빠른 개들만 서로 번식할 수 있게 만든 것이지. 자연적으로 진화했더라면 시간이 많이 걸렸을 테지만, 사람들이 몰이사냥에 써먹기 위해 이 방법을 사용했기 때문에 비교적 짧은 시간에 이러한 그레이하운드가 나오게 된 것이지.

식물과 동물의 형질이 유전된다는 사실과, 특정 유전자는 촉진시키고 다른 유전자를 제거하면 이 특성을 인간을 위해 이용할 수 있다는 사실을 다윈 이전의 사람들도 알았던 거네요.

물론이지. 그러나 다윈은 알려진 인위선택뿐만 아니라 사람들이 못 보고 지나친 '자연선택'도 있다는 것을 알았지. 생명체의 유전자와 특성은 수많은 세대가 거듭되면서 변화되어 왔단다. 진화는 이러한 변화를 위한 사육자로서 인간이나 초인(超人)의 도움이 필요 없었지. 자연 스스로 혼자서 이루어 온 것이란다!

그때그때 자신들의 주위환경에 훌륭하게 적응한 생명체만 살아남고 번식을 하기 때문이죠. 그렇죠?

정확히 맞혔다. 그것이 바로 사람들이 '적자생존'이라고 부르는 것이란다.

'강자생존'이라는 것이죠?

아니다, '적자생존'의 의미는 '가장 잘 적응한 자의 생존'이란다. '강한 자'라고 해서 반드시 '가장 잘 적응한 자'가 될 수 있는 것은 아니란다. 심지어 자신과 같은 종족보다 더 크고 더 힘이 센 것이 오히려 단점이 될 수도 있단다. 치타를 예로 들어보자. 다른 치타보다 훨씬 크고, 몸무게도 훨씬 많이 나가고, 육중한 머리와 강한 이빨을 가진 치타는 이러한 형질 때문에 오히려 달릴 때 속도가 느려지는 현상을 감수해야 하지. 몸무게가 신체의 크기에 비해 놀랄 정도로 적게 나가는 바로 그 이유 때문에 치타는 그렇게 빨리 달릴 수 있는 것이란다. 치타에게서 자주 먹잇감을 낚아채 뺏는 사자나 표범을 물리치기에는 이것이 단점이기도 하지. 하지만 치타는 아주 높은 사냥 성공률을 통해 이 단점을 극복하고 있단다. 즉, 사자의 사냥 성공률이 고작해야 30퍼센트인 반면 치타의 사냥 성공률은 70퍼센트에 이른단다. 그러므로 지나치게 우람하고 힘센 체격을 가진 치타는 다른 치타에 비해 사냥 성공률이 낮기 때문에 불리할 수도 있는 것이지. 또한 억센 이빨을 가졌다 해도 사자나 표범과 싸움을 하면 당연히 지게 될 텐데 그런 면에서 보자면 아무 짝에도 쓸모없을지도 모르지.

때로는 키가 크다거나 힘이 센 사람보다, 작고 재빠른 사람이 더 유리할 수 있겠네요?

그렇지. 그렇기 때문에 어떤 특정한 형질을 갖추었다고 해서 그것이 장점이다, 단점이다 말할 수 없는 것이고 그때그때의 생태적 지위 즉, 그때그때의 생활공간의 조건이 그것을 결정한다는 말이지. 사자에게는 유리한 것이 치타에게는 해로울 수 있고, 거꾸로 치타에게는 유리한 것이 사자에게는 해로울 수 있는 것이란다!

그렇군요. 확실히 알겠어요.

또한 뻔뻔하게 같은 종의 이익을 무시하는 생명체가 반드시 더 잘 번식하는 것만도 아니란다. 종종 다른 동료와 특히 잘 협력해 나가는 '팀 플레이어'가 번식에서 보다 큰 성공을 거둘 수가 있단다. 심지어는 전혀 빠르지 않은 아주 느린 동물의 형질이 장점이 될 수도 있단다. 소중한 에너지를 아낄 수 있으니까 말이지.

아! 아주 굼뜨게 움직이며 대부분의 생활을 잠으로 때우는 나무늘보처럼!

그렇단다. 또한 많은 동물들은 근처에 있을지도 모를 포식동물과 사냥감이 잘 볼 수 없게 자신들을 아주 기발한 방법으로 위장할 수 있게 하는 장점을 획득하는 데 성공했지.

변화하는 주위환경에 적응할 수 있는 카멜레온처럼 말이죠.

그래. 또 재미있게도 이것과 정반대의 전략을 선택한 동물들도 있단다. 이 동물들은 자신을 숨기는 대신 멀리서도 볼 수 있는 색 신호를 사용해서 자신에게 독이 있다거나 먹을 수 없는 종이라는 거짓 인상을 주어서 맹수를 쫓아버리는 거지.

거짓과 기만이라는 것이 인간세계에만 있는 것이 아니네요?

그렇단다. 자연은 거짓과 기만으로 가득 차 있지! 갖은 수단을 다 써서 트릭을 사용하고, 기만하고, 속임수를 쓰고 있지. 진화가 거듭 진행되는 동안 자신이 살아남기 위해서, 혹은 자신의 유전자(gene)를 확실히 살아남게 하기 위해서 식물과 동물들이 얼마나 다양한 속임수를 개발했는지 정말 놀라운 일이다.

알겠어요. 진화가 진행되는 동안 성공적인 번식에 유리하거나 불리하다는 이유에 따라 일정한 형질이 나타나든가, 아니면 사라지는 거죠. 하지만 아빠가 처음에 얘기하시길 성공적인 번식과 상관없는 형질도 있다고 하셨잖아요. 그에 대한 하나의 예를 들 수 있나요?

우연히 자신의 등에 현재 지구 대륙의 모양과 비슷한 줄무늬를 가지고 있는 치타가 있다고 가정해보자. 줄무늬를 가진 이 치타는 다른 치타보다 번식의 기회가 적기 때문에 이러한 형질은 중성적 선택의 결과물일 수 있단다.

당연하겠지요. 이 줄무늬 때문에 치타가 사냥을 더 잘할 것이라던가, 더 못할 것이라고 말할 수는 없으니까요! 흠……. 하지만 암컷들이 어떤 이유인지 모르지만 이러한 줄무늬를 매우 '섹시' 하게 생각한다면 어떻게 되는 거죠? 다시 말해 암컷들이 이런 줄무늬를 가진 수컷을 선호하게 된다면? 이렇게 되면 이런 특징을 가진 치타가 더욱 빈번하게 나타날 텐데요. 그렇죠?

물론이지. 혼자 힘으로 이 화두를 앞서 나가고 있다니 대단하구나! 유감스럽게도 지금까지 진화를 다룬 과학자들은 진화가 진행되는 동안 나타나는 성의 중요성을 무시해왔단다. 다윈은 이미 이러한 문제점을 알고 다음과 같이 말했지. "진화에 대해 언급하려면 반드시 '성'에 대해 언급해야 한다!" 진화에 대한 그의 두 번째 주요저서의 제목이 이를 잘 말해주고 있지. 그 제목은 『인간의 유래와 성선택(性選擇)』이란다.

인위선택과 자연선택뿐만 아니라 '성선택'이라는 것도 있어요?

그렇단다. 다윈은 성공적인 번식을 위해서는 먹잇감을 사냥해 잡는다거나, 포식동물을 피해 달아나는 것만으로는 충분하지 않으며, 이와 더불어 성공적으로 적합한 섹스 파트너를 발견해야 한다는 것을 알고 있었지. 알다시피 섹스 파트너를 찾기 위해서는 굉장히 많은 경쟁을 해야 해! 다른 경쟁자를 성공적으로 물리치는 사람이 있는가 하면, 경쟁에서 빈 손으로 돌아가야 하는 사람도 있지.

가히 짐작하고도 남아요. 사람도 역시 마찬가지잖아요. 모두가 똑같이 매력적일 수는 없으니까요.

그렇단다. 이것은 진화에서는 '가장 잘 적응한 자의 생존'만 중요한 것이 아니라 '가장 매력적인 자의 생존'도 중요하다는 것을 보여주고 있지! 다윈은 성선택이 자연선택과 같음을 인정하면서, '적자생존'의 개념을 소위 '가장 섹시한 자의 생존(survival of the sexiest)'으로 보완했지. 다윈의 이러한 생각은 너무나 혁명적인 것이어서 과학자들이 이 이론을 다각도로 고려하며 다루기까지 거의 100년이나 걸렸단다. 심지어 오늘날까지도 진화론을 설명할 때 이 이론을 무시하는 경우가 있단다.

다윈은 어떻게 해서 이 성선택을 생각해내게 되었을까요?

진화론에 대한 자신의 첫 번째 주저인 『자연선택에 의한 동물계와 식물계의 종의 기원』에서 다윈은 자연선택의 원리를 자신 있게 설명했단다. 그러나 그는 이 원칙 하나만으로는 자연 속에서 일어나는 수많은 현상들을 모두 설명할 수 없다는 것을 알고 있었지. 생각건대, 많은 동물들이 자신이 가지고 있었던 원래의 생존 이익에 뚜렷하게 모순이 되는 형질을 보여주었기 때문이지.

정말요? 예를 들면요?

파란색 수컷 공작의 경우를 살펴보자. 수컷의 목, 가슴, 그리고 배는 천적들이 멀리서도 볼 수 있을 정도로 아주 선명한 색깔을 하고 있지. 게다가 설상가상으로 너도 알다시피 때때로 부채꼴 모양으로 위풍당당하게 펼치는 긴 꼬리를 달고 있지. 이렇게 현란한 장신구를 가진 신체구조는 많은 에너지를 낭비하게 할 뿐만 아니라, 그 거대한 꼬리로도 거의 날 수 없기 때문에 포식자로부터 제대로 몸을 피할 수도 없지. 어째서 공작 수컷은 경우에 따라서는 목숨이 위험할 수도 있는데 이렇게 호화스런 장신구를 달고 있는 여유를 부릴 수 있는 것일까?

글쎄요, 무슨 수를 써서라도 암컷의 마음에 들려는 것이겠지요! 많은 '인간 공작'들도 뭐 크게 다를 바 없잖아요.

그렇단다! 하지만 '인간 공작'을 살펴보기 전에 진짜 공작에 대해 우리 잠깐 더 이야기해보자. 우선 수컷이 많은 암컷을 유혹할수록 번식의 기회는 더 많아지고 유전자를 퍼트릴 기회도 많아진다는 것을 우리는 쉽게 알 수 있지.

당연하죠.

그러면 한번 물어볼게. 도대체 왜 암컷 공작은 지나치게 긴 깃털을 가진 수컷들에게 마음이 끌리는 것일까? 어째서 그 깃털이 암컷에게 성적 흥미를 끌게 하는 것일까?

뭐, 그냥 단순하게 화려한 깃털이 아름답고 섹시하다고 생각하는 거겠죠.

분명히 그렇지. 그러면 왜 암컷들이 그렇게 생각하는 것일까?

분명히 지금 이 질문도 다시 성공적인 생존과 번식에 관련되어 있죠. 그렇죠?

뭔가 확실하게 낌새를 챘구나…….

좋아요, 그러면…… 아마 이런 것이겠죠. 만일 다른 암컷들도 똑같이 호감을 느끼는 형질을 가진 수컷이 있고, 어떤 암컷이 이 수컷과 짝짓기를 해서이 카사노바의 새끼들을 낳는다면, 이 새끼들도 아마 이 멋쟁이 아빠와 같은 형질을 가지고 태어나겠죠. 다시 말하면, 이 새끼들도 섹시할 테고, 이렇게 되면 많은 자손을 퍼트릴 수 있는 것이죠! 그렇다면 이 똑똑한 암컷마마의 의도가 무엇이냐고요? 가장 멋있는 깃털을 가진 수컷에게 바짝 달라붙어서 자기 것으로 만들어서 나중에 귀여운 손자, 증손자, 손자의 손자를 갖게 될 기회를 한층 더 높이려는 의도죠, 뭐.

호오, 정말 대단하구나! 방금 네가 언급한 것이 '섹시한 아들 가설(Sex Son Hypothesis)'이란다. 실제로 아버지의 매력은 아들의 매력으로 이어진단다. 암컷이 아주 매력적인 수컷을 고르면, 이를 통해 많은 자손들을 가질 기회가 많아지는 것이지. 화려한 수컷의 그 깃털장식은 암컷 공작에게는 짝짓기 기회를 높일 수 있는 신호자극(sign stimulus)이 되는 것이지. 시간이 흐르면서 이러한 현상이 비슷한 종의 수컷들 사이에서 극히 화려한 미남대회로 발전된 것이란다. 번식을 위해 이들 수컷들은 아름다움과 우아함에 관한 한 자신들이 가진 모든 에너지를 쏟아 부어서 경쟁자들을 능가해야만 했던 것이란다. 심지어 이 수컷들은 오로지 암컷의 마음에 들려는 이유만으로 포식자들에게 일찍 잡혀 먹힐지도 모르는 위험을 감수하기까지 했던 것이지.

당연히 그래야 되는 거 아니에요, 헤헤헤······.

이 얘기가 네 마음에 들 거라고 이미 짐작했지! 그런데 한 가지 질문이 더 있단다. 어째서 이 암컷들은 짧은 꼬리를 가지고 볼품없는 회색의 수컷 공작보다 위풍당당한 꼬리를 가지고 눈에 띄게 화려한 색깔을 가진 수컷공작에게 홀딱 반하게 되는 것일까?

글쎄요. 저로서는 암컷들을 완전히 이해할 수 있을 것 같아요. 저도 색깔없는 타입은 딱 질색이니까요.

좋아. 하지만 왜 그런 거지? 어째서 그 암컷들은 하필이면 성 파트너의 그러한 즉, 대단히 많은 대가를 치러야 하는 형질만을 촉진시키는 걸까?

잘 모르겠어요. 아마 새끼들이 건강할지, 그리고 훌륭한 유전자 물질을 가지고 있는지 알아내려고 암컷이 일종의 '시험'을 하는 것일지도 모르죠.

그래 그거야, 아주 좋아! 조금만 지나면 너 혼자서도 이 현상에 대해 정말 훌륭한 설명을 할 수 있겠구나! 하지만 아직 뭔가가 아주 조금 부족하구나. 혼자 알아낼 수 있을 것도 같은데 말이야. 약간 다르게 다시 한번 질문을 해볼게. 어째서 암컷이 하필이면 불필요한, 혹은 심지어는 위험하기까지 한 형질을 촉진시킬 수도 있는 그러한 경쟁을 수컷들에게 부추기는 이유가 뭘까?

아마 아무것도 부족할 것이 없는 수컷만이 그러한 사치를 누릴 수 있기 때문 아닐까요? 다시 말하면, 그럭저럭 어렵게 살아가는 수컷은 자신을 특별히 화려하게 치장하기 위한 에너지를 방출할 수 있는 여유가 없는 것이죠. 그렇지 않아요?

확실하게 맞추었구나! 이스라엘의 생물학자 부부인 아모츠 자하비(Amotz Zahavi)와 아비삭 자하비(Avishag Zahavi)는 이러한 현상을 '핸디캡-원리(handicap principle)'라고 이름 붙였지. 이 원리는 생존경쟁에서 일종의 '핸디캡' 즉, 손해를 감당할 수 있는 사람은 주위로부터 능력 있고 매력 있는 사람으로 인식된다는 것을 의미해. 그는 값비싼 신호를 보내서 자신이 '진짜 능력 있는 사람'이라는 것을 주위에 보여주는 것이지. 다시 말해, 그는 허풍을 떨면서 자신의 깃털을 한껏 자랑하는 것이지. '이것 봐, 나는 멋있고 능력 있는 놈이니까 이렇게 뒤에 끌고 다니는 이 어마어마한 꼬리쯤은 정말 대수롭지도 않다구! 그러니까 말이지, 너희 암컷 공작들은 나하고 붙어 다니는 것이 제일 좋을 걸. 분명히 내 꼬리가 가장 길잖아!' 하고 말하면서.

하하하! 사람과 똑같네요! 세상은 정말 이렇게 허풍선이들로 꽉 차 있어요?

눈길 닿는 곳 어디를 봐도 다 그렇단다. 색채가 화려한 물고기와 새들만 봐도 그렇잖니! 아니면 뜨거운 지역에서 살고 있는 수컷 사자의 위풍당당하면서 동시에 값비싼 신호인 갈기를 생각해보렴.

암컷 사자들도 긴 갈기에 사족을 못 쓰는 것이죠?

그렇단다. 어떤 암컷 사자가 대머리 사자를 좋아하겠니! 그 긴 갈기는 암컷 사자에게 수컷 사자의 영양 상태가 훌륭하고 테스토스테론(남성 호르몬) 수치가 아주 높다는 것을 말해주는 것이지. 그러므로 당연히 수컷 사자들은 암컷 사자들에게서 대접받을 기회를 상실하느니 차라리 타는 듯한 더위 속에서 땀을 흘리는 게 나은 것이란다.

자연에서는 아주 호사스럽게 치장하는 것이 대부분 수컷이라는 것이 이상해요. 이유가 무엇이죠?

그것은 누구와 짝짓기를 할지, 누구와는 안 할지를 정하는 것이 대부분 암컷이라는 사실과 관련이 있단다. 이런 이유 때문에 암컷의 환심을 얻기 위해 온갖 방법을 동원해서 자신이 다른 섹스 경쟁자보다 더 나은 선택이라는 것을 과시하려고 애쓰는 것이 수컷들에게는 당연한 것이라고 보고 있는 것이지.

왜 꼭 그래야만 하죠? 어째서 대부분 암컷이 선택을 하는 거죠, 수컷이 아니고?

그 이유는, 수컷은 엄청나게 많은 싸구려 정액을 세상에 내보낸 다음 교미가 끝나면 곧바로 슬쩍 도망치는 반면에, 암컷은 몇 개 안 되는 귀중한 난자를 가지고 있다는 이유와, 또 일반적으로 부화의 책임을 암컷이 지고 있기 때문이지. 이렇게 암컷은 자신의 난자를 소중하게 사용하는 반면에, 수컷은 자신의 정자를 아주 헤프게 사용할 수 있지. 때문에 잠재적인 섹스 파트너를 고를 때 암컷이 까다로운 선택을 하는 것이지. 값비싼 신호를 사용해 자신들이 적합하다는 것을 증명해야 하는 파트너의 자질에 훨씬 주목을 하자는 것이 암컷의 번식전략이란다. 이 점에 대해서 수컷들은 그다지 신경 쓰고 싶지 않다는 경향을 보이지. 즉, 수컷들은 질보다는 양을 중요시한단다.

인간도 별반 다를 게 없는 것 같네요. 그렇죠?

다르지 않지. 온갖 문화적인 영향에도 불구하고, 인간에게도 남녀 사이에 아주 뚜렷한 차이가 있지. 이것에 대한 아주 좋은 연구결과가 있단다. 미국의 어떤 대학교 캠퍼스에서 행한 현장실험에서, 생전 처음 보는 매력적인 여자가 남자들에게 함께 자러 가지 않겠느냐고 제안을 했지. 이들 중 75퍼센트라는 꽤 많은 남성들이 이러한 제안을 받아들였단다! 이와 반대로, 한번도 본 적이 없는 남자가 부담 없는 섹스를 하자고 유혹했을 때, 여자들은 말문을 닫아버렸지. 단 한 명도 그 제안을 받아들이지 않았단다.

뭐, 놀랄 일도 아니네요.

잠깐, 재미있는 것은 지금부터란다. 그러면 시내에서 데이트하며 밤을 보내지 않겠느냐는 남자의 제의에 여자들은 남자들보다 개방된 자세를 보였단다. 56퍼센트의 여자들이 그 제안에 동의했지만 남자들은 겨우 50퍼센트만 동의를 했단다.

뭐라고요? 남자들은 한번도 본 적 없는 여자와 극장에 가는 것보다 자러 가는 것이 더 좋다는 것이네요?

생물학적으로 보았을 때 이것은 극히 이해할 수 있는 결과란다. 그 이유는 남자에게 시내에서 같이 데이트하며 밤을 보낸다는 것은 우선 시간과 자금이 들어가는 일이고, 데이트의 끝에 이러한 투자가 보상을 받을 수 있을지 알 수 없는 일종의 투자라는 것이지. 이와 반대로 섹스를 하자는 제안에는 진화로 익힌 행동대로 곧바로 끝장을 내려 하는 것이지. 투자하지 않고 성공적인 번식을 기대하는 것이란다. 수컷의 번식전략의 맥락에서 볼 때, 이보다 더 좋은 전략이 있을 수 없지! 물론 실생활 속에서는 생물학적인 원인만 중요한 역할을 하는 것은 아니지. 그러나 이 심리학적인 현장실험의 결과는 생물학적으로 예측할 수 있는 것을 어느 정도는 반영하고 있단다.

우와, 아빠 같은 남자들이 욕구의 충동에 따라 행동하는 것은 알았지만, 이렇게까지 심할 줄은 전혀 생각지도 못했어요!

잠깐, 너는 지금 실수하고 있구나! 여성의 번식전략도 결국에는 남자의 전략 못지않게 충동에 따라 좌우된단다. 역시 이 현장실험의 결과에서 그것을 알 수 있지. 왜 여자들은 모르는 사람과 시내에서 데이트 하며 밤을 보내자는 제안에 남자보다 더 많이 응하고 있는 것일까? 그 이유는 자신들의 내면에 깊이 자리 잡고 있는 일종의 번식전략이 깊은 교제를 하기 전에, 혹은 여자의 귀중한 난자에 수정을 허락하기 전에 먼저 그 남자를 조사하라고 여자들에게 말하고 있기 때문이지.

그것은 정말 합리적이잖아요!

그것이 합리적이라고는 할 수 없지! 여성들이 그러한 전략을 선택한다고 해서 생물학적인 충동을 초월해 행동한다는 의미가 아니고 남성들과는 다른 생물학적인 충동으로 행동한다는 것을 말하는 것이란다.

뭐 어찌 됐든, 우리 여자들은 늘 앞뒤 안 가리는 섹스만을 생각하지는 않아요! 또한 모르는 사람과도 데이트는 거의 안 해요.

정말이야? 그것은 절대 불가능한 일이야! 왜냐하면 여자가 '바람을 피우지' 않는다고 말한다면, 바람 피우는 남성과 '바람을 피우고 있는' 상대방은 도대체 누굴까? 여자들도 사실은 남자만큼 '부정'하단다. 뭐 여기에도 남녀 간 차이가 있기는 하지만…….

그 차이가 무엇인지 제가 맞춰 볼게요. 남자들에게는 양이 중요하고, 여자들에게는 질이 중요하다. 맞죠?

그래. 남자가 '바람을 피울' 때는 특별히 까다롭지 않은 반면에,

여자들은 지금의 파트너에게서 찾아 볼 수 없는 일정한 매력형질을 가진 바람 상대를 찾는단다. 여성들에게 위험한 때인데도 배란기를 전후해서 특히 자주 '바람을 피운' 다는 사실은 이것이 생물학적으로 잘 맞아떨어지는 얘기라는 것을 보여주고 있지. 수많은 연구결과에 나타난 대로 여자들은 가임기에 자신도 모르게 더욱 자유분방하게 옷을 입을 뿐 아니라, 평소에는 부드러운 인상의 남성을 선호하다가 이때가 되면 각진 얼굴의 테스토스테론 수치가 높은 남성을 한층 매력적이라고 생각한단다.

정말요?

그럼. 확실하고말고. 여기에 잘 맞는 진화론적 설명도 있단다. 즉, 테스토스테론 수치가 높은 아주 남자다운 남성은 뛰어난 유전자 공급원일지는 몰라도, 평균적으로 훌륭한 '부양자' 는 아니란다. 이러한 이유 때문에 여성들은 무의식적으로 일생을 같이 할 파트너로서 부드러운 타입의 남성을 선호하는 거지. 진화생물학자인 매트 리들리(Matt Ridley)는 이러한 이중적인 여성의 번식전략에 대해 '결혼은 다정한 남자와 하고 바람은 당신의 사장과 피울 것……' 이라고 말한 적이 있지.

뭐, 그렇게 썩 맘에 드는 말은 아닌 것 같네요! 아, 뭔가 생각 났어요. 뭐냐 하면 우리 여자들이 파트너 선택을 주도함에도 불구하고, 놀랍게도 인간 남성들은 동물의 왕국에 있는 수컷들과 달리 그렇게 특별히 아름다운 치장을 하지 않아요. 그렇지 않아요? 다시 말해, 일반적으로 남자들보다 우리 여자들의 외모가 더 멋있게 보이잖아요! 인정하셔야 돼요.

기꺼이 인정하지! 외모는 그렇다 치더라도, 우리 남성들이 여성의 마음에 들기 위해 아주 값비싼 신호를 아주 안 보내는 것은 아니란다.

아하, 그래요? 도대체 어떤 신호를 말하는 것이죠?

예를 들면, 그 비싼 신호란 발기된 남성의 성기란다! 여성에 의한 성선택이 없었다면, 진화가 진행되는 동안 분명히 이러한 특별한 신체현상이 생기지 않았을 거야.

뭐라고요? 경직된 남성의 성기가 여성들이 성공적으로 번식한 결과물이라고요? 아빠, 지금 진심으로 하는 말이에요?

진심이지! 다른 수많은 영장류와는 달리 우리 인간 남성의 음경에는 뼈가 없단다. 음경이 경직되는 것은 단지 해면체가 폭발하듯이 혈액으로 꽉 찬 상태에서 딱딱해지고 커지는 현상이란다. 이것은 아주 민감한 과정이기 때문에 여성들은 이를 통해 건강 정도를 확인할 수 있단다.

그러면 남성 성기가 일종의 '잣대' 라는 거죠?

하하하하! 그래, 그렇게 표현할 수 있겠다. 아무튼 건강하고, 젊고, 영양상태가 좋고, 자신만만한 사람이나, 심한 스트레스가 없는 사람만이 경직된 성기를 기대할 수 있다는 것은 엄연한 사실이란다. 인간 남성의 이러한 발기현상은 우리 인간종만이 감당할 수 있는 사치에 불과해. 그것도 여성에게 깊은 인상을 주겠다는 이유 하나만으로. 경직된 남성의 음경도 공작 꼬리와 똑같은 역할을 하는 것이지.

우와~! 기가 막히네요. 으음…… 하지만 그게 전부는 아니겠죠. 그렇죠? 그 외에도 우리 여자들에게 깊은 인상을 주는 '값 비싼 신호' 가 또 있을 것 같은데요.

당연하지. 경직된 성기만으로 여자들에게 깊은 인상을 주려는 것은 그다지 효과적인 전략이 아닐 거야! 우선 보통의 남성은 성선택에서 비롯된 이 특별한 성공적 번식의 결과물을 제시하기 전에, 자신이 가치 있는 섹스 파트너임을 보통의 여성에게 확신시켜야 하지.

당연하죠. 하지만 어떤 방식으로요?

그야 당연히 우정, 지성, 건강, 성공, 성취능력 같은 특정의 형질을 제시해야겠지. 이러한 형질에 대한 값비싼 신호를 활용해가면서 증거를 제시하면 특히 도움이 되겠지. 예를 들어, 비싼 옷, 특대형 자동차, 혹은 명품 휴대폰과 같은 높은 사회적 신분의 상징물도 도움이 될 테고 말이지. 이러한 신분상징물을 통해 그는 그렇게 많은 자원을 마음대로 사용할 수 있기 때문에 마구 낭비해도 된다는 것을 증명하는 거란다.

꼬리를 과시하는 공작처럼요……

그렇지! 하지만 사람들은 또 다른 방식 예를 들어, 특별한 스포츠 실력을 보여주는 것 같은 방식으로 값비싼 신호를 보낼 수도 있단다. 특별히 빨리 달릴 필요가 없어진, 기술이 발달된 오늘날의 사회에서 이러한 능력을 보여줄 수 있는 사람은 육체적으로 아주 건강해서 주위 사람들에게 매력을 줄 수 있다는 것을 증명하는 것이지. 음악가, 문학가, 화가, 또는 배우들도 비슷한 방법을 택하고 있지. 그들은 생존을 위해 반드시 필요하지는 않은 예술작품을 만들지만, 바로 이것이 많은 사람들에게 나름대로의 매력을 발산하는 방식이란다. 돈을 잘 쓰는 사람임을 과시하는 사람 또한 마찬가지로 이런 비싼 방법을 통해 매력적인 신호를 보내는 것이란다. 이런 방법을 통해 자신이 다른 사람을 경제적으로 지원할 수 있을 정도로 잘나가고 있다는 것을 행동으로 보여주려는 것이지. 사회 참여를 하는 것 역시 아주 섹시하다고 볼 수 있지. '선행을 하면 이를 알려라!' 하고 말할 때는 다 이유가 있는 법이란다.

하지만 이제 꽤나 김빠진 이야기처럼 들리네요.

네가 생각하는 그런 의미가 아니란다! 나는 사람들이 성공적인 성 번식을 위한 투쟁에서 플러스 점수를 따기 위해서만 타인을 돕는 다고 주장하는 것은 아니란다. 다만 사람들이 그러한 행동양식을 보인다는 것은 그런 행동과 일치하며 형성되어 온 성선택과 관련이 있다는 것이지. 남을 돕는 일이 높은 번식이라는 보답을 받지 못했다면, 타인을 '기꺼이 도와주는' 자질은 벌써 오래 전에 사라져버렸을 거야.

좋아요. 하지만 정말 여성만이 성선택을 결정해 왔나요? 남성들도 여성들을 현재의 모습으로 길들여 오지 않았나요?

물론 그렇지! 물론 선택을 할 때는 대부분 여자들이 남자들보다 더 까다롭지. 그렇다고 해서 남자들이 마구잡이로 아무나 선택할 것이라는 말은 아니란다. 많은 점에서 남자들도 여자들과 같은 특징을 보이는 경향이 있단다. 이들도 역시 가능하면 멋있고, 지적이고, 친절하고, 성공한 사람과 섹스를 하길 원하지만 무엇보다도 파트너의 매력적인 외모에 더 큰 가치를 두고 있는 것 같구나. 아마 이것이 일반적으로 여자들이 남자들보다 더 아름답게 보이는 이유를 설명하는 것일 테지. 반면에 여자들에게 중요한 것은 섹스 파트너의 수입과 사회적 신분이란다. 이것이 아마도 남자들이 자신의 재산과 대단한 능력을 꽤나 과시하는 이유일 테고.

항상 그렇게 정해져 있다는 것인가요?

아니지. 이런 성향들은 절대적으로 역사적인 변화에 좌우된단다. 이런 저런 원인들, 그중에서도 경제적 능력이 증가된 최근의 여성들은 남성들의 수입에 관심을 덜 갖게 되었지. 반면에 자신들의 신체적 매력에 더 큰 흥미를 갖게 된 남성들은 오늘날 직장에서뿐만 아니라 피트니스 스튜디오에서도 힘들게 땀을 흘려가며 여성의 마음에 들려고 하는 것이란다. 아름답고 말쑥한 치장을 하고, 육체적으로 매력적인 인상을 주려는 스트레스가 자신들도 모르는 사이에 여성들뿐만 아니라 남성들을 힘들게 하고 있는 것이지. '남성용 미용제품'이 크게 유행하고 있는 것은 다 이러한 이유 때문이지.

하지만 그렇게 특별히 매력적이지 않은 사람들도 번식을 하고 있잖아요! 이 세상이 브래드 피트로만 꽉 찬 세상은 아니잖아요.

그렇지. 그리고 세상은 또한 안젤리나 졸리, 혹은 제니퍼 애니스톤으로 꽉 차 있지는 않지! 우리 모두는 위아래로 열려 있는 매력의 범위 안의 어디쯤에선가 적응을 하고 있는 중이지. 브래드 피트 같은 사람은 아주 위에 있을 테고, 나 같은 '보통사람'들은 몇 단계 아래 있겠지. 하지만 우리는 대부분 자신과 똑같은 매력범위에 있는 남녀 파트너를 찾고 있기 때문에 이것은 문제가 되지 않는단다.

맙소사, 아빠. 지금 목숨 내걸고 그런 소리를 하는 거예요? 그야말로 아빠 생각에 엄마는 아주 매력적인 여자가 아니라는 것처럼 들리는데요. 첫째, 그것은 마음에 안 드는 말이고요, 둘째, 맞는 말도 아니에요!

네가 옳다. 그런 점에서 나는 운이 좋았지. 남녀 이적시장에서 몸값 이상으로 팔렸으니까 말이지……. 때로 사람들은 분명히 그저 그런 용모를 무엇인가 다른 것으로 보충하기도 하지. 예를 들면 유머 같은 것으로 말이지. 분명이 아도니스(그리스 신화의 미소년. Adonis) 라고는 할 수 없는 우디 앨런은 유머를 사용해서 세계에서 가장 에로틱한 10명의 인물 중 한 사람이 되었지!

정말요? 전혀 상상이 안 돼요! 그런데 우리 이제 다시 처음의 질문으로 되돌아가는 게 어때요? 우리가 너무 '섹스' 라는 화두에만 쓸데없이 말이 길어진 것 같아요…….

그러자꾸나! 하지만 사실 왜 섹스는 즐겁고 죽음은 그렇지 않은가를 설명할 수 있는 중심논거가 모두 이 안에 함께 들어 있단다. 혹시 네가 기억할지 모르겠지만, 앞에서 나는 그 원인이 '즐거운 섹스' 에는 선택적 우위가 중요했지만 '즐거운 죽음' 에 대해서는 그렇지 않다고 말했었지.

즐거운 섹스에는 선택적 우위가 중요했었다는 것은 당연하겠지요. 그 이유는 섹스가 즐거운 사람은 누군가와 잠을 자는 횟수가 더 많아질 테고, 그 결과 번식을 하는 횟수도 더 많아질 테니까요!

맞다. 아무튼 진화가 진행되면서 '즐거운 섹스' 를 위한 유전자가 자신의 입지를 확보한 것이지. 그런데 어째서 죽을 때 슬픔과 걱정을 느끼지 않게 하는 유전자는 자신의 자리를 확실히 확보하지 못한 걸까?

으음…… 만약 어떤 사람이 편안하고 고통 없이 죽을 수 있다면, 바로 그 이유 때문에 그 사람은 앞으로 전혀 번식하지 않으려 하기 때문이에요!

바로 그거다! 즐거운 죽음은 '중성적 선택' 이란다. 평화롭게 죽을 수 있는 사람은 자신이 가진 이러한 남다른 '재능' 을 통해 번식의 우위를 사용하지 않으려 하기 때문이지.

당연하죠. 왜냐하면 그가 이 재능을 증명한 뒤에는 더 이상 번식할 수 없을 테니까요.

바로 그런 것이란다. 하지만 즐거운 죽음은 아마 단지 '중성적 선택'만은 아닐지도 모른단다. 심지어는 고통 없는 죽음을 보장할 수 있는 형질이 선택불리와 함께 모두 관련되어 있을 수도 있지.

그것이 무슨 의미죠?

생명을 위협하는 상황에서 아무런 고통과 불안을 느끼지 않는 사람은 도대체 어떤 행동을 할까?

물론 아주 당연히 위험한 일을 받아들이겠죠.

그렇지. 이러한 행위를 통해, 성적으로 성숙하기 전에 죽을 확률이 높아지겠지. 고통과 불안은 우리 인간 존재에게 생물학적으로 중요한 기능을 하고 있단다. 즉, 무언가 위험한 상황이 발생하면, 이 고통과 불안을 통해 우리는 무엇인가가 이상하다는 느낌을 받으면서, 그것을 더 이상 하지 말아야 한다는 것을 알게 되지. 이러한 생물학적 경고 시스템을 귀담아 듣지 않는다거나 일부만 수용하는 사람은, 선택우위보다는 선택불리를 택하게 되는 것이지. 이런 이유로 '무고통'이라는 속성은 진화과정에서 자신의 입지를 확고히 굳히지 못했던 것이란다.

섹스는 즐겁고 죽음은 그렇지 않은 이유가 자연선택, 그리고 성선택과 관계가 있다는 주장을 고수할 수 있다는 것이죠?

그래. 우리는 그냥 우리일 뿐이고, 우리는 단지 우리가 느끼는 것을 느낄 뿐이란다. 그 이유는 특정한 형질들이 진화가 진행되면서 번식우위 결합을 했고, 반대로 다른 형질들은 그렇지 않았다는 것이지. 우리는 성공적 번식을 위한 경쟁에 성공적으로 참여한 생물체의 후손이며 우리도 마찬가지로 이러한 경쟁 참가에서 편안한 느낌이라는 보상을 갖게 되는 거란다. 짐작건대 자연의 다양한 형태의 뒷모습 또한 별반 다를 것 같지 않구나! 진화는 어떤 은밀한 설계도도, 어떤 숨겨진 뜻도, 어떤 신적인 의도도 따르지 않으며, 극히 단순한 선택절차를 따르고 있는 것이지. 다시 말하면, 성공적으로 번식할 수 없는 사물이나 사람은 게임에서 퇴장 당하게 되는 것이란다! 그뿐이란다! 이보다 더 깊은 다른 의미는 없단다. 우리가 우리 자신을 속인다고 해도 말이다.

그렇게 본다면 삶은 사실 일종의 극히 하찮은 사건이네요. 그렇지 않아요?

그래. 한편으론 삶이라는 것이 '헛소동'이라고 말할 수도 있겠지만, 다른 한편으로는 우리가 전혀 모르는 가장 의미심장한 것일 수도 있지. 삶의 의미와 무의미가 손을 맞잡고 같은 길을 가고 있는 것이지…….

오, 그것은 내일의 토론을 위한 적당한 화두가 될 수 있겠네요! 아빠는 어떻게 생각하세요?

좋은 생각이구나. 기회가 되면 우리가 여태까지 알아냈던 사실들에 대해서 첫 번째 결론도 내보자꾸나.

'사람은 같은 강물에 두 번 들어갈 수 없다.' 이 잠언으로 유명해진 그리스의 철학자 헤라클레이토스(Heraklit, BC 520-460)는 세계는 정지되어 있는 것이 아니라 끊임없이 변하는 것이라는 그의 견해를 이렇게 우회적으로 쉽게 표현했다. 헤라클레이토스는 자신의 수많은 동시대인과는 달리 '불변하는 사물의 존재'에서 출발한 것이 아니라 끊임없는 '생성과 소멸'에서 출발했고, 이 개념은 뒤에 다시 기억하기 쉬운 짧은 문구 '판타레이(Panta rhei; 모든 것은 흐른다)'가 되었다. 그러나 헤라클레이토스가 살았던 시대에는 이러한 '동적인 세계상'이 아주 괴상한 것으로 보여서 헤라클레이토스는 '어둠의 철학자'라는 별명을 얻게 되었다.

　그러나 대략 2,300년 후에 헤라클레이토스의 이 기본전제는 절대 '어두운' 것이 아니고 날카로운 통찰력이었던 것으로 완전히 판명되었다. 그 이유는 19세기 중반이었던 그 당시에 기존의 세계상에 대규모의 동요가 있었기 때문이었다. 처음에는 인류 역사에서 가장 위대한 혁명가에 속한다는 인상을 거의 주지 못했던 한 남자가, 격변하는 세계관의 중심에 서 있었다. 그의 이름은 찰스 다윈이었다. '비글(Beagle)' 호를 타고 그 유명한 선상여행을 떠날 때까지만 해도 이 현대진화론의 창시자는 여전히 이 세계를 신이 창조했다는 믿음에 전혀 의심을 품지 않았던 기독교인이었다. 그러나 자연현상을 더욱 자세히 관찰하면 할수록 그의 의심은 커져갔다. 다윈은 동물과 식물의 종이 자연의 선택에 의해 정해지는 끊임없는 변화에 종속되어 있다는 것을 알게 되었다. 즉, 생명체는 항상 고통, 죽음 그리고 소멸의 운명에 묶여 있다는 것이었다. 자비롭게 모든 것을 빚어 만들었으며, 결국에는 모든 것이 다 '잘 될'

것이라고 말하는 창조주에 대한 기존의 믿음은 다윈의 이러한 인식과는 더 이상 조화될 수 없는 일이었다.

다윈은 자신의 이론이 기존의 세계관에 중대한 영향을 미치리라는 것을 처음부터 알았기 때문에 이러한 과학적 폭탄을 들고 세상에 등장하는 것에 두려움을 가졌다. 그럼에도 불구하고 신기원을 이룬 책 『종의 기원에 관하여』가 출판될 수 있었던 것은 1858년 6월에 다윈의 책상에 도착한 편지 덕분이었다. 발송인은 자연변화에 대해 다윈과는 별도로 독자적으로 연구했지만 비슷한 결과에 도달했던 자연과학자 알프레드 러셀 월리스(Alfred Russel Wallace, 1823-1913)였다.

비록 친구들이 다윈에게 그의 새로운 이론을 출판하라고 설득했음에도 불구하고, 다윈은 여전히 극도로 조심스러웠다. 다만 1859년 출판된 핵심 연구서의 끝에 단 한번 비밀에 가득 찬 문장으로 자신의 진화론을 통해 '인류와 역사'에 '빛이 비출 것'이라는 것을 암시했을 뿐이었다. 그 문장이 무엇을 의미하는지 다윈은 더 이상 부연설명을 하지 않았다. 다윈은 우선 이 연구 분야를, 인간과 침팬지가 공통의 조상을 가지고 있다는 설득력 있는 증거를 제시했던 가장 친했던 동료 토머스 헉슬리(Thomas Huxley, 1825-1895)와 에른스트 헤켈(Ernst Haeckel, 1834-1919)에게 위임했다.

1871년에 그는 자신의 두 번째 진화론적 주저인 『인간의 유래』를 공개하고 나서야 비로소 직접 토론회에 관여하게 되었다. 이 과학자는 만성 소화불량을 앓고 있었기 때문에 이 책을 출판하면서도 전과 마찬가지로 여전히 자제하려고 했겠지만, 그럼에도 불구하고 이 작품은 한꺼번에 두 배의 도발적 요소를 가지고 있었다. 즉, 다윈은 인간이 자연 속에서 생겨난 원숭이 같은 생명체임을 증명했을 뿐만 아니라, 여기에 덧붙여 자연에서는 '생존경쟁'만 중요한 것이 아니라 '섹스'도 중요한 요소임을 증명했다! (이것은 점잔빼는 그 당시 빅토리아여왕 시대의 사람들이 감히 말도 꺼내기를 꺼려했던 '외설적'인 화두였다!) 따라서 다윈은 자신이 살고 있는 시대에 이 성선택의 개념이 받아들여지리라고는 전혀 바라지 않았을 것이다. 그가 예상한 대로 과학자들이 그 중요성을 이해할 때까지는 거의 100년이라는 시간이 걸렸다.

1882년 다윈이 사망했을 때, 그는 세상을 바라보는 우리의 시각을 영구히 변화시킨 작품을 남겨 놓았다. 그러나 그의 죽음과 더불어 진화론의 진화가 끝난 것은 아니었다. 사람들이 자연과 문화 속에서 진화과정을 한층 더 올바르게 이해할 수 있도록 수많은 남녀 과학자들이 자신들의 몫을 다하며 기여해왔다. 이런 과정에서 진화론의 창시자인 다윈의 이론은 커다란 변화를 겪었지만, 그의 기본 생각은 거의 손상을 입지 않은 것 같다. 그 이유는 다윈이 헤라클레이토스 이후의 다른 사상가와는 달리 다음의 사실을 알았기 때문이었다. '오직 변화만이 영원하다!' 이 말이 옳다는 것에 대해 오늘날까지도 어떤 합리적인 이의가 제기되지 못하고 있다. 또한 이 '영원한 변화'와 더불어 다윈이 전제한 변화이론 역시 영원할 것이다. 적어도 진화를 통해 사람들이 자신의 머리가 오직 유행하는 모자를 쓰는 데만 유용한 게 아니라 다른 많은 일에도 사용할 수 있다는 생각을 할 때까지는.

삶의 의미와 무의미에 대해

어제 우리는 삶의 의미와 무의미에 관해 오늘 토론하기로 했어요. 그런데 저는 우선 '의미'가 도대체 무슨 뜻인지 알아야만 할 것 같아요.

　　아주 쉽지. 신 살사 빌리 빔, 스파게티 노랑, 초록, 파랑!

에……. 뭐라고요?

　　신 살사 빌리 빔, 스파게티 노랑, 초록, 파랑!

아빠가 말씀하신 것은 잘 들었는데요. 하지만 아빠가 뭐라시는 건지 모르겠어요!

　　당연하지. 이 문장에는 의미가 없으니까.

분명히 그래요.

　　그런데 왜 이 문장에는 의미가 없는 거지?

그야, 단어들이 문맥과 관련해 어떠한 의미도 만들어내지 못하니까요!

　　맞아. '의미'라는 것은 '문맥'과 관련이 있으니까! 만일 우리가 어떤 문장의 의미를 이해하려면, 각 단어들을 연관시켜 뜻이 있는 맥락을 만들어내야 하지. '신 살사 빌리 빔, 스파게티 노랑, 초록, 파랑!'에서 비록 '빌리 빔'을 제외한 모든 단어들이 명확한 뜻을 가지고 있다고 해도 맥락을 만들기가 거의 불가능하지.

재미있게도 지금 아빠가 그것을 다시 한번 말하는 순간, 아마 이 문장 속에는 어떤 감추어진 의미가 숨어있을 수도 있겠다는 기분이 드네요. '신 살사 빌리 밤'은 마법의 주문 '심 살라 밤'과 아주 비슷하게 들리는데요.

　　맞다. 아마 내가 무의식적으로 그것을 생각했었는지도 모르
　　지……

이 문장 '신 살사 빌리 빔, 스파게티 노랑, 초록, 파랑!' 이 언뜻 봐서 의미를
나타내지 않는 것 같기는 한데 무엇인가 연상되는 것이 있어요. 옛날에 제
가 어렸을 때 아빠가 가끔 스파게티를 만들어 주셨던 것 말이에요. 그때 여
러 가지 색깔의 플라스틱 컵이 있었고, 우리가 그 컵으로 물을 마셨잖아요.
아빠, 기억하세요?

　　그래, 그랬지. 그런데 네가 무엇을 말하려고 하는지 모르겠구
　　나……

응, 그때 아빠가 식탁 위에 국수를 놓고 우리들에게 플라스틱 컵을 나누어
주면서 '심 살라 빔, 스파게티, 노랑, 초록, 파랑!' 이라고 했다면 우리는 그
말이 무엇을 의미하는지 알 수 있었을 거예요!

　　그렇겠지. 너의 해석이 흥미로운 것은 사람들이 '의미'에 대해 말
　　할 때 알아야 할 두 가지 사항이 명확히 드러나 있기 때문이란다.

그것이 뭔데요?

　　먼저 우리는 그 말이 어떤 의견의 의미 맥락과 관련되어 있는지
　　관찰해야 한단다. '심 살라 빔, 스파게티, 노랑, 초록, 파랑!' 이라
　　는 문장은 아마 어떤 특정 상황에서는 의미가 통하는 문장이 될
　　수도 있겠지만 다른 상황에서는 대부분 의미가 없는 문장이 되어
　　버리고 말기 때문이지.

똑같은 문장이라도 상황에 따라서 완전히 다른 뜻을 나타낸다는 의미죠?

　　아무렴! 만일 우리가 수영장 옆에 앉아서 질 좋은 적포도주를 마
　　시고 있을 때 같이 앉아 있던 신사가 '보다시피 나는 인생을 만끽

하고 있지!' 라고 말하는 문장을 듣는 것과, 함부르크로 달리는 승객들로 꽉 찬 기차에서 근무하는 승무원이 이와 똑같은 말을 하는 것을 들으면 그 의미가 아주 다르겠지(독일어 단어 Zug은 기차라는 의미가 있으며 복수 3격은 Zügen이다. 숙어 in vollen Zügen genießen의 의미는 인생을 만끽하고 있다는 뜻이다. 신사는 숙어를 사용했고 승무원은 단수를 사용했다).

호호호! 그렇네요!

그 밖에도 너의 해석은 무엇인가 아주 근본적인 문제를 언급하고 있구나. 즉, 우리의 뇌는 뜻이 있는 맥락, 다시 말해 '의미'를 만들게 프로그램화되어 있어서 심지어 실제로는 아무 의미가 없는데도 맥락을 찾으려 하지.

그에 대한 다른 예가 있나요?

있지. 점성술을 한번 예로 들어보자. 우리가 알다시피 우주공간에 있는 별들의 배열은 물리적인 법칙을 따르고 있지. 지구에서 우주를 바라보는 관점으로 해석해 생긴 '별자리'와는 전혀 관련이 없다는 이야기지! 실제로는 '큰 곰자리', '황소자리', '처녀자리'라는 것은 없단다. 그런 것은 단지 인간이 만들어낸 허구에 지나지 않아. 이러한 '별자리'가 과거에는 바다 위에서 방향을 찾는 것을 도와주었던 반면에, 별점이라는 형태로 '해석'하고 있는 점성술은 오히려 인간으로 하여금 방향을 잃어버리게 만들어 버렸단다. 왜냐하면 하늘에 '처녀자리', 혹은 '황소자리'가 있다고 하면서 하필이면 태어난 '별자리'에 따라 사람들의 성격을 분류하려는 것은 황당한 일이기 때문이지. 분명히 별에는 너에게 어떤 운명이 닥칠지, 혹은 어떤 성격의 사람인지 쓰여 있지 않단다. 그런 것을 주장하는 사람은 완전히 허무맹랑한 소리를 지껄이는 것이지!

어째서요?

왜냐하면 그 사람은 사실 어떤 맥락도 존재하지 않는 곳에서 뜻이 있는 맥락을 판단하고 있기 때문이야. 확실한 증거를 바탕으로 한 수많은 연구결과가 이것을 증명하고 있단다.

하지만 정말 '처녀자리'에서 태어난 사람은 '사자자리', 혹은 '물고기자리'에서 태어난 사람과는 좀 다르지 않나요? 저는 가끔 무엇인가 좀 그럴듯하다는 느낌이 들 때가 있어요……

네가 이전부터 일종의 '점성술의 색안경'을 쓰고 사람들을 판단해왔기 때문에 그런 느낌이 생기는 것이란다. 너는 소위 '전형적인 처녀' 혹은 '전형적인 사자'의 성격에만 초점을 맞추어 생각하기 때문에, 어느 특정한 달에 태어난 사람들에게서 그런 성격이 많이 나타난다고 전제하고 있기 때문이지. 네가 '점성술의 색안경'을 벗어버리고 선입견을 떠나서 문제에 다가서면, 이 허상적인 맥락이 곧 거품처럼 사라질 거야. 특히 '쌍둥이자리'에서 정확히 같은 시간대에 태어난 사람들에 대한 연구에서 이런 사실이 분명히 나타나고 있단다. 그들은 전혀 다른 시간대에 태어난 사람들보다 더 많은 공통점을 보여주지 못했단다.

그럼에도 불구하고 사람들이 점성술의 예언이 가끔 맞는다고 확신하는 이유가 뭐죠?

그것은 첫 번째로, 이 예언은 사람들로 하여금 거의 모든 것에 맞추어 해석이 가능하게 추상적이고 두루뭉술하게 표현되어 있단다. 예를 들면, '당신에게 다음 주에 좋은 소식이 있을 것입니다!'라는 식이지. 이 문장은 거의 모든 의미를 포함하고 있어! 두 번째로, 예언이 우연히 맞아떨어지는 통계적 확률을 염두에 두고 계산해 넣은 것이란다. 그래서 네가 별점을 더 자주 읽으면 읽을수록, 역시 너는 더욱 더 예언들의 일부가 실현될 것이라고 기대하는 것과 같은 이치지. 그리고 세 번째는, '저절로 실현되는 예언'의 현상을 무시할 수 없단다. 즉, 많은 일들은 그것이 실현되길 기대하는 바로 그 기대 때문에 일어나기도 하지.

정말 그런 일이 있어요?

물론이지! 이러한 현상은 점성술의 '예언'에만 해당된 것이 아니란다. 의학연구 결과에서 나온 '플라시보 효과(placebo effect)'가 잘 알려져 있지. 비록 환자들에게 처방된 '약물' 속에는 고통을 줄여주는 약 성분이 들어있지 않고 단지 설탕이나 전분이 함유되어 있었음에도 불구하고, 약효가 높은 진통제를 복용했다고 생각하는 환자들은 정말로 아픔을 덜 느낀단다. 어떤 치료가 도움이 될 것이라고 긍정적으로 기대하게 되면, 원래 효과가 없는 약제임에도 정말 약효를 나타내기도 한단다. 심지어는 가짜 수술도 이러한 긍정적인 효력을 발휘한단다. 텍사스에서 시행된 실험에서 무릎관절증을 앓고 있던 120명의 환자가 수술을 받았단다. 그러나 그중에서 60명은 '진짜 수술' 대신 단지 가벼운 피부절개술만을 받았을 뿐이었단다. 수술 후 2년이 지난 뒤 환자들에게 설문조사를 했는데 두 집단의 환자 중 90%가 '수술' 결과에 만족감을 표시했어. 두 집단 사이의 유일한 차이점은 '거짓으로 수술을 받은 환자'들이 통제집단보다 아픔을 덜 느꼈다는 것이지.

어머, 세상에, 너무 했네요! 그런 행위는 사람을 멸시하는 태도일 뿐만 아니라, 아무 짓도 하지 않았으면서 수술한 것처럼 속였다는 것은 말도 안 되는 일이죠. 더군다나 거짓으로 수술을 받은 환자들이 정말로 수술을 받은 환자들보다 더 건강했다는 결과가 나왔다니 말이죠! 음, 그런데…… 아무 일도 안 했는데 효과를 냈다니, 도대체 어떻게 그런 일이 있을 수 있죠? '무슨 일이든 저절로 일어나는 법은 없다!'고 아빠가 늘 말씀하셨잖아요.

그거 좋은 질문이로구나! 물론 실제로 존재하지 않는 것은 이 세상에서 어떠한 효력도 나타낼 수 없지. 그러나 존재하지 않는 것의 존재를 진정으로 믿으면 이 세상에서 진짜로 효력을 발휘할 수도 있단다. 예를 들어, 인간의 관념에서 생겨난 '신'에 대한 믿음을 생각해보자! 확실성에 가까운 개연성으로 신은 존재하지 않음에도 불구하고 수많은 사람들이 신을 믿기 때문에 그들에게는 신이 과거에도 존재했고 지금도 당연히 존재하고 있지. 그 신은 사람들이 생각하고 행동하는 방식을 결정했고, 인류의 역사에 아주 깊은 흔적을 남겼지.

아빠는 지금 신에 대한 믿음을 가짜 수술과 비교하시는 거죠?

비교 못할 이유가 없지. 이 두 가지 경우는 비록 믿음의 대상이 객관적으로 불합리함에도 불구하고 현실에 대한 그릇된 해석이 공통적으로 깔려 있지. 이러한 현상에 대한 또 다른 예를 들자면, 기대하지도 않았던 축구시합에서 자신의 팀이 이겼을 때 우연히 트레이너가 입고 있던 '승리의 셔츠' 같은 것을 들 수 있지. 당연히 트레이너의 옷 선택과 포워드의 골 성공 사이에는 직접적인 연관성이 없지만 이 승리의 셔츠는 팀에게 긍정적인 기대감을 불러일으키고, 이를 통해 승리의 기회를 높일 수 있는 것이지.

이해하겠어요. 그렇다고 해도 거기에는 중요한 차이가 있어요. 즉, '가짜 수술' 혹은 '승리의 셔츠'에 대한 믿음에서 비롯된 결과는 긍정적이죠. 하지만 아빠는 '신'에 대한 믿음은 그렇지 않다고 주장하실 것 같은데요. 그렇죠?

글쎄. 신에 대한 믿음도 분명히 긍정적인 결과를 가져올 수 있지. 자신이 살아가는 데 신앙의 도움을 받아 의지할 곳을 발견하고 새로운 생활에 적응하는 사람이 많단다. 예를 들어, 가까운 친척이나 친구가 죽었을 때, 자신이 교도소에 수감되었을 때, 혹은 약물에 중독되어 생존의 위기가 찾아왔을 때, 종교에 의지하는 방법을 통해 위기를 극복해 나가는 사람들이 실제로 많단다.

그게 자신들의 믿음을 확신할 아무 증거도 없는데 말이죠?

그렇지. 심지어는 정말 말도 안 되는 헛소리, 예를 들면, 우리 삶의 '의미'가 무엇인지 알아내고자 할 때 세상 일에 대해 지극히 엉터리로 해석을 내리는 것도 도움이 될 수 있단다. 물론 우주와 관련된 참된 연관성을 완전히 왜곡하지 않고 '유의미한 의미'를 얻어내면 더할 나위 없이 좋겠지. 하지만 일종의 '허무맹랑한 의미'도 없는 것보다는 훨씬 낫단다! 그 이유는 삶의 방향을 온전히 설정하지 못하거나, 살아갈 가치를 어디에 두어야 할지 전혀 모르는 사람은 결국 전혀 행복해질 수 없기 때문이지.

당연하죠. 그렇다면 도대체 우리가 '의미' 같은 것을 찾아야 하는 이유가 무엇이죠?

그 질문에 대해서라면 이제는 진화생물학적으로 대답할 수 있는 능력이 생겼을 텐데.

생존경쟁에서 유리하다는 것이죠? 하지만 '의미'를 찾는 것과 번식우위가 무슨 관계가 있다는 것이죠?

오늘 했던 대화 중에서 내가 처음에 했던 말을 기억해보려무나. 즉, 내가 '의미'라는 것은 '맥락'과 관련이 있다고 말했었지.

맞아요. 우리가 현재 머무르고 있는 상황 속에서 우리에게 의미가 있는 맥락으로 단어들을 연관시켜야 문장의 의미를 이해할 수 있다는 것이었죠.

그렇지. 자 이제 우리는 맥락 속에 있는 단어만 이해하려 하지 말고, 우리의 삶 속에서 마주치는 현상 전체를 이해해보도록 하자. 우리는 끊임없이 사물과 결과 사이에 이론적인 맥락을 만들면서, 이 세상에서 제대로 살아갈 목표를 설정하기 위해 그 결과를 있게 한 원인이 무엇인지 찾으려 한다.

아하! 그 선택유리가 어디에 유용한지 짐작이 가네요. 그 맥락을 더 잘 이해할수록, 사람들은 이 세상에 더 잘 적응해 나갈 수 있죠. 또한 사람들이 더욱 올바르게 방향을 잡아 나갈수록, 자신에게 허락된 기회를 얼마든지 더 많이 활용할 수 있다는 것이죠!

맞다! 지적이고 학습능력이 있는 동물 모두는 새로운 자극이나 경험에 직면하게 될 때 이 풀어야 할 작은 '의미문제' 앞에 서게 되지. 이들은 전체로서의 삶의 의미에 대해 의문을 품는 것이 아니라 이 새로운 자극과 경험이 자신의 삶에 어떤 의미가 있는지 의문을 품게 되지. 이 경험과 자극이 위험한 것일까 아니면 무해한 것일까? 재미있는 것일까 아니면 재미없는 것일까? 하는 의문을. 만일 이 경험과 자극이 재미있다면 즉, 생존 혹은 성공적인 번식에 기여할 수 있다면, 동물들은 이 주어진 새로운 상황에서 자신이 의도하는 목적을 어떻게 이룰 수 있을지 알아내야 한단다. 이를 위해 이 동물들은 실로 복잡한 맥락을 꿰뚫어보아야만 한단다.

그러면 그 동물들은 이 문제를 어떻게 해결하죠?

사실 고도로 진화된 동물들은 우리와 별반 다름없이 문제를 해결하고 있단다. 그들도 시행착오를 통해, 때로는 뚜렷한 목적의식을 사용한 분석을 통해, 평가와 계획을 통해 문제를 풀려고 한다. 오랫동안 인간들은 동물들은 본능적으로만 행동할 뿐 학습능력이 거의 없다고 믿어왔기 때문에 그들의 지능을 함부로 과소평가 해왔단다. 오늘날 우리들은 어떤 문제를 해결하는 데 몇몇 동물들은 학습의욕이 넘치고 창의력이 있다는 것을 알게 되었지. 이것은 쥐, 원숭이 혹은 돌고래 같은 고등동물인 포유류에게만 해당되는 것이 아니라 까마귀 같은 조류에게도 해당되는 것이란다.

알아요. 까마귀는 머리가 아주 좋다고 전에 들은 적이 있어요. 심지어 거울에 비친 자기 모습도 알아본데요. 고양이는 불가능한데도 말이죠.

그렇지. 까마귀는 아주 놀라운 재능을 가지고 있단다. 까마귀들은 먹잇감을 얻기 위해 미리 계획하고 도구를 만들기도 한단다. 심지어 인간문명이 이루어 놓은 것들을 자신들의 목적을 위해 이용할 줄도 안다. 예를 들면, 단단한 호두를 세련된 방법으로 깨는 방법도 알아냈단다. 이들은 호두를 차가 많이 다니는 도로 위에 놓아두고 자동차가 그 위를 지나가게 한 다음, 깨져 드러난 호두를 맛있게 먹는단다.

영리한 녀석들!

우리 인간은 도로 위를 달리며 여행을 하기 때문에 도로는 우리에게 '이동기능'의 '의미'를 가지고 있는 반면, 까마귀에게는 특별한 수고를 하지 않고도 먹잇감을 얻을 수 있게 하기 때문에, 이때의 도로의 '의미'는 '호두까기 기능'을 가지고 있는 것이지.

좋아요. 다시 말해, 까마귀와 같은 지능이 높은 동물은 맥락을 잘 살필 수 있고, 이를 통해 사물에 자신 나름대로의 의미를 부여할 수 있다는 것이죠. 그런데 궁금한 게, 가끔 우리가 실수를 하는 것처럼 까마귀도 실수를 하나요? 그들도 맥락을 잘못 해석하기도 하나요? 때로는 전혀 존재하지 않는 맥락을 추측하기도 하나요?

물론이지! '미신을 믿는 쥐'라는 멋진 실험에서 그러한 현상이 입증되었단다. 이 실험에 대해 들어본 적 있니?

아니요, 재미있을 것 같은데. 얘기해주세요!

자, 그러면. 실험장치는 간단해. 먼저 한쪽 끝에 먹이그릇이 놓인 공간에 쥐를 한 마리 풀어놓지. 10초가 지나면 먹이가 그릇 속으로 떨어지는데, 이때 조건이 하나 있어. 10초가 지난 다음에 쥐가 먹이그릇으로 와야 한다는 조건이야. 더 빨리 오면 그릇 속의 먹이는 치워지게 되고 쥐는 먹이를 못 얻게 된단다. 어떻게 될 거라고 생각하니?

전혀 모르겠어요!

자, 쥐라는 동물은 의미의 효율적 맥락을 아주 쉽게 알아차린단다. 여러 번의 헛수고를 하고 나서 쥐는 먹이의 출현과 먹이그릇에 도착하는 데 필요한 시간 사이에 어떤 맥락이 있음을 파악하게 되지. 그런데 문제는 그릇까지 가는 데 걸리는 시간이 단지 2초뿐이라는 것이지. 다시 말해, 이 쥐는 8초를 보내기 위해 우회해서 먹이그릇으로 가야 한다는 이야기지. 이 8초 동안 쥐가 무슨 일을 하든 그 일과 먹이를 성공적으로 얻는 것 사이에는 아무런 연관이 없단다. 하지만 이 쥐는 그 사실을 모르고 있어. 이러한 무지는 사람들이 '미신적'이라고 부르는 일종의 행동을 유발시킨단다.

어떻게요?

자, 우리의 쥐가 남아도는 8초의 시간을 이리저리 빈둥대며 허비하다가 우연히 제자리에서 두 번 돌고, 세 걸음 뒤로 물러난 다음,

열 걸음 앞으로 전진한 시도에서 처음으로 성공을 했다고 가정해 보자. 이 방법으로 먹이를 얻을 수 있다고 확인한 쥐는 이제부터 이 방법을 계속해서 반복하겠지. 우연히 습득한 이 댄스 스텝이 먹이를 얻기 위해서는 필수적이라는 믿음이 쥐의 마음속에 굳게 자리잡게 되는 것이지. 새끼들을 이 공간 안에 집어넣어 이 쥐와 함께 있게 하면, 이 쥐는 자신의 새끼들에게도 그 독특한 댄스 스타일을 교육시키겠지. 이런 방법으로 모든 세대에 걸쳐 '미신을 믿는 쥐들'이 생겨나고, 이 쥐들은 이 댄스가 합당한 의미가 있다고 즉, 댄스와 먹이 보상 사이에 인과관계가 있다고 굳게 확신하겠지.

대단히 흥미로운 이야기네요! 사람들이 '신', '자연의 힘' 혹은 '운명'에게 자비를 빌기 위해 올리는 의식을 생각하니까, 동물이나 우리나 많이 다르진 않은 것 같아요……

맞아! 이 실험에서 맥락을 그릇되게 해석하는 '미신을 믿는 쥐'와 비슷하게 역시 우리 인간도 '사소한 의미의 문제'를 해결하지 못하고 자주 실패한단다. 그러나 인간은 체계적인 접근방식을 통해서 이러한 오류를 제거한단다. 바로 그것이 과학연구의 목표이지.

알겠어요. 그 '사소한 의미의 문제'에 대해 너무 자세하게 얘기하신 것 같으니, 이제 드디어 '심각한 의미의 문제'를 다루어야 할 것 같네요. 아빠는 어떻게 생각하세요? 우리 인간이 이런저런 문제상황이 우리 삶에 무슨 의미가 있는지 의문을 품는 이유는 무엇이고, 특히 우리의 삶이 도대체 무슨 의미를 가지고 있는지 의문을 품는 이유가 뭐죠?

그야 인간은 우리가 알고 있는 다른 동물들보다 지적인 사고력을 활용하여 더 나은 미래를 기대할 수 있는 생명체니까 그런 거지.

또한 미래가 무한하지 않다는 것을 알고 있기 때문에 우리는 미래를 염려하고 있단다. 우리는 우리 자신의 존재에 대해서는 물론이고 우리 존재의 유한성에 대해서도 잘 알고 있단다. 그렇기 때문에 우리는 단순하게 이것, 혹은 저것이 우리의 삶에 가치가 있는지 의문을 품는 것이 아니라, 그것들이 무슨 이유로 우리가 살아가는 데 가치가 있는 것인지 철저한 의문을 갖는 거란다. 즉, 전체의 뒤에 혹시 우리의 유한한 삶에 뜻을 부여할 '감추어진 의미' 즉, 비밀로 가득 찬 맥락이 숨겨져 있는 것은 아닐까? 아니면 삶의 의미가 삶 자체 속에 존재하고 있을 뿐, 무엇인가 '더 높은 것'에서는 찾을 필요가 전혀 없는 것일까? 철학자와 신학자들은 이 질문에 대해 그야말로 다양한 답을 제시했단다.

종교를 믿는 사람들은 분명히 삶 '자체'가 하나의 의미를 지닐 때만 의미가 충만한 삶이 가능하다고 확신하고 있잖아요. 하지만 우리의 토론대로라면 그것은 틀렸다고 반박하겠네요.…….

그렇지! '의미자체'에 대해 합리적으로 말하는 것이 전혀 불가능하다는 이유 하나만으로도 그렇단다.

여기에서도 우리는 '사물자체'에서처럼 똑같은 문제에 직면하게 되네요. 그렇죠? 우리의 인식에서 동떨어져 존재하는 사물에 대해 우리가 전혀 알 수 없는 것처럼, 우리의 관념과 동떨어진 채 존재하는 의미에 대해서도 우리는 전혀 알 수 없죠.

그렇지! 우리는 '우주자체' 속에서 하나의 '의미자체'를 깨닫는 '사물자체'가 있는지 알 수 없단다. 따라서 우리는 비트겐슈타인(Wittgenstein)의 다음과 같은 말을 믿을 수밖에 없단다. 말할 수 없는 것에 관하여……

······ 우리는 침묵해야 한다.

잘 맞혔다! 하지만 우리가 '우리를 위한 세계'에 대해 말하는 것을 막을 수는 없지! 이 세계에 대해 우리는 합리적인 진술을 할 수 있단다······.

······ 논리와 경험의 도움을 받아서 말이죠!

바로 그거지. 그런 방법을 사용하면, 우리는 그야말로 정말 어떤 '우월한 존재'가 어떤 의미 있는 목적과 연관시켜서 이 세계를 '만들어' 냈다거나, 혹은 인간을 '창조' 했다고 전혀 말할 수 없다는 것을 확인할 수 있지!

그 이유는 이 세계가 지적으로 디자인되어 있지 않기 때문에 지적 창조자가 그 뒤에 숨어있을 리 없다는 것이죠!

그렇단다. 때문에 우리 인간은 훌륭하게 만들어지고 선한 의도로 만들어진 '신의 창조물'의 정점이 아니라, 오히려 의미가 전혀 없는 우주 속에서 우연히 생겨난, 그리고 궁극적으로는 그저 스쳐 지나가는 주변현상일 뿐이라는 사실을 전제로 해야 한단다.

알겠어요! 하지만 너무 암울한 것 아니에요?

나는 그렇게 생각하지 않는단다. 왜 우주가 인간의 삶이 '의미 자체'를 가지고 있는지 없는지 걱정해야 하는 거지? 우리가 삶에 '우리를 위한 의미'를 줄 수 있다는 것이 더 중요한 일이란다! 우리들을 제외하고는 우리 삶에 의미를 부여하는 하나, 둘, 셋, 혹은 셀 수 없이 많은 '우월한 존재'가 있는지 없는지는 전혀 중요하지 않단다. 특히나 그러한 존재가 실제로 있는지에 대한 증거가 전혀 없는 상황에서 말이지.

하지만 만일 갑자기 '우월한 존재'가 더할 나위 없이 잘 계획해서 이 세계를 창조했다고 확인된다면 어떻게 되는 거죠?

　　뭐, 그러면 진화생물학자들은 몹시 충격을 받을 테지.

물론 그렇겠죠! 하지만 우리가 삶의 의미에 대해 품었던 생각들은 이제 무엇을 뜻하게 되는 거죠?

　　물론 그런 경우에는 우리의 의미관념에 대해 다시 생각해봐야겠지. 그럼에도 불구하고 그 존재가 우주에서 갖게 될 의미는 절대로 우리의 의미일 리가 없어! 그것은 그야말로 우리에게는 전혀 적합하지 않는 의미일 수도 있겠지!

그러니까 앞에서 신의 존재에 대해 얘기했던 것이 생각나네요. 만약 창조주가 의식적으로 현재의 세계대로 이 세계를 창조했다면, 그는 아마 제정신이 아니었거나 자신의 피조물들이 겪는 불행을 즐거워하는 일종의 사디스트일 테지요!

　　맞아. 또한 이 신의 존재가 우리의 삶 속에서 어떤 의미를 갖더라도, 그것은 신의 의미이지 우리의 의미는 아닌 것이지! 누군가의 덕분에 우리가 존재하고 있다고 해서, 반드시 그가 생각하는 삶의 의미를 우리가 그대로 받아들여야만 하는 것은 아니란다.

맞아요! 그런 식이라면 아이들도 부모의 믿음을 그대로 넘겨받아야만 할 거예요. 그 믿음이 합리적이건 합리적이지 않건 간에 말이죠.

　　그렇지. 그것이야말로 터무니없는 일이지! 다시 말해 어떤 사람이 의미가 있다거나, 혹은 의미가 없다고 생각하는 것은 철저하게 자신의 개인적 시각으로만 사물을 관찰한 표현이지. 물론 이때 진화가 진행되면서 자리 잡힌 생물학적 심리작용(mechanism, 기제)이 그 표현을 결정하고, 또한 이 표현은 그 사람이 살고 있는 문화 속에서 만들어진 관념을 통해 형성된 표현이지. 그렇다고 해도 어떤 의미가 삶 전체를 구속하지는 않는다는 사실에는 전혀 변함이 없단다.

결국 어디에서나 통용되는 '도로의 의미'는 전혀 없는 것이네요. 우리에게 도로라는 것은 A에서 B로 이동하기 위한 보조수단이지만, 까마귀에게는 이와 반대로 호두를 깨트리는 도구가 되니까요!

바로 그런 이치란다. 까마귀가 우리가 보는 '도로의 의미'를 그대로 받아들이지 않아야 하듯이, 우리도 어떤 '신'이 미리 결정해주는 '삶의 의미'를 그대로 떠맡아서는 안 되는 것이지. 신이 존재한다고 가정할 때 말이다. 우리는 우리를 위한 삶의 의미가 어디에 있는지 우리 스스로 결정해야 해.

다시 말하면, 삶의 바깥에서 삶의 의미를 찾는 것은 무의미하다는 말이죠. 그렇죠?

그래. 원칙적으로 사람들은 '의미 찾기'에 대해 심지어는 말하는 것조차도 삼가야 할 거야. 왜냐하면 사람들은 어디에서도 삶의 의미를 찾아 낼 수 없기 때문이지. 삶의 의미는 부활절에 누군가가 미리 숨겨놓은 다양하게 칠해진 계란을 정원에서 발견하듯 그렇게 발견할 수 있는 것이 아니란다. 또한 숲 속에서 살구버섯이나 그물버섯을 따듯이 그렇게 자연 속에서 간단히 집어 올릴 수 있는 것도 아니란다. 삶의 의미는 절대 발견되어질 수 없는 것이란다. 삶의 의미는 창조되어져야만 하는 것이지! 자신의 삶에 의미를 부여한다는 것, 그것은 창조적인 작업이란다. 즉, 스스로 원래부터 존재하지 않았던 하나의 의미를 만드는 것이지.

결국 우리 자신이 삶에 의미를 부여할 때만 우리의 삶은 의미를 갖게 되는 것이네요!

그렇단다. 또한 이 '삶의 의미'는 붉은색을 지각할 때 느끼는 빨강처럼 주관적이지. 게다가 '의미'는 감각을 느끼는 지각과 아주 많은 관련을 가지고 있단다. 의미는 감성을 먹고 성장하니까! 만일 우리에게 세상에서 일어나는 자극을 지각하고 판단할 감각이 없다면, 의미에 대한 질문도 결코 할 수 없을 테지!

어째서죠?

네가 아무것도 보지 못하고, 아무것도 듣지 못하고, 어떤 냄새도 맡을 수 없고, 어떤 맛도 볼 수 없고, 아무것도 느낄 수 없다고 상상해보자! 너에게는 편안함도 불편함도 없을 것이고, 즐거움도 고통도 없을 것이며, 기쁨도 슬픔도 없을 거야. 이 경우 너에게 중요한 것은 아무것도 없겠지. 왜냐하면 감각이 없다면 어떤 것도 의미를 가질 수 없을 테니까. 네가 맛이 좋은 음식을 먹고 있는지 맛없는 음식을 먹고 있는지, 어떤 아이가 트럭에 치어 죽었는지, 사람들이 사랑을 하든, 증오를 하든, 존경을 하든, 경멸을 하든, 이 모든 것에 대해 너는 아주 냉담한 반응을 보이게 되겠지.

우리에게는 삶의 긍정적인 측면과 부정적인 측면을 분간할 수 있는 감각이 있기 때문에, 그것만으로도 우리는 우리의 삶에 의미를 줄 수 있다는 것이군요…….

그렇단다! 무엇인가가 우리에게 가치가 있는지 없는지 의문이 생길 때마다, 우리는 그것이 좋은지 나쁜지를 따로따로 저울질하지. 예를 들어, "재미있는 사람들을 만날 수 있기 때문에 옆집의 파티에 가는 것이 재미있을까? 아니면 그곳에서 아주 재미없고 따분한 사람을 만나서 지루한 대화를 하면서 그 밤을 망치게 될까?"라고 말이지. 여기에도 역시 좋은지 나쁜지를 구별해야 하는 것이 관련되어 있기 때문에 그러한 결정 하나하나에 적용되는 사항은, 결국 우리의 삶에 대한 태도에도 전적으로 적용된단다. 즉, 노력을 하며 살 만한 가치가 있는 것일까, 아니면 순전히 어마어마한 시간낭비일 뿐일까? 이 질문에서 우리가 삶 속에서 보는 좋은 것이 나쁜 것을 능가하면 의미 있는 삶을 살아가는 것이지. 다시 말하면 이것은 살아갈 가치가 있는 삶이라는 이야기지. 이와 반대로 나쁜 것이 좋은 것을 압도하면 명백히 우리 삶의 의미가 상실되는 것이지. 이런 경우 우리는 재빨리 마음을 고쳐먹고 다시 새로운 삶의 의미를 손질해야겠지. 왜냐하면 자신이 생각하기에 살아갈 가치가 없다고 생각하는 삶을 계속 살아간다는 것은 일종의 고문일 테니까.

음……. 사람들이 좋은 것이나 나쁜 것을 느낀다는 것은 아주 주관적인 일이죠. 그렇지 않아요? 도대체 나쁜 삶의 의미에서 좋은 삶의 의미를 구별해낼 수 있는 객관적인 방법은 전혀 없는 건가요?

있지! 우리는 이미 그것에 대해 얘기를 나눈 적이 있단다. 물론 우리는 '유의미한 의미'와 '무의미한 의미'의 차이를 구분할 수 있단다. UFO 사교집단인 '헤븐스 게이트'(103페이지 참조)의 신자들을 생각해보렴. 그들은 자신들의 'UFO 영혼'과 더불어 은하를 여행하는 우주선에 승선하기 위해 자살을 하는 것이 의미가 있다고 생각했단다. 물론 이러한 주관적인 의미는 객관적인 무의미를 근거로 하고 있지! 그 이유는 인간의 몸 속에 'UFO 영혼'이 없듯이 '은하를 여행하는 여행선'도 없었으니까! 이 사람들이 우주에 대한 사실맥락을 제대로 알았더라면 아직 살아있었을 텐데 말이지! 우리는 우리 자신이 가지고 있는 의미에 대한 관념의 전제가, 현실적인 기반을 가지고 있는지 아닌지 거듭해 확인해야 한다는 말이죠?

그렇단다. 우리의 삶을 망상적 관념에 맡겨버리는 일이 없어야 할 것이고, 그 대신 우리는 우리에게 주어진 맥락이 정말 존재하는지 비판적으로 거듭해 검증해야만 하지. 그것이 바로 내가 철저하게 과학적인 연구에 몰두하는 이유 중 하나란다. 왜냐하면 과학은 어떤 주장의 신빙성을 검증하기 위해 우리 인간이 개발한 가장 성공적인 도구이기 때문이지! 하지만 과학도 삶의 의미에 대한 문제를 다룰 때는 금방 그 한계에 부딪히게 된단다.

어째서요?

왜냐하면 삶의 의미라는 것은 사람들이 어떻게 재볼 수도 없고, 시험해볼 수도 없고, 평가할 수도 없는 것이기 때문이지! 과학은 현재의 세계가 어떤지 이해하는 것에는 도움이 되지만, 세계가 어떻게 되어나가야 할지는 말할 수 없단다.

예를 들어서 설명해주실래요?

진화생물학의 업적을 예로 들어보자. 오늘날 우리는 어째서 자연에서는 영아살해가 자주 발생하는지 잘 증명할 수 있단다. 예를 들어, 우리는 무리를 떠맡은 사자가 이전 리더의 자식들을 죽인다는 것을 알고 있어. 이렇게 해야 자신의 유전자를 더 많이 퍼트릴 수 있기 때문이지. 우리 인간과 가까운 친척관계에 있는 마운틴고릴라의 경우에도 이러한 이유로 태어나는 새끼의 3분의 1이 영아살해의 희생물이 되고 있단다. 과학자들은 여기에 나타나는 진화론적 심리요소를 해명했지. 하지만 이것이 우리 인간에게는 무엇을 뜻하는 것일까? 이 영아살해가 지극히 '자연적인' 일이라고 해서 역시 인간에게도 합법적인 일이 되어야 할까? 분명히 아니지! 그런데 이러한 판단은 과학적 판단이 아니고 윤리적인 판단이란다.

사람들이 아이들을 죽이지 말아야 한다는 것이 과학적인 판단이 아니라고요?

그렇단다. 과학적 기술은 그러한 문제를 해결하도록 정해진 분야가 아니기 때문에 과학적인 근거를 이용해서 그러한 판단을 내릴 수는 없단다. 사람들은 관찰, 계산, 실험을 통해 왜 새들은 날 수 있는지, 화학성분이 서로 어떻게 반응하는지, 그리고 왜 지진은 반복해서 일어나는지를 알아낼 수 있단다. 그렇지만 인권이 가치가 있는지 없는지를 관찰, 계산, 실험을 통해 알아낼 수는 없지. 마찬가지로 삶의 의미를 계산해낼 수 있는 과학적 공식도 없단다. 정리하자면 이렇겠지. 과학이 전달하는 것은 지식이지 지혜(Weisheit, wisdom)가 아니다!

그렇다면 지혜는 정확히 무슨 뜻이에요?

세계에 대한 지식을 의미 있게 사용할 수 있는 능력이 '지혜'란다. 다시 말해 모든 사람들과 만물의 최대의 행복에 기여하기 위해 사용하는 것이지.

그렇다면 사람들이 자신의 삶에 훌륭한 의미를 부여할 수 있으려면 지혜가 중요한 전제조건이 돼야겠군요. 그렇죠?

그렇지. 모든 철학자들도 이 말에 동의해야만 할 거야! 따지고 보면 '필로소피아(Philosophia)'라는 말을 글자 그대로 해석하면 '지혜를 향한 사랑'이란다. 살 만한 가치를 느끼며 살게 해줄 수 없는 지혜를 사랑할 이유가 없지. 그렇지 않니?

그러면 과학과 철학의 차이가 과학은 지식을 전달하고, 철학은 지혜를 전달하는 것이라고 말할 수 있겠네요?

　　이상적인 경우라면 그렇게 되면 좋겠지. 아무튼 철학은 단순히 사실을 전달하는 과학이 아니고, 오히려 이 사실들을 잘 정리해서, 조리 있게 또 구체적으로 수긍이 가는 전반적 전망을 끄집어내는 일종의 기술이라고 할 수 있단다.

그렇다면 철학자는 과학자라기보다는 기술자라고 할 수 있겠네요?

　　그래. 특히 다음과 같은 이유로 말이지. 즉, 우주 가운데 떠있는 먼지 알갱이 같은 이 지구에서 의미 있는 삶을 살아가는 것 자체가 기술이니까! 우주 속에 관련되어 있는 몇 개의 맥락을 아는 것이 이러한 '생활의 기술'에는 도움이 되겠지만, '삶의 기술자'로 존재하기 위해 '삶, 우주, 그리고 나머지 모든 것'에 대한 궁극의 답을 알 필요는 없단다. 우리는 '가장 최후의 것'에 대해, 그리고 '세계자체'에 대해 아무것도 모르지만, '우리를 위한 세계'에 대해 현재 가지고 있는 지식이 겨우 1/2, 1/4, 1/8, 혹은 0.01% 정도밖에 안 된다고 해도 사실 훌륭하게 잘 살아갈 수 있단다. 우리가 이러한 지식을 합리적인 방법으로 사용할 줄만 안다면 말이다! 아무튼 우리는 세계에 대해 그 동안 배운 것만으로도 이 지구에서 살아갈 20~30년 동안 아주 즐겁게, 꽤나 괜찮게, 그리고 품위 있게 살아가기에 충분하단다. 궁극적으로 '삶의 의미'에 대한 의문에서 바로 그 점이 중요한 해답이 되겠지.

좋아요! 그러면 '삶, 우주, 그리고 나머지 모든 것'에 대해서는 이만 줄이고 이제 '삶의 기술'에 대해 알아보는 게 좋겠어요. 어떻게 생각하세요?

　　그래. 다음 단계의 화두로서 의미가 있을 것 같구나……

2

삶의 기술

'너는 빈손으로 왔고, 빈손으로 돌아가는데.
잃을 게 있어? 없잖아!
그러니까, 항상 생활의 밝은 쪽을 보자구!'

몬티 파이튼(MONTY PYTHON) _ 영국 코미디 그룹

'나는 죽음을 두려워하지 않는다,
죽음이 다가오면, 단지 그 자리에 있고 싶지 않을 뿐이다.'

우디 앨런(WOODY ALLEN, 1935-) _ 미국의 배우, 작가, 영화감독

행복으로 가는 길을 어떻게 발견할 수 있을까?

우리는 마지막 대화에서 우리가 삶을 살아갈 가치가 있다고 생각하면, 그 삶은 의미가 있을지도 모른다는 것을 확인했어요.

그랬지. 우리는 삶 속에서 나쁜 것보다 좋은 것을 발견할 때 삶이 의미가 있다고 생각하지.

의미 있는 삶이 행복한 삶과 같은 뜻을 가지고 있다는 것인가요?

일부 철학자들은 그렇게 보고 있지. 예를 들어, 2,500년 전 에피쿠로스는 인생에서 행복은 최고선이고, 불행은 최고악이라고 설명했지. 그래서 그는 인간들이 행복한 삶을 누리도록 도와주는 것이 철학자의 임무라고 보았단다.

호감이 가는 말이네요.

그래. 하지만 사방에서 에피쿠로스가 주장하는 생각에 대해 거센 저항이 일어났지. 그래서 몇 세기에 걸쳐 '개인의 행복' 속에서 '삶의 의미'를 보려고 하지 않고, '신과 조국'에 대한 '성스러운 의무'를 완수하는 것이 행복이라고 생각해왔지. 어쨌든 1776년 '미합중국 독립선언서'를 통해 모든 사람은 태어날 때부터 '행복'을 추구할 수 있고 정치는 이러한 중요한 기본권을 존중해야 한다고 처음으로 정치적 문서에 공식적으로 명시되었단다. 이 점에서 결국 에피쿠로스는 자신의 주장을 관철했다고 말할 수 있겠지. 적어도 그 사이에 서양 사회에서는 '개인의 행복권'이 굳게 뿌리내렸지. 비록 아직도 정치적인 의결을 통해 이러한 행복권을 더욱 강화시키기를 바라고 있기는 하지만.

아마 그것은 '행복의 추구'가 무엇을 뜻하는지 간단하게 규정할 수 없기 때문이겠죠. 무엇이 '행복'인 거죠? 언뜻 봐서는 이 단어를 어떻게 정의해야 할지 모를 것 같은데요.

어떤 문헌에서 그것에 관한 가장 적절하고 함축성 있는 정의를 발견했는데, 그것은 미국의 심리치료사인 알렉산더 로웬(Alexander Lowen)이 내린 정의란다. '성장을 의식해 나가는 것'이 행복이라는 게 그의 주장이지(Happiness is being aware of the growth).

그것이 무슨 뜻이에요?

로웬은 성장의식에 대해 자세하게 설명하지 않았지만 나는 그가 내린 행복의 정의가 무엇인가 아주 중요한 의미를 설명하고 있다고 생각해. 요컨대 '행복'이라는 것은 정적인 것이 아니고 무언가 아주 역동적이라는 것이지.

'쉬운 말'로 설명해줄 수 있어요?

너의 삶이 지금 이 순간 '멈춘다'고 상상해보렴. 네가 소중하게 생각하고 있는 모든 것을 잃어버릴 염려가 전혀 없겠지. 너의 삶과 네가 가장 사랑하는 사람들의 삶도 완전히 보장될 것이고. 하지만 네가 체험할 하루하루는 잃는 것도 없고, 얻는 것도 없고, 어떤 변화도 없는 똑같은 것의 영원한 반복이겠지. 영원함이 보장된 이러한 세계에서 너는 행복할 수 있겠니?

글쎄요. 물론 누구와도 이별할 염려가 없고, 아무것도 잃어버릴 염려가 없다면 좋을지 몰라도, 아무 일도 일어나지 않는 세계라면 너무 지루해 따분할 것 같은데요!

> 내 말이 바로 그 말이다. 보장된 삶은 더 이상 행복한 삶이 아니
> 지!

네, 그래요. 우리가 앞에서 '천국에서의 영생'을 다룰 때 그것에 대해 이미 얘기했었어요. 좋은 날만 계속된다면, 그보다 더 참을 수 없는 일은 없겠죠. 그렇기 때문에 똑같은 좋은 날만 끝없이 반복된다면 그것은 끔찍한 형벌과 같을 거예요.

> 그렇지. 그런데 왜 그런 것일까?

제가 항상 주장하는 것이 '위험 없는 즐거움은 없다!' 잖아요. 게임을 할 때 질 수도 있다는 위험부담이 전혀 없다면, 이긴다는 재미도 없겠죠!

> 맞아, 바로 그거야. 살아가면서 생기는 불안을 진정시켜 준다는
> 점에서 안전하다는 것이 중요하긴 하지만, 항상 안전하다면 유감
> 스럽게도 행복다운 행복감을 느낄 수 없는 거지. 정신분석학의 창
> 시자 지그문트 프로이트(Sigmund Freud)는 현대 문명의 근본문제가
> 바로 그 점에 있다고 보았단다. 그의 주장에 따르면 인간은 '행복
> 가능성 한 조각'을 주어버리고 그 대신 '한 조각의 안전'을 얻는
> 교환을 한 것이지.

음……. 많은 사람들이 롤러코스터를 타거나 번지점프를 하면서 아래로 떨어지는 기분을 즐기는 것이 그런 이유 때문인가요? 일상생활에서는 진짜 위험을 체험하지 못하기 때문에, 위험한 순간을 일부러 만드는 거죠?

> 그렇지. 그렇게 볼 수 있지. 그렇기 때문에 사람들은 또한 액션영
> 화나 공포영화를 아주 좋아하는 것이지. 매일 똑같은 길을 통해
> 직장으로 가고 직장에서는 허구한 날 똑같은 일만 해치우는 사람
> 들은, 적어도 밤에는 텔레비전 앞에서 혹은 영화관에서 주인공이

된 기분으로 험상궂은 악당이나 이들보다 더 험상궂은 좀비들을 물리치기 위해 전장으로 나가면서 이러한 무미건조함에서 탈출할 수 있겠지. 공포영화가 지금 이 나라에서 크게 유행하고 있는 이유는 사람들이 자신들의 생활에서 전혀 불안을 느끼고 있지 못하기 때문이지. 이와 반대로 자연재해가 닥친 환경 속에서 살고 있는 사람들에게는 당연히 재난영화가 재미있을 리가 없겠지.

다시 말하면, 우리는 색다른 자극을 찾고 있는 거겠죠?

틀림없이 그럴 거야. 프로이트는 자신의 저서 『문명 속의 불만』에서 다음과 같이 언급했단다. 우리 인간은 '사물의 명암에서는 커다란 즐거움을 체험할 수 있지만, 그 사물의 상태는 거의 체험할 수 없다.' 분명히 너는 이런 현상을 네 자신의 경험으로 알고 있을 거야. 네가 반드시 이루고 싶은 일이 있어서 열심히 노력하며 애쓰고 있다고 가정하자. 그리고 드디어 그 일을 성취한 바로 그 순간 너는 이루 말할 수 없이 기쁘겠지. 하지만 성취해서 이룬 것에 익숙해진 너는 곧 그 성취에 대해 아무렇지도 않게 생각하게 되고 황홀한 기쁨도 사라지지.

네, 맞아요. 제가 운전면허증을 딴 후 차가 생겼을 때 바로 그랬어요. 처음에 그 기분은 이루 무엇이라고 표현할 수 없을 정도의 기분이었어요! 가고 싶은 곳이 있으면 언제라도 떠날 수 있어서 지금도 여전히 좋기는 해요. 하지만 운전면허증을 따고 처음 일주일 동안 느꼈던 그런 행복감과는 비교할 수 없죠.

그렇단다. 프로이트가 '쾌락원칙에 따라 열망하여 성취한 상황이 길어지면' 오직 '미지근한 만족만 생겨난다' 라고 쓴 것이 바로 그런 것을 의미하는 것이단다.

그렇다면 우리 인간이 끊임없이 새로운 자극제를 찾는 것은 바로 그런 이유 때문인가요? 더 좋은 휴대폰, 텔레비전, 자동차, 좀 더 완벽한 액션장면, 더욱 강렬한 감정 같은 것을 원하는 것 말이에요? 마치 인간들이 마약투여량을 높여서 약효를 계속 높이지 않으면 안 되는 마약중독자라도 된 것처럼 들려요.

　　좋은 비유구나. 그 비유처럼 성장에 대한 인간의 열망이 아주 위험한 부작용과 연관될 수 있기 때문이지. 특히 물질적 성장에 대한 탐욕에서는 그럴 가능성이 아주 커 보인단다. 한편으로는 이러한 성장욕구를 통해 '사회발전의 동력'이라고 말할 수 있는 긍정적인 일도 많이 생겨나긴 했단다. 왜냐하면 옛날 사람들이 자신들이 가진 것에 만족했더라면 우리는 오늘날 여전히 동굴 속에서 살고 있을지도 모르기 때문이지. 그러나 다른 한편으로는 이러한 성장에 대한 강박관념으로 인해 수많은 문제도 발생되었지. 한계를 가진 이 지구에서 끝없는 물질성장을 한다는 것은 전혀 불가능한 것이니까 당연한 것 아니겠니! 열대우림에서 벌어지는 삼림파괴 하나만 생각해봐도 그렇지……..

맞아요. 만일 모든 사람들이 지나치게 커진 욕심으로 가능한 한 더 커다란 케익 조각을 자기 몫으로 갖길 원한다면, 마지막에는 남아있는 게 없을 테니 더 이상 나누어 가질 수도 없겠죠.

　　그렇단다. 항상 '모든 것의 대부분'을 소유하려는 욕망 때문에 우리는 지구 자원을 남김없이 약탈하게 될 뿐만 아니라, 우리 인간들 사이에서는 불가피하게 격렬한 자원분배전쟁이 일어날 수밖에 없지.

분명히 그렇겠죠. 자기 몫으로 케익을 아주 조금만 얻었다거나, 혹은 전혀 얻지 못한 사람들은 결국 불만을 가질 수밖에 없을 테니까요!

그렇기 때문에 이러한 물질성장 강박관념은 또한 인간의 건강에 악영향을 끼치는 정신적 스트레스의 원인이 되기도 한단다. 세계적으로 시행된 연구에 의하면 사회적·경제적으로 뚜렷하게 차이가 나는 사회일수록, 그 사회에 살고 있는 사람들의 평균 건강도 악영향을 받는다고 하는구나. 빈부의 격차가 아주 큰 사회에서는 부유층도 편안한 느낌을 갖고 살지 못한다는 말이지.

다시 말하면, '최상층의 사람들'은 남을 희생시켜 자기의 부를 이루었으니, 편안한 마음을 전혀 못 갖는다는 말이겠지요.

그렇단다. 왜냐하면 자신의 부를 타인들이 눈독 들이지 못하게 지켜야 하는 부담 때문에 스트레스가 높아지는 것이지. 이외에도 일정 수준의 부에 다다르면 그때부터는 부의 증가가 더 이상 사람들에게 정신적인 의미를 주지 못한다는 연구결과도 있지. 은행에 1,000만 유로를 가지고 있는 사람은 그 돈이 1,100만 유로로 증가해도 조금도 행복을 못 느낀다는 거지.

세상에나. 불쌍한 백만장자들…….

네가 그렇게 동정하는 것도 당연하지. 이 세상에는 어떻게 하면 어처구니없고 쓸데없는 일에 돈을 소비하면 좋을까 하며 걱정하는 것보다 심각한 문제들이 아주 많단다.

언젠가 저명인사들이 출연하는 정말 한심한 방송을 본 적이 있는데 성형수술을 한 백만장자의 부인이 제트족(제트기를 타고 세계 각지를 여행하는 부자들) 생활에 심하게 싫증을 느껴 심심하다는 이유로 자신이 키우는 푸들에게 몇 천 유로짜리 다이아몬드 목걸이를 선물했다고 하더라고요.

그래. 그런 경우들이 있지. '사치태만'으로 인한 이런 정신적 후

유증도 과소평가해서는 안 되지. 특히나 이러한 현상이 천만장자들만의 문제는 아니란다. 재산을 늘려가는 일에서만 자신의 행복을 찾는 사람들에게는 언젠가 이러한 모든 것이 공허하고 헛된 것으로 보이는 때가 온다. '소비재의 바다' 속에서 살아가는 사람들은 '소비재의 대양' 속에서도 행복을 느끼기가 어렵단다.

그렇다면 '행복'을 이런 방식으로 사는 게 어떻겠냐고 사람들에게 추천할 수는 없겠네요. 그렇지 않아요?

맞는 말이다. 이미 고대 그리스의 철학자 아리스토텔레스는 부유함이 행복의 수단이 될 수는 있지만, 언제나 행복을 동반하지는 않는다는 사실을 알고 있었단다. 행복을 찾기 위해서는 이보다 더 나은 방법들이 있단다. 최근에 이러한 방법에 대한 연구가 아주 활발하게 진행되고 있지.

어떻게 그런 것을 연구할 수 있다는 거죠?

자, 예전의 심리학자들은 자신과 세상에 불만족을 느끼는 정신적 문제를 가지고 있는 사람이나, 주위 사람들에게 정신적으로 부담을 주는 사람들을 연구했었지. 물론 이들은 여전히 이러한 문제들을 다루고 있지만, 얼마 전부터 보통사람들보다 만족을 느끼며 아주 잘 살고 있는 사람들에 대한 관심의 폭이 점점 커져가고 있단다. 소위 '긍정 심리학'은 이런 사람들의 특별한 점이 무엇인지, 이들은 왜 다른 사람들보다 더 행복을 느끼는지, 그리고 자신들의 삶에 의미를 부여하기 위해 무엇을 하고 있는지 알아내려 애쓰고 있단다.

재미있네요! 뭔가 알아낸 것이 있어요?

무엇보다도 특별히 신빙성 있어 보이는 세 가지의 행복전략이 있단다. '쾌락주의', '자아실현' 그리고 '보다 큰일에 공헌하기' 가 그것들이지. 이 세 가지의 전략을 함께 묶어 활용하면 행복한 삶을 살 수 있는 기회가 더 많아지겠지.

그 세 가지 행복전략 속에 어떤 뜻이 담겨 있는지 사랑하는 딸에게 기꺼이 털어놓으실 용의가 있겠죠. 그렇죠, 아빠?

아무렴 당연하지! 첫 번째 전략인 '쾌락주의' 부터 시작하자. 이 개념은 그리스어 '헤도네(hēdonē)' 가 어원이고 '기쁨' 혹은 '쾌감' 이라는 의미가 있단다. 향락주의자는 기쁨과 쾌감을 추구하면서 살아가는 사람을 뜻하지.

누구나 다 그렇게 하잖아요?

이것에 대해서 어떤 사람들은 과거에도 그리고 지금도 다른 의견을 가지고 있단다. 『파스칼의 내기』를 쓴 저자이며 인간의 이상적인 상태가 '오랜 질환을 앓는 것' 이라고 한 블레즈 파스칼을 생각해보자. 아니면 20세기 중반임에도 다음과 같이 엄격한 가톨릭주의를 주장했던 오푸스 데이(Opus Dei) 교단의 창설자인 호세마리아 에스크리바(Josemaria Escrivá)를 생각해보자. '지상에서 인간의 보물이 무엇인지 말해주겠으니 명심하시오. 기아, 갈증, 더위, 추위, 고통, 치욕, 가난, 외로움, 배신, 중상모략, 감옥.'

그 사람 아마 정신 나갔던 것 아니에요?

교황 요한 바오로 2세는 분명히 너와 다르게 생각했기 때문에 그를 엄청나게 빠른 속도로 성인의 반열에 올려놓았단다! 하지만 이제 다시 쾌락주의로 돌아가 보자. 예를 들어, 에피쿠로스 같은 가장 위대한 쾌락주의자들은 진정으로 쾌감과 기쁨 위주의 생활을 꾸려나간다는 것이 아주 어렵다는 것을 강조했단다. 다시 말하면,

여기에는 몇 가지 고려해야 할 사항이 있단다. 그것은 쾌락을 충족하려면 몇 번이고 다시 이전의 기쁨을 뛰어넘어야만 하는 불편한 부작용을 함께 감수해야 한다는 것이지! 다시 말해, 무슨 짓을 해서라도 쾌감을 추구하는 것이 중요한 것이 아니라, 우리의 욕망이 우리 자신과 타인을 위해 어떤 결과를 만들어낼지 현명하게 고려하는 것이 더욱 중요한 것이란지.

에피쿠로스라면 푸들에게 다이아몬드 목걸이를 선물한 그 성형수술 백만장자 부인에게 무엇이라고 말할 것 같아요?

에피쿠로스가 다음과 같이 말한 적이 있단다. '황금침대 위에서 자고 호화롭게 차린 밥상을 받으면서 온갖 근심과 걱정거리를 가지고 있는 것보다는, 짚으로 만든 잠자리에서 마음 편하게 누워있는 것이 훨씬 더 좋다.' 작은 일을 소중하게 생각할 줄 모르는 사람은 풍족함도 즐길 수 없다는 것이 이 철학자의 주장이란다.

당연한 말인 것 같네요. 하지만 사람들은 이미 소유하고 있는 것에는 특별한 마음을 가지고 감사하지 않는다는 프로이트의 인식과는 모순되는 말 아닌가요?

옳은 말이다. 습관적으로 당연하게 느끼는 감정 때문에 우리는 종종 작은 일을 과소평가하게 된단다. 그렇기 때문에 에피쿠로스는 우리가 마음 챙기는 법을 배우고 훈련해야 한다고 말하고 있단다. 마음챙김(Achtsamkeit, mindfulness)은 에피쿠로스의 삶의 기술에서 지극히 중요한 기본요소이지.

도대체 '마음챙김'은 또 무엇을 뜻하는 것인가요?

마음챙김이란, 완전히 현재에 머물면서 순간에 충실해지는 것이고, 주의 깊게 자기 자신과 주변 환경을 체험하는 것이란다.

잠깐요, 이거 뭔가 아주 난해하게 들리는데요! 어려운 말 안 쓰기로 했잖아요?

난해하게 들린다고 해서 모든 게 난해한 것은 아니란다! 이것은 간단한 생활체험에 관한 말에 불과하단다. 너는 사실 무엇을 먹고 있는지 이해하지 못하는 상태에서 아무 생각 없이 음식물을 삼키고 있지. 하지만 아주 주의를 기울여 가면서 음식을 먹을 수 있다면, 너는 빵과 같은 간단한 음식에서도 여러 가지 미세한 맛의 차이를 지각할 수 있단다. 간단한 음식섭취에서도 우리는 의식 있는 마음챙김을 통해 감각적으로 맛을 음미할 수 있는 것이지. 이것은 곧 삶의 기쁨이 실현되는 체험이란다.

피─. 아빠가 저번에 만들어주신 볶음밥이라면 뭐 그렇게 주의를 기울이지 않고 먹는 게 훨씬 의미가 있을 거예요…….

그렇게 맛이 없었니?

네, 너무 매웠어요!

미안하구나. 그런 경우에는 네가 아주 주의 깊게 너의 감각지각을 총동원했다고 해도 분명히 큰 도움이 되진 않았겠구나. 하지만 대부분의 경우에는 그렇게 하는 것이 유익하단다. 왜냐하면 마음챙김의 상태에서 우리는 생활에서 벌어지는 일들을 더 잘 즐길 수 있고, 촉각, 색채, 소리, 그리고 냄새를 한층 더 강렬하게 체험할 수 있단다. 마음챙김을 훈련하는 사람들은 이미 알고 있었던 것들에서도 항상 새삼스러운 기쁨을 느끼게 된단다. 그리고 이 과정에서 일상적인 것을 더 자세히 관찰해보면 그것이 전혀 일상적이지 않다는 사실을 확인하게 되지. 마음챙김은 우리가 전부터 잘 알고 있던 것에서도 새로운 자극을 발견하는 방법을 알려주는가 하면,

끊임없이 새롭고 강렬한 흥분제를 찾아야 한다는 강박관념에서 우리를 해방시켜 주는 방법도 가르쳐준다.

그렇군요. 알 것 같아요. 이 쾌락주의도 제가 이해하기에 그렇게 큰 문제가 되진 않는 것 같아요. 두 번째 행복전략에 대해 얘기하는 게 어떻겠어요? 그게 무엇이라고 했지요, 다시 한번 말씀해주실 수 있어요?

자아실현. 다시 말해, 우리가 종전에 가지고 있었던 능력을 최상의 상태로 실현하려는 노력이지.

그러면 그러한 노력이 우리를 행복하게 만든다는 것인가요?

그렇단다. 심지어 우리가 어떤 목적을 달성하기 위해 열심히 노력해야 한다는 사실은 행복감을 느끼기 위한 아주 중요한 전제가 되지. 피곤에 지치고 반쯤 동상이 걸린 손가락으로 정상에 오른 등반가는, 작렬하는 태양 아래 수영장에서 칵테일 잔을 들고 있는 패키지 여행객보다 일반적으로 더 행복하지.

그거 '소파에서 빈둥대는 전문가'인 제 경험으로 볼 때, 사실 전혀 맞는 얘기라고 할 수 없어요! 어째서 힘들게 수고하는 것이 하는 일 없이 편안하게 시간을 보내는 것보다 더 좋다는 것이죠?

'활동적인 것'은 진화의 과정 속에서 선택유리와 연관되어 있기 때문이지. 무리에 있는 다른 사람들은 물소를 쓰러트려 해치운다던가, 나무열매를 채취한다던가, 서열을 정하려고 서로 경쟁하는데, 이것을 그저 관심없이 쳐다보기만 하는 사람은 매력적이지 않다고 간주되어 자신의 유전자를 널리 퍼트릴 수 없단다. 또한 이런 식으로 우리의 몸 안에서는 성공에 대한 보상제도가 발달되었단다. 즉, 우리가 자신에게 의미 있는 무엇인가를 성취하면, 우리 몸에서는 여러 가지 활성물질이 마구 흘러나오게 된단다. 이렇게 유발된 행복감은 사람들로 하여금 자신의 잠재력을 넘어서게 하고, 작업능력을 한계치까지 끌어올리게 하는 동기를 부여한단다.

솔직히 말씀드려서 증명하기는 좀 어렵겠지만, 걷거나 산을 오를 때 행복감이 생긴다는 것에 대해 들은 적이 있어요. 하지만 그런 방법으로 자신을 실현할 수 있는 다른 분야도 분명히 또 있겠죠. 그렇죠?

걱정 마라. 자신이 품었던 목표를 달성하면 발산되는 이 행복감을 만끽하기 위해 반드시 스프츠 분야에서만 최고의 성적을 낼 필요는 없단다. 네가 운전면허시험에 합격했을 때 얼마나 행복했었는지 네 자신도 얘기했잖니. 예를 들면, 네가 처음으로 어려운 피아노곡을 실수 없이 연주했을 때라던가, 오랫동안 끙끙대며 씨름해왔던 어려운 시험문제를 풀었을 때 이와 비슷한 경험을 할 수 있을지도 모르지. 성공을 맛볼 수 있는 곳이라면, 결국 어떤 분야든 상관없단다. 단지 중요한 것은 그 과제가 너무 어렵지도 않고 너무 쉽지도 않을 정도로 우리의 능력범위에 맞아야 한다는 것이지.

그런 일은 항상 경험하잖아요. 저와 게임을 하는 상대방이 너무 약해서 이길 것이 분명하다면, 이겨도 그렇게 큰 재미를 못 느껴요. 게임 전에 상대방보다 내가 더 못한다는 생각이 들었지만, 그럼에도 불구하고 이겼을 때 그 기분이 최고죠! 그렇게 승리를 따내면 엄청난 희열을 느끼게 되죠.

그렇지. 예전에 축구 월드컵에서도 경험했잖니. 독일 선수들이 어리고 경험이 부족했기 때문에 사람들은 그렇게 큰 기대를 하지 않았지. 하지만 그 팀이 정말 훌륭하게 경기를 했을 때 사람들이 열광했잖니.

그러면 이러한 예로 볼 때, 사실 강렬한 행복감을 느끼기 위해 꼭 자기 자신이 활동적일 필요는 없는 것이네요. 팬들은 어쨌거나 자기 자신이 수고

할 필요가 없었잖아요. 운동장에서 경기를 한 것은 선수들이었으니까요. 팬들은 '대중시청'이 가능한 곳에서 쉬면서 오직 행복감만을 만끽하려는 것뿐이죠.

맞는 이야기구나. 우리 인간은 타인과 느낌을 공유할 수 있는 존재이기 때문에, 어떤 의미에서는 다른 사람들의 수고와 행복감을 '빌린다'고 할 수 있겠지. 우리가 남녀 주인공과 우리 자신을 동일시하면서 영화를 볼 때도 그와 똑같은 상황이 일어나지. 우리 자신이 마피아를 제압하는 것은 아니지만, 그리고 우리 자신이 낭만적이고 뜨거운 사랑의 우여곡절을 겪는 것은 아니지만, 마치 우리가 그런 것처럼 느끼는 것이지. 하지만 이럴 때 느끼는 행복감의 효과는 '얼마 안 된다'라고 강조하고 싶구나. 그 이유는 이렇게 간접적으로 느끼는 기분은 자신이 실제로 어떤 상황을 체험했을 때 느끼는 기분보다 절대 강렬하지 않기 때문이지.

당연해요! 다른 사람이 번지점프를 하면서 바닥을 향해 떨어지는 것을 구경하는 사람이 느끼는 기분은 진짜 뛰어내린 사람의 기분과는 비교가 안 되죠!

당연히 비교가 안 되지. 덧붙이자면 우리 사회에서 벌어지고 있는 바로 이런 현상들이 심각한 문제를 일으키고 있단다! 우리는 자칫하면 경솔해지는 수동적인 소비자의 역할을 맡고 있는 시대에 살고 있단다. 스스로 노력하지 않아도, 자기 집같이 편한 소파에서 가상으로 꾸며진 체험을 편안하게 할 수 있다는 것은 실로 매력적인 일이지. 우리는 스스로 애써가며 적극적으로 움직여 몇 번의 실패를 겪다가 성공을 하는 것이 아니라 단지 타인들의 기분을 빌리고 있는 것 뿐이란다. 그러나 이러한 '간접행복'은 단지 진정한 행복의 편협한 모방에 불과하단다! 내 생각에는 바로 이런 현상이 최근 몇 년 동안 우울증 질환이 크게 증가한 원인인 것 같구나. 우리는 우리의 내면에 놓여있는 생물학적 보상심리를 위축시키고 있기 때문에, 스스로 활동적이 되려고 노력하는 것에 대해서는 생각조차 하지 않으려는 것이지.

아빠는 설마 우리가 영화라든가 텔레비전 방송을 더는 보지 말아야 한다고 주장하는 것은 아니겠죠. 그렇죠?

아니지. 당연히 아니지. 성공적인 삶을 살아가려면 단순하게 수동적인 일에만 끊임없이 노출시키는 것만으로는 충분치 않다는 것을 말하려는 것뿐이란다. 자기 앞에 놓인 것만을 위해 시간을 소비하고 다른 것은 하지 않는 사람은 행복해질 기회가 한층 줄어든다는 것이지. 진정한 행복감을 느끼려면 과감한 노력을 아끼지 말고 스스로 적극적이 되어야만 해. 작가 에리히 캐스트너(Erich Kästner)의 '실행하는 것 외에는 좋은 것이 없다!' 라는 유명한 문장은 행복을 찾으려는 각자의 노력에도 딱 들어맞는 문장이지.

좋아요. 저도 앞으로는 소파 위에서만 빈둥대는 대신에 좀 더 적극적이 되려고 노력하겠어요……. 그러면 이제 마지막으로 세 번째 행복전략 얘기를 해보죠. 제가 아직 제대로 이해했는지 모르겠지만 그 세 번째 전략은 '보다 큰일에 공헌하기' 라고 하셨죠. 맞죠?

'보다 큰일' 에 자신의 삶을 바쳐 봉사하는 사람은 자신의 이익과 타인의 이익 사이에 맥락을 형성하면서 자신의 삶에 한결 범위가 넓은 의미를 부여한단다. 예를 들자면, 만일 네가 자연보호를 위해, 동물의 권리를 위해, 공정한 세계경제를 위해, 혹은 노숙자를 위한 더 나은 복지제공을 위한 운동에 같이 참여하면, 그 삶은 네 자신에게만 의미가 있는 생활이 아니고 타인에게도 의미가 있는 삶이지. 사회적인 운동이나 생태계를 위한 운동에 참여하는 많은 사람들의 보고에 따르면, 이렇게 자신의 이익을 넘어 확장된 삶의 의미는 행복감을 더욱 강렬하게 느끼게 하는 원천이라고 하지. 한 번은 17세의 고등학생이 수능 작문시험에서 '직업 선택을 앞둔 한 젊은이의 성찰'이라는 주제에 대해 감정적으로는 상당히 격했지만 아주 대단한 글을 쓴 적이 있단다.

세상에나. 아주 끔찍한 수능 작문 주제였네요!

진짜 그랬지. 다행스럽게도 이 학생은 이 주제에 대해 전혀 신경 쓰지 않고 오히려 일반적인 문제를 다루었단다. 이 작문이 선생의 마음에 들지는 않았지만 오늘날 우리에게는 더욱 더 흥미로운 작문이 되어버렸단다. 그 이유는 이 젊은이가 자신의 작문의 끝에 삶을 '보다 큰 일'에 공헌하는 것이 아주 현명한 일이라고 설명했기 때문이지. 그는 다음과 같이 썼단다. '우리들은 다수의 사람들을 행복하게 만들어 주는 사람을 가장 행복한 사람이라고 칭찬한다. 만일 우리가 인류를 위해 우리 삶의 대부분을 바치며 일할 수 있는 직업을 선택한다면, 어떠한 시련도 우리를 굴복시킬 수 없을 것이다. 그 시련이라는 것은 고작 타인을 위해 기꺼이 바치는 희생의 시련일 테니까. 이와 더불어 우리는 자신만의 사소하고 편협하며 이기적인 기쁨을 체험하는 것이 아니라, 많은 사람들과 함께 즐기는 행복을 체험하게 될 것이다. 또한 비록 우리가 했던 일이 세상에서 큰 목소리를 내지 못한다 해도, 그 봉사의 정신은 여전히 살아남아 영원히 영향을 미칠 것이며 고귀한 사람들의 뜨거운 눈물이 우리의 유골을 적실 것이다.'

우와, 그런데 17살짜리가 한 말 치고는 대단한 말이네요! 아빠가 하신 말은 아니겠죠?!

내가 했다고 생각해? 아니. 나는 17살 때는 그렇게 노골적이지 못했단다. 이 문장을 쓴 학생의 이름은 카를 마르크스였고 나중에 '과학적 사회주의'의 창시자로 역사에 남게 되었단다. 재미있는 사실은 마르크스가 수능 작문시험에서 이미 자신의 삶의 목표를 어느 정도 표현하고 있다는 점이란다. 그 이유는 자신의 삶을 '보다 큰일'에 공헌하려는 신념 즉, '노동자 계급의 해방', 다시 말해 인류 전체를 '자본의 횡포'로부터 해방시키려는 그 신념이 나중에 자신의 삶에 닥친 시련을 극복하는 데 실제로 큰 도움을 주었기 때문이지. 심지어 극심하게 가난했던 때에도 마르크스는 자신이 믿고 있는 삶의 의미를 의심해본 적이 없었단다. 그 이유는 '사회주의'에 대한 자신의 헌신이 자신뿐만 아니라 수많은 다른 사람들을 위해서 가치 있는 헌신이라고 굳게 믿었기 때문이지. 그는 1883년에 숨을 거두었을 때, 고등학교 시절에 꿈꾸었던 대로 그가 한 일이 '큰 목소리를 내지 못하지만 살아남아 영원한 영향을 끼치며' 살아남을 것을 알았기 때문에 헛되게 살아오지 않았음을 굳게 확신했단다.

피이-. 하지만 결국 그의 '사회주의'는 멋들어지게 성공하지 못했잖아요…….

맞다. 사회주의는 마르크스가 기대한 것과는 다른 방향으로 흘러갔지. 하지만 그것은 별개의 화두에 속한단다. 그 이유는 자신의 주관적인 이익을 초월하는 일에 자신의 삶을 헌신할 때, 우리는 각자 자신의 장점을 끌어낼 수 있다는 것을 보여주기 위해 마르크스라는 본보기를 선택했을 뿐이기 때문이란다. 마찬가지로 나는 마하트마 간디(Mahatma Gandhi)나 마틴 루터 킹(Martin Luther King)의 본보기, 혹은 개발도상국을 위한 원조 분야에서 활동했던 사람들을 그 예로 들 수도 있었겠지.

음……. 마찬가지로 끔찍했던 경우를 예로 들 수도 있었을 테지요. 히틀러와 스탈린도 자신들이 '보다 큰일'에 공헌하고 있다고 믿지 않았던가요?

그것에 대해 좀 더 얘기하는 게 좋겠구나. 물론 네 말이 옳다. '보다 큰일에 공헌하기'와 관련해서 큰 문젯거리가 생길 수도 있지. 즉, 사람들이 헌신하려는 '보다 큰일'이란 노숙자나 경제적으로 어려운 가족을 지원하거나, 암을 앓고 있는 아이들에게 웃음을 준다거나, 교육개선지원사업을 위해, 공정한 세계경제운동을 위해, 혹은 자연보호 운동을 위해 자신을 헌신하는 일들을 포함할 수 있지. 이것은 물론 국수주의적이라거나 종교적인 망상적 관념의 출현을 돕는 역할을 할 수도 있음을 뜻해. 우리에게는 불쾌한 일일 수도 있겠지. 하지만 현실적으로 해석해보면, 히틀러, 스탈린, 혹은 월드 트레이드 센터의 쌍둥이 건물을 향해 납치한 비행기를 충돌시킨 9·11 테러 암살범들도 역시, 내키지는 않지만 어쩔 수 없이 자신들 나름대로 '의미 있는 삶'을 살았다고 생각할 수밖에 없단다. 비록 이들이 생각한 '의미'가 우리의 관점에서 볼 때는 인간을 혐오하는 망상관념이라고 할지라도 말이지.

알겠어요. 이 '무의미한 의미'에 대해서는 이미 앞에서 우리가 얘기한 적 있어요…….

유감스럽게도 어떤 행복은 다른 사람들을 불행하게 하기도 하고, 어떤 의미는 자세히 관찰해보면 엄청나게 불합리한 무의미일 뿐이기도 하지. 하지만 그렇다고 해도 그렇게 놀랄 필요는 없단다. 왜냐하면 만일 행복과 의미실현이 타인을 사랑하고 사물을 제대로 분별하고 판단하는 것과 같은 실로 긍정적인 일과 결합되어 있었다면 인류 역사는 분명히 현재와는 다르게 흘러왔을 거야. 다시 말해, 사람들이 삶을 존중하고 이 세계가 가지고 있는 진정한 맥락에 대해 통찰하고 존중한다면 그랬을 거란 이야기지.

좋아요. 그러면 이제 성공으로 이끄는 세 가지의 행복전략 이야기는 끝이 난 것 같네요. 그렇죠?

그래. 적어도 중요한 것은 대강 훑어본 셈이지.

다시 말하면, 첫째, 감각을 총동원해 삶을 느끼며 즐기고, 둘째, 활발하게 활동하면서 자아를 실현하고, 셋째, 보다 큰일에 자신의 삶을 공헌하기에 유념하면 할수록 나는 더욱 행복해질 것이다. 맞죠?

당연하지, 적어도 이 전략을 통해 너는 성공적이고 행복한 삶을 살 수 있는 기회를 더 많이 가질 수 있을 거야. 하지만 너의 행복을 실현하기 위해서는 너 자신만 중요한 것이 아니란다! 이에 대해서는 이미 예전에 존 레논(John Lennon)이 자신의 마지막 스튜디오 앨범인 '더블 판타지(Double Fantasy)'에 실려 있는 노래 속에서 아주 멋있게 언급한 바 있단다. '인생이란 네가 다른 계획을 세우느라 바쁜 동안에 너에게 일어나는 것이다.'

와―, 아주 재치 있는 말이네요!

그래, 맞다. '더블 판타지'를 계기로 그는 다시 가요계에 손을 대려고 했고 아주 잘 될 거라고 생각했지. 하지만 이 앨범이 세상에 나온 지 3주 뒤 그는 뉴욕에서 정신분열증을 앓고 있던 팬의 총에 맞아 사망하고 말았지.

다시 말해, 우리가 계획하는 일이 성공할지 안 할지는 우리 손에만 달린 것이 아니다……

그렇단다. 우리 인간은 온갖 종류의 우연에 얽혀 있단다. 우리가 만나는 사람, 혹은 만나지 못하는 사람과 얽혀 있고, 우리에게 닥치는 사회적이고 경제적인 환경조건 등등과도 얽혀 있단다. 어떤 사회, 어떤 가정에 태어나느냐에 따라 사람들의 운명이 좌우된다는 사실을 한번 생각해보렴.

당연하죠. 지독한 가난이나 폭력적인 가정과 같은 아주 열악한 환경에서 자라는 사람은 행복하게 살 수 있는 기회가 그렇게 많지 않겠지요.

유감스럽지만 그것이 사실이지. 그리고 이러한 외부적 요인 한 가지만으로 우리의 행복이 결정되는 것은 절대 아니란다. 우리 인간은 태어날 때부터 각자 아주 다른 생물학적 조건을 가지고 인생을 시작한단다. 어떤 사람들은 대단한 재능을 가졌다거나, 아름답다거나, 머리가 좋다거나, 호감이 가거나 하는 성격을 가지고 태어나지만, 다른 사람들은 그렇지 못하지. 그 이유는 대부분의 유전정보가 우연히 그런 식으로 배열되었기 때문이란다. 어떤 유전정보는 우리 인간이 어떻게 해볼 수 없을 정도로 고정된 상태로 배열되어 있기도 하지. 어떤 사람들에게는 인생에서 실패할 확률을 높이는 유전정보가 아주 잘 숨겨져 있는 반면에, 암울한 생물학적 유전정보 배치로 인해 시련을 겪게 되어 있는 다른 사람들은 아주 작은 실패에도 깊은 충격을 받아 다시 삶을 추스를 힘을 모두 잃어버리기도 한단다. 내가 말하고자 하는 것은 누군가가 행복해질 수 있으려면 이미 태어날 때 몇 가지의 행운을 가지고 태어나야 한다는 것이지!

다시 말해, 삶은 일종의 '운에 맡기는 게임'이라는 말이죠? 그렇다면 그것은 아주 불공평한 삶이네요!

그렇단다. 나도 그런 게 아니길 바라지만 어떨 수 없이 그런 것을 어떻게 하겠니. 삶은 불공평해! 이 사실에는 의심의 여지가 추호도 없지! 문제는 우리가 어떻게 절망하지 않고 이러한 사실을 떠안고 가느냐 하는 것이지…….

'그의 삶은 고통과 권태 사이를 왔다갔다 하는 시계추의 운동과 다를 바 없다. 다시 한번 강조하지만, 그의 삶의 마지막 구성요소는 고통과 권태 이 두 가지 뿐이다.'

인간의 삶에 대해 이토록 신랄한 문장을 쓴 사람은, 철학사에서 가장 천재적이었던 '염세주의자' 아르투르 쇼펜하우어(Arthur Schopenhauer, 1788-1860)였다. 쇼펜하우어에게 삶이란 무엇보다도 '고통'으로 이루어진 것이었기에 행복은 일종의 공허한 환상에 지나지 않았다. 일시적으로 고통과 궁핍에서 자유로워질 수는 있으나 그 자유는 오래 가지 못한다. 그 이유는 얼마 안 가 새로운 궁핍이나 (새로운 걱정거리가 안 생기는 경우에) 지긋지긋한 권태감이 다시 나타나기 때문이다. 이런 이유 때문에 인간의 생활사는 일종의 고통의 역사 즉, '끊임없이 이어지는 크고 작은 사건'에 불과하다.

쇼펜하우어는 사물에 대한 자신의 부정적 시각을 항상 암울한 어조로 강렬하게 표현했다. 그 이전의 다른 철학자들 중 누구도 인간 존재의 권태에 대해서 이렇게 말로 표현할 엄두를 내지 못했다. 정말 대단한 대표작품인 『의지와 표상으로서의 세계』에서 그는 다음과 같이 말하고 있다. '겉으로 보이는 행동을 관찰해보면, 거의 모든 사람들은 지극히 보잘것없고 무의미한 생활을 하고 있다. 또한 그들의 마음속을 들여다보아도, 대다수 사람들은 이루 말할 수 없이 따분하고 무감각하게 느끼는 생활을 속절없이 보내고 있다. 피곤에 지쳐 무엇인가를 갈망하고 상심하면서 인생의 사계절을 거쳐 꿈꾸듯 비틀거리며 죽음을 향해가고 있다. 하염없이 보잘것없는 생각들을 품고 말이다. 정말 믿을 수

없는 일이다.'

세상이 온통 끊으려야 끊을 수 없는 고통으로만 가득 차 있다는 쇼펜하우어의 한탄은 젊은 시절 고대 인도철학을 접하면서 영향을 받은 것이다. 이미 우리에게는 부처(Buddha, 추측상 그는 기원전 5세기경에 생존했다)로 더 잘 알려진 싯다르타 고타마(Siddhartha Gautama)는 우리의 삶을 고통과 동일시했고 '고통으로 가득 찬 재생의 윤회'를 피해 갈 가능성을 찾고자 노력했다.

쇼펜하우어와 싯다르타처럼 정신분석학의 창시자인 지그문트 프로이트(Sigmund Freud, 1856-1939) 역시 인간의 행복에 대해 극도로 염세적이었다. 앞선 대화중에 인용했던 저서 『문명 속의 불만』에서 프로이트는 "세상을 '창조'하려 계획할 때, 하나님은 원래 인간을 행복하게 만들려는 의도가 없었다."라고 이야기했다. 문명이 발전해가면서 인간의 생활은 한층 더 안전해졌는지 몰라도, 그 대가로 질적 행복감을 많이 상실했다. 그 이유는 '자아로부터 길들여지지 못한 거친 본능적 충동을 만족시킬 때 생기는 행복감은, 길들여진 본능을 만족시킬 때 생기는 행복감보다 더욱 강렬하기' 때문이라고 했다.

오스트리아의 심리학자 파울 바츨라비크(Paul Watzlawick, 1921-2007)의 작품 『불행의 추구』는 처음 볼 때는 얼핏 염세주의적으로 보인다. 그는 이 베스트셀러에서 어떻게 하면 사람들이 자신의 삶을 참을 수 없을 만큼 역겹게 만들 수 있는지에 대해 일련의 유용한 힌트를 주고 있다. 심리학을 활용한 책들 중 바츨라비크의 행복상담을 패러디한 책들만큼 우리를 웃게 만드는 책은 아마 없을 것이다. 왜냐하면 우리 스스로 자신의 삶을 힘들게 만드는 그 교묘한 전략은 그야말로 희비극적인 곡조를 띠고 있기 때문이며, 바츨라비크 외에는 이러한 곡조로 우리의 심금을 울리면서 가슴을 찡하게 할 수 있는 사람은 아무도 없기 때문이다.

의심할 바 없이 바츨라비크의 책 『불행의 추구』에는 심리치료적인 효과(불행전략들을 한번 자세히 읽은 사람은 결코 그렇게 쉽게 그러한 전략의 함정에 빠지는 일이 없을 테니)가 있는 반면에, 쇼펜하우어의 작품을 읽으면 음울하게 비쳐지는 인간을 떠올리게 될 것이다. 그러나 그의 작품들도 아주 유머러스한 면을 가지고 있다. 우리가 앞에서 이미 살펴보았듯이 유머란 그럼에도 불구하고 웃는 것이기 때문이다. 다시 말해, 아르투르 쇼펜하우어를 한편으로는 '철학적 염세주의'의 위대한 문장가라고, 또 다른 한편으로는 '냉소적이고 섬뜩한 유머'의 대가라고 해석할 수 있을 것이다. 그렇다, 정말 우리는 심지어 이렇게 개선의 여지가 없는 괴팍한 사람도 때로는 짓궂은 미소를 지을 것이라는 것을 추측할 수 있을 것이다. 절망스런 인간존재에 대한 아주 충격적인 문장을 성공적으로 표현하는 바로 그 행복한 순간에······.

우리가 이룬 업적은 자랑할 만한 것일까?

아빠는 방금 현재의 우리와, 우리가 달성하는 일이 사실상 우연 덕분이라고 말하셨어요. 그렇다면 도대체 우리는 우리 자신이 이룬 업적을 자랑해도 되는 것인가요?

글쎄, 알다시피 자부심(Stolz, pride)으로 가슴이 벅차올라 세계를 활보하는 사람들을 많이 봐와서, 물론 그래도 될 수도 있겠지만, 그래도 두 가지 이유 때문에 그래서는 안 된다는 것이 내 생각이다. 첫째, 자부심이라는 것은 현실을 잘못 해석한 결과에서 비롯된 것이고, 둘째, 그 자부심이 우리가 행복하게 될 기회를 가로막기 때문이지.

좀 더 설명해주셔야 할 것 같은데요.

우선 '자부심'이 무슨 의미를 가지고 있는지 살펴보자. 누군가가 현재의 자신에 대해, 혹은 자신이 이룩한 일에 대해 자부심을 느낀다는 것은, 그것은 무엇인가 긍정적인, 다시 말해, 커다란 내적 만족의 표현이겠지. 하지만 자부심은 그 이상의 의미를 가지고 있단다. 자부심이라는 것은 그러한 내적표현 외에도 이 만족의 원인을 특별하게 해석하는 데서 비롯되기 때문이지. 이 해석은, 우리가 만족한 것은 우리 자신(우리 자신을 제외한 어떤 다른 힘이 아니고!) 때문이라고 자신에게 가치를 부여하는 해석이지. 그러나 이러한 해석은 잘못된 것이란다. 왜냐하면 우리를 뛰어나게 하는 모든 특성은 자신 때문이 아니라, 수도 없이 많은 원인들이 서로 연관된 결과이기 때문이란다. 또한 우리가 자랑스러운 자신이 되기 전에 이미 그러한 특성들의 일부는 나타나 있단다.

예를 들어 설명해주시겠어요? 아빠가 무엇을 얘기하시려는지 지금 감을 못 잡겠어요……

'아름다움'이라는 말을 한번 예로 들어보자. 수많은 사람들이 '아름다움(Schönheit, beauty)'에 관한 한 자신이 다른 사람들보다 잘 생겼다고 자만하면서 자신의 용모에 자부심을 느끼지. 사람들이 자신의 용모에 만족한다면 그것으로 당연히 좋은 것이지만, 그렇다고 '자부심'을 가질 이유는 절대 없다는 것이지! 왜냐하면 아름다움 이라는 것은 '자랑스러운 자아'가 전혀 존재하지도 않았던 시점에, 한 마리의 정자가 하나의 난세포와 결합되면서 단순히 유전적 성향의 우연한 결합으로 생긴 산물일 뿐이기 때문이란다. 우연히 다른 정충이 더 빨랐다면, 눈부시게 빛나는 미의 여왕 대신에 어쩌면 완전히 불균형한 얼굴을 갖게 되어서 아무도 매력적이라고 생각하지 않을지도 모르지. 달리 말하면, 사람들이 태어날 때 어떤 유전정보들을 서로 결합시킬지 아무도 관여할 수 없기 때문에, 자신의 아름다움에 자부심을 느낀다는 것은 아주 우스운 일이지.

좋아요. 자신의 용모에 자만심을 갖는 것은 바보 같은 짓이라는 것은 맞는 말 같아요. 그러나 다른 일에서는 꼭 그렇지만은 않지요? 예를 들어,제가 수학공부를 열심히 해서 좋은 성적을 받았다면, 이것은 자부심을 가질 만한 충분한 이유가 될 수 있잖아요. 그렇지 않아요?

물론 네 자신과 그 좋은 결과에 대해 만족할 만한 충분한 이유가 있지. 하지만 '자부심'이라고? 지적인 일을 할 수 있는 능력 또한 대부분 난세포와 정자가 결합할 때 유전형질이 우연히 섞이는 현상에 좌우된단다! 다소 어려운 수학문제를 풀 때, 복잡한 수학적 지능을 부여받지 못했기 때문에 아무리 애를 써도 결코 이해할 수 없는 사람들이 많은가 하면, 유전적으로 재능을 부여받았기 때문에 복잡한 방정식을 푸는 것이 누워서 떡먹기인 사람들도 있단다. 그런데 어떻게 그 유전자 때문에 '자부심'을 느낄 수 있다는 걸까? 수학적 재능을 위한 필요조건이 부여될 때, 자신들의 '자아'는 아직 없었잖아!

알았어요. 하지만 제가 아무 이유도 없이 수학문제를 예로 든 게 아니에요! 아시다시피 저는 수학도사하고는 거리가 멀잖아요. 제가 좋은 성적을 받으려면 아주 애를 먹어야 하잖아요. 어쩌다 좋은 성적을 받았는데 어째서 자부심을 느끼면 안 된다는 것이죠? 따지고 보면 제가 좋은 성적을 받은 것은 똑똑한 유전자 때문이 아니고 제 자신의 노력 덕분일 수도 있잖아요.

글쎄다. 유전자는 지능뿐만 아니라 학습의욕을 갖게 하는 것에도 결정적인 영향을 미치고 있단다. 어떤 사람들은 벌써 어렸을 때부터 야망을 갖는가 하면, 어떤 사람들은 그러한 일에 무덤덤하지. 그러나 사람이 살아가면서 마주치는 환경도 유전형질 못지않게 커다란 의미를 가지고 있기 때문에, 나는 결코 유전적인 환경에만 모든 책임을 지우고 싶지는 않구나! 만일 어떤 사람이 노력할 가치가 있다는 경험을 하게 되면 앞으로 노력하려는 의욕을 점점 많이 보여주기 때문이란다. 마치 항상 좌절을 경험해도 좋다는 각오를 가지고 있는 듯 말이다. 다시 말해, 노력해도 전혀 보상받을 수 없다는 것을 처음부터 알고 있었지만 전혀 상관하지 않는 것처럼 말이지.

제가 지금 열심히 공부를 해야 할지, 아니면 파티에 가야할지에 대한 결정은 제 유전자와 학습경험이 내릴 사항이라고 말하려는 것이죠? 그렇다면 도대체 제 자신의 '자유의지'는 어디에 있는 것이죠? 따지고 보면 제가 이 결정을 저 스스로 해야 하는, 뭐 그런 거잖아요? 그렇지 않나요?

'자유의지(Freier Wille, free will)'가 무엇을 의미하는지 알고 하는 말이니?

우와, 그거 어렵겠네요! 뭐라고 설명해야 할지 잘 모르겠어요…….

알겠다. 그러면 너는 혹시 '자유의지'로서 자격을 갖추려면 그 의지가 무엇으로부터 자유로워져야하는지 말해볼 수 있겠니?

의지가 무엇으로부터 자유로워질 수 있나? 뭐, 그 자유의지를 결정하는 어떤 원인이 있겠죠.

우리가 알다시피, 우주의 모든 현상은 실로 자연적 원인에서 비롯된단다. 우리가 우주에서 자연적인 원인 없이도 작용하는 현상을 관찰했다고 한번 가정해보자. 우리는 이 현상을 '정상적인 일'로 발생된 것이 아닌 것 즉, '기적'이라고 부르겠지. 그러나 그런 기적은 이 우주에 있을 수가 없단다! 이런 점에서 '자유의지'에 대한 너의 정의는 바꿔 말하면 뭔가 좀 '엉뚱'하지. 그런데도 정말 너는 모든 '자유로운 결정'이 '설명할 수 없는 기적' 즉, '자연적 원인이 없는 결과'라고 주장하고 싶은 거니?

아니요. 그런 식으로 다시 한번 깊이 생각해보니 '자유의지'에 대한 제 생각을 당연히 좀 바꿔야겠네요. 음… 이거 어떻게 생각하세요, 아빠? 만약 오로지 자기 자신에 의해 결정된 의지는 '자유'로운 것이다.

좋은 말인 것 같기는 하구나. 하지만 그 정의도 또 다른 문제를 제기하고 있지. 즉, 우리에게는 다음과 같은 의문이 또 생길 수밖에 없단다. '자기 자신'을 결정하는 것은 무엇이지? 혹은 이 '자신'은 자연의 원인과 동떨어져 존재하는 '설명할 수 없는 기적'일까?

아니에요. 제 생각에, 아빠는 분명히 우리 자신은 유전적 요인과 학습경험의 산물이라고 말하려고 하는 것이죠. 그렇지 않아요?

맞다. 유전적 요인과 학습경험이 없으면 자신도 없기 때문이지! 심지어는 자신이라는 것이 정말 있기나 한 걸까 하는 의문도 생기지. 우리가 어떤 사물이 존재하고 있다고 확신하기 때문에 그 사물들이 있는 것처럼 말이지.

도대체 무슨 뜻이에요?

'자신'이라는 것은 예를 들어, 손이나 발처럼 어디엔가 정확한 위치가 정해져 있는 것이 아니잖아. 그 '자신'이라는 것은 이 세계 안에 존재하는 것이 아니고 단지 우리 의식의 가상적 우주 속에 존재할 뿐이지! 물론 생활을 하는 과정에서 '우리 자신'이 결정을 내리고 있으니 우리 자신이 우리의 뇌를 마음대로 사용할 수 있다는 느낌을 받을 수 있겠지만, 사실은 이와 정반대란다. 자신이라는 것은 우리가 세상에서 제대로 살아나갈 수 있도록 뇌가 만들어 낸 구조물 즉, 조작물(Simulation)이란다. 엄밀한 의미에서 자신이라는 것은 전혀 존재하지 않는 것이지. 우리가 '나'라고 부르는 것을 잘 관찰해보면, 머릿속에 있는 양배추 모양의 기관이 연출하는 가상의 연극작품 속의 가상의 인물에 지나지 않는단다.

아니, 아빠 정말 이러기에요? 이제 더 이상 이해가 안 되잖아요! 실제로는 '제'가 전혀 존재하지 않는다니, 어떻게 그런 말을 할 수 있는 거죠? 무엇인가가 있고 제가 그것에 대해 확신하고 있다면, 그렇다면 이때의 나는

'나'이고 내 자신의 확신이잖아요. 제 머리 속에 있는 이 이상한 기관이 그럴 수는 없잖아요!

네가 이 관념에 대해 어렵게 생각하는 것도 무리가 아니라는 것을 이해한다. 확신하건데 분명히 너만 그런 것이 아니라 다른 많은 사람들도 이 문제를 어려워하고 있단다! 이 복잡하고 골치 아픈 미스터리 '자아—의식'의 근본적인 문제는, 뇌가 아주 그럴듯한 내적현실(內的現實, internal reality)을 만들어내기 때문에 우리가 그것이 조작물이라는 것을 인식할 수 없다는 것이란다. 우리가 인식할 수 없는 이유는 우리 자신도 이러한 조작물의 일부분을 이루고 있기 때문이지.

에이~. 우리가 이 조작물을 조작물이라고 전혀 알아챌 수 없는데, 이러한 현상에 조작물이 관여되어 있다는 것을 어떻게 알 수 있다는 것이죠?

뇌의 활동을 외부에서 관찰해보면 알 수 있지. 우리가 뇌의 기능을 전부 이해하려면 아직 멀었지만, 그래도 지난 몇 십 년 동안 이루어진 연구에서 커다란 성과를 올렸단다. 오늘날 이러한 연구 덕분에 자아는 뇌의 활동 과정에서 만들어지고 움직여진다는 사실에 대해 더 이상 의심할 여지가 없게 되었단다. 우리 자신을 인간이라고 구별하는 것, 우리가 생각하는 것, 우리가 느끼는 것은 이 두개골 아래에서 일어나고 있는 신경세포의 활동이 결정하는 것이란다. 두뇌가 이 작업을 어떻게 하는지 우리가 관찰해볼 기회가 없기 때문에 이러한 신경세포의 활동을 인식할 수는 없단다. 이에 관해 그 동안 흥미로운 연구결과들이 아주 많이 나왔단다. 그중에서도 안토니오 다마지오(Antonio Damasio)는 자신이 쓴 『스피노자의 뇌』라는 책에서 '심하게 웃어대는 K부인'이라는 환자의 경우를 소개하고 있는데 얼마나 인상적인지 아직도 생각이 나는구나. 전에 내가 얘기한 적 있니?

제 기억에는 언젠가 '심하게 줄어드는 K부인'이라는 영화를 같이 본 적은 있는 것 같아요. 하지만 '심하게 웃어대는 K부인'에 대해서는 한번도 들어본 적이 없어요…….

이 '심하게 웃어대는 K부인'은 공상과학과 관련된 것이 아니고 신경 임상치료 중에 실제로 있었던 환자의 사례에 관한 것이란다. 이 K라는 부인은 몇 년 전부터 신경학적인 문제로 치료를 받고 있었단다. 그녀를 치료할 수 있는 방법을 알아내기 위해 의사들이 그녀의 왼쪽 전두엽의 어떤 부분을 미세한 전류로 자극했단다. 그러자 K부인이 갑자기 어찌나 큰 소리로 깔깔대며 웃어대는지 의사들도 이 웃음에 그만 전염되어버렸단다. 의사들이 뇌에 대한 자극을 멈추자 그 웃음도 그쳤지. 또다시 전기자극을 가하니까 K부인은 다시 무릎을 치면서 깔깔대더라는 거야.

별난 일이네요!

진짜 재미있는 것은 지금부터란다. 뇌에 가한 전기자극 때문에 웃음이 발생되었다는 사실이 분명한데도, K부인은 자기가 왜 그렇게 큰 소리로 아주 유쾌하게 웃었는지 아주 엉뚱한 이유를 말하더라는 것이지. 그녀는 뇌에 자극이 가해지는 순간 자신도 모르게 자신이 집중하고 있던 것이 너무나 웃기게 생각되었단다. 전기자극을 가하면서 말 그림을 보여주자 그녀는 이번에는 말 때문에 웃었지. 의사들을 보니까, 아무 이유 없이 유쾌함이 솟아 나오는 것을 참을 수 없었다고도 했단다. 왜 그렇게 배꼽을 잡으며 웃어댔느냐는 의사의 질문에 그녀는 다음과 같이 대답했단다.

'아이고, 세상에나, 당신들 정말 너무 웃겼어요……. 여기저기 서 있는 꼴들을 보니까 말이죠.'

말도 안 되는 소리에요! 의사들이 자신의 뇌의 이곳저곳에 전기자극을 주기 때문에 웃음이 튀어나오는 것이라는 사실을 K부인은 분명히 알았을 텐데요!

물론 외부에서 K부인의 뇌를 들여다보는 사람의 시각으로 관찰해보면 분명히 그렇게 생각할 수 있겠지. 그러나 K부인의 뇌가 만든 내적현실 속에서는 전혀 다르게 보인다는 것이지. 너의 뇌의 X영역이 활성화되어 있기 때문에 네가 지금 행복하다는 것을 너의 뇌는 너에게 전해주지 않는단다. 또 Y영역의 신경세포들이 열 받아 증가하고 있기 때문에 지금 네가 불행하다고 말해주지 않는 거지. 반대로 이렇게 안에서 일어나고 있는 과정은 너의 의식 속에 꽁꽁 숨어있고, 그 대신에 살면서 체험한 사항들을 활용해 의미를 부여하는 주관적인 생각만 일어날 뿐이란다. 사람들이 K부인에게 했던 것과 똑같은 방법으로 너의 뇌를 자극하면 너 역시 배꼽을 잡으면서 웃지 않을 수 없을 거야. 단지 치료하는 의사들이 극도로 우스꽝스럽게 보이기 때문에 너도 유쾌하게 웃지 않을 수 없다고 확신하는 것이란다. 너의 포복절도의 이유가 사실은 단지 너의 왼쪽 전두엽에 가해진 전기자극일 뿐인데 너는 그것을 주관적으로 알아챌 수가 없는 것이지. 더 자세히 말하자면 너의 뇌가 전혀 생기지도 않은 일종의 내적현실을 조작했기 때문에 그런 일이 생긴 것뿐이란다.

기가 막혀, 정말 신기하지만 한편으로는 뭔가 섬뜩하기도 하네요!

어째서?

마치 우리가 단지 뇌의 조종을 받는 꼭두각시 같아서요! 결국 공부를 할 것인지, 아니면 파티에 갈 것인지를 결정하는 것이 제가 아니라, 제 머릿속의 어떤 일부분이 결정한다는 것 아닌가요?

응, 뭐, 나라면 그런 식으로 표현하지는 않겠다. 따지고 보면 너의 자아와 너의 뇌 사이에는 모순점이 없단다. 더 정확하게 표현하자면 아마 다음과 같겠지. 즉, 너의 뇌가 네 육체의 중앙통제기관으로서 결정을 내리기 때문에 너는 결정을 내린다.

아이고, 참 대단한 일이네요!

그게 뭐 잘못된 것이라도 있다는 거니?

저는 한번만이라도 뇌가 정해주지 않는 결정을 내리고 싶었으면 하고 바랄 뿐이죠, 뭐!

그래서 너에게 돌아오는 게 뭔데? 네가 실제로 '뇌에 얽매이지 않는' 결정을 내릴 수 있다면 어떤 일이 생길까? 어쨌든 너의 뇌 속에는 네가 생활하면서 경험했던 모든 것이 저장되어 있단다. 그래서 그러한 삶의 경험을 근거로 해서 뇌는 자기 자신의, 달리 말하면, 네가 네 자신의 결정을 내리는 것이지. 만일 너의 삶의 경험이 너에게, 혹은 뇌에게 지금 공부하는 것이 좋겠다고 말하면 너는 공부를 하게 될 것이고, 그렇지 않으면 너는 파티에 가겠지. 이 두 가지 가능한 일 사이에 타협을 할 가능성도 있을 테고. 네가 무엇을 결정하던 상관없이, 너의 결정은 항상 뇌가 가지고 있는 정보를 근거로 해서 뇌에게 가장 좋다고 여겨지는 바로 그 순간에 내려지는 것이라는 사실에는 변함이 없지.

제게는 전혀 선택권이 없는 것이네요?

무슨 의미지?

제가 동시에 두 가지 모두 똑같이 좋다는 결정을 내릴 수는 없는 건가요?

그래, 없단다. 바로 이 순간 너에게, 혹은 너의 뇌에게 가장 좋은 것 또는 덜 나쁜 것으로 여겨지는 것을 결정하는 것이란다.

달리 말하면 만일 제가 옛날에 무언가 아주 어리석은 결정을 내렸다면, 그 순간 제가 그렇게 밖에 결정할 수 없었다는 것인가요?

그렇단다. 네 뇌가 다른 정보들을 가지고 있었다면, 분명히 다른 결정을 내렸겠지. 그리고 아마 그 다른 결정이 더 나았을지도 모르지. 하지만 네가 결정을 내리는 바로 그 순간에는 알 수가 없었던 것이란다. 네 뇌가 과거에 모았던 정보를 나름대로 정리해서 다른 결과가 나왔기 때문에 말이지. 잘못된 결정을 내린 후에 너는 한층 더 현명해진단다. 너의 뇌가 이 나쁜 경험을 학습했다는 의미지. 다시 말하면, 앞으로 다시 한번 너에게 그때와 비슷한 상황이 닥친다면, 이제 너의 뇌는 전과는 다른 상태에 있기 때문에 너는 다른 결정을 내릴 거야. 그러나 가장 중요한 것은, 똑같은 순간에 A도 좋고, B도 좋다며 두 가지 모두를 결정할 수는 없단다. 그 이유는 그러한 결정을 하려면 네가 같은 시간에 두 가지의 서로 다른 뇌의 상태를 가져야 한다는 것을 전제로 해야 하기 때문이지. 그리고 원칙적으로 그런 것은 불가능하단다! 그런데, 너 지금 왜 그러니?

몰라서 묻는 거예요, 아빠? 아빠의 주장은 우리 인간의 관념 전체를 여지없이 쓰레기 더미에 처박아 버리고 있어요! 우리 인간이 알기로는, 우리 자신이 자유롭게 결정을 내리는 것이지 전혀 관찰할 수도 없는 어떤 '원인'이 우리로 하여금 결정하게 하는 것이 아니니까요.

좋아, 알았다. 그러면 우리는 여기서 '자유'라는 주제에 대해 무엇인가 더 근본적인 것을 얘기하는 것이 낫겠구나. '자유' 라는 말에 대해 너는 무엇을 이해하고 있지? 무엇으로부터 자유로워지기를 원하지?

무엇으로부터 자유로워지기를 원하냐고요? 그야 저는 당연히 어떻게든 저를 옭아매는 모든 것으로부터 자유로워지고 싶어요.

네가 하고 싶은 것을 하고 싶은데, 그것을 못하게 하는 구속에서 자유스러워지고 싶다는 것이로구나.

네, 바로 그거예요!

하지만 네가 좋아하는 음악이 있어서 그 음악을 듣고 싶어하는 것은 너의 자유를 구속하지 않지.

맞아요. 그것이 저를 구속할 이유가 없죠. 그렇죠?

자, 그런데 다른 음악이 아니라, 지금 네가 좋아하는 그 음악을 듣는 이유에는 원인들이 있단다. 만일 네가 다른 문화권에서 태어났다면 아마 십중팔구는 전혀 다른 음악을 좋아하겠지.

당연하죠. 하지만 그것은 저와 아무 상관없는 일이잖아요! 다른 곳에서 자라서 아마 좋아 할 수도 있을 그 음악 말고, 제가 좋아하는 음악 바로 그 음악을 제가 좋아하는 것에 문제가 있을 수 없죠.

좋아! 네가 지금 한 말에서 우리 주제에 관련된 결정적으로 중요한 사항을 끄집어 낼 수 있단다. 즉, 우리가 '자유' 에 대해 얘기할 때, 우리가 언급하는 자유는 구속으로부터의 자유이지 원인으로부터의 자유가 아니란다! 우리가 어떤 것을 원하는 데는 어떤 원인이 있다는 것 때문에 누구도 괴로워하지 않지. 마찬가지로 우리가 원하지 않는 것을 거절하는 것에도 원인이 있다는 것에 대해 아무도 괴로워하지 않는단다. 하지만 원하는 것을 할 수 없게 방해하는 구속이 있으면 우리는 이에 대해 괴로워하지.

당연하지요!

다시 말해 우리에게는 그러한 구속을 극복하려고 노력하는 뇌가 필요하고 뇌는 또한 할 수 있는 한 온 힘을 다해 그렇게 하려고 애를 쓰지. 그러나 우리 뇌가 원인과는 상관없이 예를 들어, 우연의 법칙에 따라 결정을 내린다면 어떤 일이 벌어질까?

음……. 그런 뇌는 아마 생활하기에 큰 도움이 되지 못하겠죠!

그렇단다. 그 이유는 오로지 인과법칙에 따라 활동하는 뇌만 학습능력이 있기 때문이지. 만약 뇌가 외부 자극에 둔감하다면 즉, 외부의 원인요인에 따라 변화하지 않는다면, 우리는 이 세상에서 제대로 적응해 나갈 수 없을 거야. 네 자신의 뇌가 결정을 내릴 때마다, 뇌는 수없이 많은 학습경험을 끄집어내 사용하지. 파티에 갈 것인가, 아니면 벼락치기로 수학공식을 외울 것인가 하는 사소한 결정을 할 때조차도 너의 뇌는 수없이 많은 연산작업을 수행한단다. 이때 너의 뇌는 네가 파티에 모인 각 사람들과 사귀었던 경험, 네가 느꼈던 파티의 전체 분위기에 대한 경험, 시험을 담당했던 특정 교사와의 경험을 고려해서 결정을 하게 되는 것이란다. 이것들을 활용하면서 너의 뇌는 이런저런 요소와 연결될 수 있는 행과 불행을 예측하게 되는 것이지. 이러한 활동을 근거로, 뇌가 혹은 네가 결정을 내리는 것이지.

뇌의 이러한 '연산작업' 정보들 중에서 저는 약간만을 필요로 할 뿐이죠. 그렇죠?

그렇단다. 이것이든 저것이든 찬성에 적합한 여러 이유 가운데서 선택해야 할 사항만 네 의식의 표면에 나타날 뿐이지. 그것으로 충분하단다! 그 이유는 네 의식의 작업처리능력이 뇌 속에서 진행되는 무의식적인 사고의 작업처리능력보다 훨씬 작기 때문이란다. 의식적 작업을 할 때의 작업처리능력은 기껏해야 1초당 50비트이지만, 우리 눈 하나만 보더라도 1초당 약 천만 비트의 작업처리 속도로 정보를 신경세포에 전송해서 계속 작업을 시킨단다. 만일 너의 뇌가 모든 연산작업을 의식으로 전달하려면, 수많은 프로그램을 동시에 실행시켰을 때의 컴퓨터처럼 너의 의식적 자아도 엄청난 양의 데이터 처리 때문에 이상이 생길 수밖에 없지.

아빠가 무슨 얘길 하시려는 건지 추측할 수 있겠네요. 즉, 우리는 어느 특정한 순간에 어느 쪽이든 결정할 수 있다고 자부하고 있어요. 하지만 우리가 원하는 것을 하고자 할 때 얼마나 많은 요소들이 관련되어 있는지 우리가 전혀 모르고 있을 뿐이라는 것을 언급하려는 것이죠. 제 말이 맞죠?

완벽하구나! 비록 우리는 어떤 특정 상황에서도 원하는 모든 것을 할 수 있다고 생각하지만, 사실상 우리는 바로 그 순간 우리의 유전기질과 경험을 근거로 원해야 하는 것, 바로 그것을 하기를 원할 수 있을 뿐이란다. 즉, 어떤 다른 순간과 비교해도 현재의 바로 이 순간만큼 우리가 한층 더 똑똑해지고, 현명해지고, 사랑스러워지고, 매력적이 되고, 혹은 성공적이 될 수 있는 순간이 없다는 것이지.

또한 이런 이유 때문에 우리가 자부심을 가질 이유도 없는 것이구요?

그렇지! 우리가 성취한 것에 대해 다분히 만족감을 느낄 수는 있겠지. 그러나 이 성공이 우리의 독립적인 자신 때문이라고 한다면 그것은 허튼소리일 수도 있다는 것이지. 왜냐하면 이 자신은 세계와 독립해서 존재할 수 없기 때문이란다. 자신이라는 것은, 엄청나게 많은 원인요인이 다른 결과가 아니라 정확히 바로 그 결과로 이끈, 뇌의 조작물에 불과할 뿐이지. 과거에 아주 미미한 환경변화가 있었다면, 이 영향만으로도 자신은 분명히 현재와는 완전히 다른 형질을 가졌을 거야.

좋아요. 아빠가 어째서 자부심은 현실을 그릇되게 해석한 것이라고 말하시는지 이제 좀 더 잘 이해가 돼요……. 그런데 아빠는 처음에 주장하기를 자부심은 행복한 삶에 방해가 될 수도 있다고 했어요. 왜 그렇게 생각하시는 거죠?

여러 가지 이유가 있단다. 첫 번째, 사람들이 자부심을 느끼는 자질은 언젠가는 없어질 수 있는 것이지. 너도 알다시피 아름다움뿐만 아니라, 운동능력, 혹은 지적인 총명함도 언젠가는 사라지는 것이란다. 자신의 아름답고 총명한 자질의 원인이 우연히 유리하게 결합된 원인요소 덕분임을 인정하는 사람들의 상실감보다 그러한 자질에 자부심을 느끼는 사람의 상실감이 훨씬 커서 더욱 큰 괴로움을 느끼는 것이지.

좋아요. 이해할 수 있겠어요.

두 번째, 자부심의 뒷면은 아주 추한 모습을 하고 있어서 각 개인은 정신적으로 엄청난 희생을 치러야 할 수도 있단다. 자신의 성공 원인이 '구속받지 않는 자신' 때문이라고 굳게 믿는 사람은 실패를 했을 때도 똑같이 그렇게 생각할 거야. 그러나 이러한 생각은 때로는 평생 힘겹게 싸워야 할 엄청난 열등의식과 죄악감을 불러일으키는 결과를 가져온단다. 성공과 실패가 훌륭한 자기 자신 때문이라는 생각을 포기하는 사람들은 이러한 정신적 고통을 겪지 않을 거야. 아무튼 나도 그 덕을 많이 본 사람 중 하나란다.

하지만 아빠는 성공을 하던 비참하게 실패를 하던 뭐, 상관없다고 주장하려는 것은 아니지요. 그렇죠?

그래 그건 아니란다. 반드시 이루고자 했던 무엇인가를 이루지 못하면 나도 물론 불만족을 느낀단다. 그러나 다른 사고방식을 가지고 살았던 과거와는 달리 이제 더는 내가 실패했다고 판단하지 않는단다. 그 이유는 내가 아무리 잘한다 해도 과거보다 더 나아질 수 없다는 것을 알고 있기 때문이지! 이제는 실패를 해도 내 자신이 이를 훨씬 잘 감당할 수 있게 되었단다. 그 이유는 내가 저질렀던 실패를 다시 하지 않으려는 것이 내 자신의 능력에 달려 있지 않다는 가정에서 출발하기 때문이지. 이러한 것을 깨닫는다는 것은 정신적인 부담을 엄청나게 줄일 수 있다는 것을 의미하지. 즉, 사람들이 이제 더는 자기 자신을 매우 중요하게 생각하지 않으면 정신적으로 한층 여유로워지는 것이란다.

그럼 아빠는 전에는 지금처럼 여유가 없었다는 말인가요?

그래 없었지! 다른 사람들이 이런 일 저런 일들을 어떻게 받아들일지 아주 신경을 쓰며 걱정을 했단다. 또한 무슨 이유였든 간에 내가 실패했다는 것을 알면, 이를 극도로 괴롭게 받아들였지. 지금은 다르지. 내 자신의 삶의 역사를 근거로 해서만 존재해야 한다는 사실이 분명해진 이후로 나는 내 자신에게 편안한 마음을 갖게 되었지. 네가 괜찮다면 나의 '웰빙 공식' 하나를 소개하마. 자기 자신을 그냥 내버려 둘 수 있는 사람은, 한층 더 평온한 자아를 갖게 된단다!

당연한 말이네요. 사람들이 너무나 자신에게만 매달려 의지하면 아마 이룩하고자 하는 결과는 그야말로 정반대가 될 거예요. 그렇지 않아요?

바로 그것이란다. 이 세계를 너무나 '이기적'으로 보려는 사람은 즉, 자신의 '아, 너무 멋진 나'에게 사람들의 관심이 집중되고 있는지 안절부절 신경 쓰는 사람은 자신을 끊임없는 정신적 스트레스에 노출시키는 꼴이지. 결국 그는 자신이 얼마나 '멋진 놈'인지 항상 자신과 타인에게 증명해야만 하지. 그러나 뭐가 됐든 간에 잘 될 가능성은 거의 없단다. 모든 사람들은 때로 실패를 감수해야 하기 때문에. 따라서 자신을 너무 과대평가하면 잘될 수가 없단다.

아빠가 그렇게 얘기하시는 것을 들으면 사람들이 아마 아빠를 아주 무사태평하게 이 세상을 살아가려는 '겁쟁이'라고 말할 거예요. 하지만 아빠는 쉴 새 없이 어떤 프로젝트와 항상 씨름을 하고 있잖아요. 제 기억에는 아빠가 일하지 않은 날이 하루도 없었던 것 같아요. 심지어는 휴가 중에도 책을 읽는다거나 논문을 쓰기 위해 메모를 하곤 했잖아요. 아빠가 얘기하신 것과는 모순 아닌가요?

내적인 평온과 외적인 근면 사이에는 모순이 존재하지 않는단다. 그 이유는 하나는 내가 하는 것과 관련이 있고, 다른 하나는 나의 활동을 해석하는 것과 관련이 있기 때문이지. 과거에 나는 내가 얼마나 '대단한' 사람인지 주로 나 자신과 이 세상에 증명하기 위해서만 많은 일을 했지. 하지만 지금의 나는 내가 보기에 어떤 일이 의미가 있다고 생각하거나, 혹은 흥미를 불러일으키기 때문에 일을 하고 있지. 물론 나는 최상의 것을 끄집어내려고 노력하고 있단다. 그러나 무엇인가가 아주 성공적이었을 때도 더는 자부하고 있지 않고, 또 무엇인가가 완전히 엉망진창이 되어도 절망하지 않는단다. 나 자신과 내가 하는 일에 대한 이런 상이한 태도가 나를 평온하게 해준단다. 하지만 자아성찰과 마찬가지로 이러한 차이는 겉으로는 거의 드러나지 않는단다.

상상해보건대, 다른 많은 사람들은 아빠를 아주 다르게 볼 것 같아요. 아마도 사람들은 아빠를 이름을 알리기 위해서 끊임없이 바쁘게 일해야만 하는 아주 건방진 얼간이로 볼 것 같아요……

당연하지! 나는 그 점에 대해서 아주 잘 이해하고 있단다. 사람들이 내가 되어 본다는 것이 어떤 것인지 당연히 알 수 없는 것과 마찬가지로, 나 또한 누군가 다른 사람이 되어 본다는 것이 어떤 것인지 전혀 알 수 없으니까 말이야. 하지만 지금 내가 아는 것은 내가 나 자신에게 관대하게 대하면서부터 눈에 띄게 편안해졌다는 것이란다. 전에는 이 '자아'가 내게 중요하게 생각되었지만 지금은 그렇게 중요하지 않다는 것을 알게 되었으니까 말이다.

다른 사람이 되어 본다는 것이 어떤 것인지 외면적으로 평가할 수 없다는 사실은 이미 첫 번째 토론에서 다루었어요. 그러나 우리 모두는 타인이 자신을 어떻게 생각하는지 알아보기 위한 수단으로 어떤 신호를 보내서 알아보려 하지 않나요? 남들이 아빠를 공격하면 아빠는 대부분 지나치게 태연한 반응을 보이는 게 유난히 눈에 띄어요. 그것도 아빠의 자부심과 관련이 있는 것이에요?

확실히 그렇지! 요컨대 나는 다음과 같은 사실을 알고 있기 때문이란다. 즉, 나는 주어진 조건 속에서 현재의 처지를 감당해야만 하고, 타인들도 그럴 수밖에 없다는 사실 말이지. 내가 과거에 범했던 오류를 다시 범하는 것을 막을 수 없는 것처럼, 그 사람들 또한 그들이 저질렀던 오류를 다시 범하는 것 역시 막을 수 없단다. 이 점에서 나는 관용을 어떻게 실천해야 하는지 잘 깨닫고 있단다. 즉, 자신을 용서하는 법을 배운 사람은 타인도 더 잘 용서할 수 있는 거란다.

그러면 사람들이 그렇게 다그쳐도 아빠는 상관없다는 말이죠. 그렇죠?

그렇진 않단다. 객관적으로 볼 때 물론 비상식적이라거나 즉각 중단시켜야 할 행동들도 있단다! 때에 따라서는 그러한 행동에 대해 단연코 지적을 해야 한단다. 그러나 어떤 특정한 행동에 대한 비판에서, 타인이 실수를 하는 그 순간에 다르게 행동을 해서 그러한 실수를 하지 않았을 수도 있지 않았느냐는 전제가 포함되어서는 안 된단다. 만일 세상이 '제대로' 완벽하게 돌아간다면, 그러한 실수는 전혀 일어나지 않았겠지. 다시 말하면, 우리는 타인을 판단하는 행위를 삼가해야 한단다. 제 아무리 어느 특정 행동이 비난받아 마땅하다고 할지라도 말이야. 주제넘게 나설 이유가 없으니까! 왜냐하면 우리가 범죄자와 똑같은 원인요소에 노출된다면 우리도 마찬가지로 똑같은 일을 저지를 테니까.

아빠 진심으로 하시는 말이에요?

아무렴 당연하지! 나는 내 자신도 극도의 도덕적 분노와 경멸감을 품은 채, 나치정권을 같이 세웠던 사람들을 비판해 왔다는 것을 잘 기억하고 있단다. 말할 것도 없이 당연히 그 당시에 내가 태어났더라면 '좋은 사람'에 속하고 저항을 했을 거라는 것을 전제했던 것이지. 그러나 나치 독재의 조건하에서는 현재의 나의 정체성을 그대로 지낸 채 존재할 수가 없었을 것이라는 사실을 그 동안 나는 알게 되었지. 그 시대의 나는 아마 지금의 나와는 다른 사람이었을 것이고 심지어 이 '다른 나'는 아주 잔인한 나치 앞잡이로 성장했을지도 모르지. 그래서 우리는 도덕적으로 자부심을 느낀다든가, 다시 말하면, 우리가 원칙적으로 우월하다고 자만할 이유가 전혀 없는 것이란다. 비록 우리가 윤리적으로 합당한 이유를 가지고 범죄를 비판한다고 하더라도 도덕적으로 범인을 멸시하는 오류를 범해서는 안 된단다. 왜냐하면 우리 자신도 특정상황에서는 지금 우리에게 비난받는 사람들의 입장이 될 수도 있으니까.

하지만 그럼에도 불구하고 아빠는 사람들이 히틀러와 그 일당들을 제거했어야 한다는 의견이겠죠. 그렇죠?

물론이지. 당연하지! 어째서 사람들이 잔인한 짓을 하는지 이해한다 해도, 그것이 자신들이 한 짓을 정당화할 수 있다는 것을 의미하는 것은 아니란다! 비록 애석하게도 그 범죄자가 그렇게밖에 행동할 수 없었다고 해도 우리는 옳지 않은 일에 대해서는 당연히 저항을 해야 한단다. 하지만 우리는 정의를 독선(Selbstgerechtigkeit, self-righteousness)과 혼동해서는 안 된단다.

제가 제대로 이해했는지는 모르겠지만, 독선은 현실을 자만하며 잘못 해석해서 생긴 결과네요. 즉, 사람들은 자신을 무엇인가 좀 나은 사람으로 생각하죠. 그 이유는 사람들이 훌륭하고, 품위 있고, 그리고 성공한 사람이 된 것을 '자발적으로' 이루었다고 믿고 있는 반면에, 다른 사람들은 '자유의지'를 가지고 가망 없는 실패를 했다거나 심지어 '악'을 선택했다는 거죠.

간단하게 잘 요약했구나! 우리가 오만한 자만심에 대한 성향을 자제할 수 있다면 훨씬 공정하고 사이좋게 지낼 수 있을 거라고 나는 확신한단다. 또한 이 점에서 나는 예외적으로 가톨릭교회의 교리에도 동의한단다. 가톨릭교회에서는 전통적으로 자만심을 '7개의 중죄' 가운데 하나로 간주하고 있단다. 물론 내 사고방식으로는 결코 '중죄'라는 것에 대해 언급하고 싶지 않지만, 그 뒤에 숨어있는 생각은 올바른 것 같구나. 실제로 자만은 우리를 행복하게 하기는커녕 오히려 불행하게 한단다! 인생의 커다란 성공을 맛볼 수 있는 사람은 물론 그 성공을 기뻐할 만한 충분한 이유가 있을 거야. 하지만 그는 무슨 일이 있어도 그 성공에 대해 자만하지 말아야 한단다! 성공한다는 것은, 단지 타인들은 불운한 복권을 뽑은 반면에, 자신은 '인생의 복권추첨'에서 행운의 복권을 뽑은 것에 불과하단다. 이미 내가 얘기한 대로, 자만하는 사람은 자신의 삶에 대해 거의 이해하지 못하고 살아왔다는 것이지.

좋아요. 이 주제는 이제 이 정도에서 그만 끝내기로 하죠. 아빠는 어땠는지 모르겠으나, 저는 오늘의 대화가 이해하기 아주 힘들었어요! 아빠가 저와 대다수의 사람들이 일상생활에서 아주 중요하게 여겨왔던 생각을 아무렇지도 않게 쓰레기 더미 위에 내던져버린 것이 아마 그 원인이었던 것 같아요. 아빠는 저에게 확신을 가지고 얘기하셨지만, 제 느낌에는 아직도 무엇인가 이해가 안 되는 점이 남아있다는 것을 고백하지 않을 수 없네요! 이 주제에 대해 좀 더 생각하며 정리할 수 있도록 2, 3일 여유를 주세요. 그러면 아빠가 자세히 설명할 때 제가 이해하기 힘들었던 사항들에 대해서 아마 좀 더 쉽게 표현할 수 있게 되겠죠. 그것이 불가능하다면 뭐, 그러면 제가 더 똑똑해질 수는 없다고 변명하면 될 거구요……

'별들이 자신들의 궤도에 따라 움직이는 것처럼, 인간도 인과율의 법칙에 따라 자신의 사고, 느낌, 그리고 행동 속에서 자유스럽지 못하다는 늘 뚜렷한 의식을 가지고 행동하고 있다.'

이렇게 말한 사람은 '움직이는 별들'로 우리의 지식에 혁명을 일으킨 알베르트 아인슈타인(Albert Einstein, 1879-1955)이다. 인간에게 자유로워지려고 하는 의지가 부족하다는 사실은 인간의 삶이 절망적이라는 또 하나의 증거라고 주장하는 아르투르 쇼펜하우어와는 달리(175쪽을 참조할 것), 아인슈타인은 그곳에 관용과 유머의 '마르지 않는 샘물'이 있음을 통찰했다. 자신의 소책자 『내가 보는 세계』에서 이 위대한 물리학자는 자신의 생활철학을 다음과 같이 서술했다. "쇼펜하우어가 '사람은 자신이 원하는 것을 할 수 있으면서도, 정작 자신이 원하는 것을 하려고 하지 않는다.'라고 했던 말은 젊은 시절부터 늘 나의 가슴에 아주 생생한 감동으로 스며들었다. 이 말은 내가 살아가면서 어려운 일에 직면할 때마다 내게 끊임없는 위안을 주었고 마르지 않는 관용의 샘물이 되었다. 이러한 인식은 자칫하면 약해지는 책임감을 부드럽게 어루만져 달래주며, 우리 자신이 지나치게 근엄해지는 것을 막아준다. 특히 유머를 즐길 줄 아는 인생관을 갖게 해 준다."

짐작건대, 자유스럽지 못한 의지에 대해 아인슈타인이 한 이 재치 있는 해석을 사람들은 그의 상대성이론과 마찬가지로 쉽게 이해하지 못했을 것이다. 사실 그는 네덜란드의 철학자 바뤼흐 스피노자(Baruch de Spinoza, 1632-1677)가 이미 17세기에 언급했던 것을 다시 끄집어낸 것에 불과했다. 오늘날까지도 주목 받으며 정교한 논증으로 커다란 인상을 남긴 『윤리학』이란 책에서 스피노자는, 사람들은 자신들이 자유롭다고 믿고 있을 뿐이라고 이야기하고 있다. '그 이유는 사람들은 자신들이 행동하고 있다는 것은 알고 있으나 그 행동을 하도록 결정하는 원인이 무엇인지는 전혀 모르고 있기 때문이다.' 라는 것이다. 스피노자의 결론은 분명하다. '정신의 자유스러운 결정에 따라 말하고 있고, 침묵하고 있고, 혹은 무엇인가를 하고 있다고 믿는 사람이 있다면, 그는 단지 눈을 뜬 채로 꿈을 꾸고 있는 것이다.'

스피노자의 주장에 의하면, 이러한 망상에 빠진 사람들은 자신들의 성공과 실패에 대해 너무 높거나, 아니면 너무 낮은 평가를 하는 경향이 있다고 한다. 이로 인한 결과는 '자신에 대한 커다란 무지' 에서 비롯된 두 가지 징후 즉, 오만(자만)이나 낙담(의기소침)이 생기게 되어 사회에 질투와 적개심을 불러일으키고 대규모의 피해를 입힌다. 오로지 자연의 인과관계(자연 속에서 일어나는 모든 과정이 원인과 결과에 의해 결정되는 관계)를 이해할 때만, 사람들은 이러한 종류의 악영향에서 해방되고, 만족하고, 평화스럽고, 정의로운 삶을 자유스럽게 살아갈 수 있을 것이다.

스피노자는 혐오감을 주는 구속으로부터 아주 냉정하게 벗어나는 것이 '자유' 라고 이해했고, '자연의 인과관계로부터 벗어나는 자유' 라는 의미를 내포한 '자유의지' 에 대해서는 인간의 정신도 인정하지 않았고 '신' 도 인정하지 않았다. 그는 '신' 을 단지 '자연체' 와 동일시했다. 종교지도자들이 이러한 주장에 대해 전혀 즐겁지 않았던 것은 당연한 일이었다. 이미 1656년에, 23살에 지나지 않았던 스피노자는 암스테르담 소재의 유대인 교회로부터 파문을 당했다. 율법학자인 랍비들은 신자들에게 그와는 어떤 식의 구두접촉도, 서면접촉도 못하게 금지시켰다. 네덜란드 교회 역시 가만히 있지 않았다. 1674년에 이 교회는 그가 무명으로 출판한 종교비판적인 논문 「신학정치론」을 금지시켰다. 또 얼마 지나지 않아 스피노자의 작품 전부가 가톨릭교회의 금서목록에 올랐다. 20세기에도 여전히 스피노자에 대한 증오심이 종교지도자 간에 널리 퍼져 있었다. 가톨릭계의 헌법전문가로서 세력을 떨쳤고, 나치독재정부에서 활동하면서 불명예스러운 '제3제국의 최고법률가' 라는 타이틀을 가졌던 카를 슈미트(Carl Schmitt, 1888-1985)의 주장에 따르면, 스피노자의 윤리학은 '여태까지 전례가 없었던 신과 인간을 향한 가장 뻔뻔스러운 모독' 이었다.

스피노자의 철학이 많은 사람들에게 서양문화의 근본을 거부한다며 그렇게 역겨운 것으로 여겨졌던 이유는 바로 '사후생명' 이라는 기독교 관념에서 중요하게 여기는 신체와 정신, 육체와 영혼의 분리였다. 르네 데카르트(René Descartes, 1596-1650), 혹은 임마누엘 칸트(Immanuel Kant, 1724-1804)와 달리 스피노자는 정신적인 것(우리의 사고, 느낌, 욕구)과 육체적인 것(신체과정)은 동일한 자연과정 현상이라는 전제에서 출발하고 있다. 그렇기 때문에 사람들은 전통적인 '이원론적(정신과 물질의 분리라는 이론에 근거한 이론)' 서양 철학과는 반대인 그의 철학을 '일원론적(단자론)' 이라고 부르고 있다.

두뇌 연구가 진행되면서 지난 20세기 후반에 이르러 스피노자의 일원론적인 입장이 사실임을 증명하는 증거들이 많아지고 있다. 이러한 이유로 저명한 신경과학자들 중 한 사람이었던 안토니오 다마지오(Antonio Damasio, 1944-)가 자신의 저서에서 스피노자와 관련된 사항들을 중

점적으로 다룬 것도 그렇게 놀랄 만한 일은 아니다(『스피노자의 뇌』).

다른 어떤 철학자들보다 더욱 스피노자를 존경했던 알베르트 아인슈타인의 주장에 따르면, 스피노자 철학이 사람들이 사고의 중요성뿐만 아니라 비범한 순수, 불굴의 용기, 그리고 겸손'을 따르도록 요구했다는 그 이유 하나만으로 자신의 입지를 굳힐 수 없었던 것일지도 모른다고 했다. 아인슈타인 자신이 '비범한 순수, 불굴의 용기, 그리고 겸손'이라는 말을 사용하고 있다는 것이 언뜻 오만하게 들릴 수도 있을 것이다. 그러나 아인슈타인이 스피노자를 이해할 수 있다고 자만했던 것은 아니다. 그 이유는 그를 이해했다고 자만하지 않는 사람만이 스피노자를 이해할 수 있다는 사실을 아인슈타인은 너무나 잘 알고 있었기 때문이었다. 자만이 '자신에 대한 가장 큰 무지'인데도 사람들은 어떻게 자만할 수 있단 말인가?

그리하여 아인슈타인은 하필이면 자기 자신이 그렇게나 많은 '감탄과 존경'을 받았다는 것을 '운명의 아이러니'로 생각했다. 자신이 점점 더 유명해지자 그는 윙크를 하면서 푸념을 늘어놓고 그 자신은 그것에 '점점 둔감해져' 갔다. 그러나 그것은 '아주 흔하게 있는 현상'일 것이다. 다시 말하면 '현재의 자신과, 자신에 대한 타인의 믿음, 자신에 대한 타인의 소문 사이에 생겨나는 불균형은 실로 크다. 사람들은 이것을 유머러스하게 감당해나가야 할 것이다.' 스피노자 자신도 아마 이보다 더 핵심을 찌르는 표현을 발견해내지는 못했으리라.

자신의 능력을 어느 정도까지 바꿀 수 있을까?

저는 지난 며칠 동안 '자유의지', '죄', 혹은 '책임' 같은 개념들을 구글에서 검색하고 또 이러한 주제를 다루고 있는 책 서너 권을 훑어보았어요. 그러면서 아빠가 설명하실 때는 알기 어려웠던 것들을 더 잘 이해하게 되었어요. 아빠가 얘기하신 대로, 우리가 만약 어느 주어진 환경조건하에서 어쩔 수 없이 해야만 하는 것, 바로 그것을 하게 된다면, 우리는 우리가 하는 일에 대한 책임을 더는 질 필요가 없죠! 또한 우리가 한 일에 대해 죄책감을 느끼지 않으면, 우리의 행동을 변화시킬 아무런 이유도 없는 것이죠. 그렇죠, 아빠? 또 모든 것들이 원인에 의해 결정된다면, 그러면 우리는 어느 정도까지 우리를 변화시킬 수 있는 것인지 의문이 생겨요…….

아이구, 한꺼번에 아주 많은 질문을 하는구나! 죄와 책임에 대한 문제부터 시작하자. 괜찮지? 우리는 여기서 책임에 대한 객관적인 개념과 죄에 대한 주관적인 이해 사이에 어떤 차이점이 있는지 먼저 알아보아야 할 것 같구나.

무슨 말인지 지금 전혀 감이 안 잡혀요!

우선 한가지 예를 들어 설명해볼게. 네가 술에 잔뜩 취한 채 운전을 하고 있다고 가정해보자. 너는 다른 사람들의 정당한 이익을 위협하고 있기 때문에 그런 행동은 객관적으로 볼 때 무책임한 것이지. 그러다 네가 경찰에 잡혔다든가 아니면 심지어 사고를 내서 그에 대한 해명을 해야 한다면, 바로 그것은 네가 객관적인 위법 행위에 대한 책임을 지게 되는 것이지. 당연한 것이지!

좋아요! 하지만 이러한 '책임 지기'와 '유죄'는 어떻게 다른 것이죠?

자, 죄의 개념에서 객관적인 위법행위를 확인하는 것 말고도 또 하나의 주관적인 전제가 따라오게 되지. 다시 말하면, 네가 술을 마시던 그 순간에 또한 마시지 않기로 결심했을 수도 있다는 전제란다. 그러나 이미 우리가 아는 바와 같이 그것은 불가능한 일이란다! 어쨌든 너의 결정은 뇌의 특정한 상태에서 비롯된 것이고, 동일한 순간에 너는 또 다른 뇌의 상태로 대체될 수 없었기 때문이지. 따라서 우리는 주관적 죄라는 개념을 버리고, 그 대신 어떤 행동을 한 상황이 객관적으로 책임을 질 수 있었던 상황이었나, 아니었나 하는 질문에 집중해야만 하지.

어떻게 되든 상관없어요. 하지만 누군가가 불가피하게 그렇게밖에 행동할 수 없었는데도 어떻게 사람들이 그를 유죄로 판단할 수 있는 것이죠? 너무 불공평한 것은 아닌가요?

그것을 불공평하게 생각하는 네 마음을 나는 잘 이해할 수 있단다. 하지만 유감스럽게도 심지어 최고의 사법제도라고 해도 인생에서 벌어지는 근본적인 불공평을 없앨 수 없는 것이 사실이란다. '인생 로또'에서 운 좋게 당첨된 사람은 절대로 피고석에 앉게 되는 일이 없는 반면에 그렇지 않은 사람들은 아주 어렸을 때부터 범죄자의 경력을 쌓아 나가는 것이 어쩔 수 없는 현실이란다. 법도 이 문제를 해결할 수 없단다. 아마도 사람들은 보다 더 훌륭한 인생의 출발조건을 미리 마련해야만 할 것 같구나!

그럼에도 불구하고 여전히 문제가 풀리지 않는 것 같네요. 즉, 어떤 범죄자

가 어쩔 수 없이 그러한 행동을 할 수밖에 없었다는 것을 우리가 안다면, 우리는 이에 대해 비난하지 말아야 하는 것 아니에요, 그렇죠?

그건 그렇지 않지. 그렇게 되면 결과는 어떻게 되는 거지? 만약 우리가 사기, 절도, 강도, 위협, 살인, 혹은 음주운전과 같은 원치 않는 행동들을 허용한다면 우리 사회에 이러한 행동이 아주 자주 나타나게 될 거야. 당연히 이런 행동들을 방지해야 하는 것이 법이 할 일이고! 이러한 이상(理想)에 가까이 가기 위해서는 법률적 조치뿐만 아니라 경제적·사회적·문화적인 조치가 필요하기 때문에 '보편적인 정의'를 구현하는 것은 사법부의 과제가 아니란다. 우리가 수긍하는 법률상 이익을 보호하기 위해 법제도는 제한적인 과제만을 가질 뿐이란다. 그리고 사람들이 비행을 저지르던, 안 저지르던 엄밀한 의미에서 도덕적으로 아무런 죄가 없다 하더라도 법정은 제재를 내려서 자신의 역할을 다할 수 있어야 한단다.

만일 그 사람들이 법정에서 '유감이다. 그렇지만 현재의 나로 이렇게 되어버린 것은 내가 어떻게 해볼 도리가 없었고, 내가 한 짓은 이미 벌어진 일이기 때문에 어떻게 할 수가 없다.'라고 말해도 아무 소용이 없다는 말이죠?

물론 우리는 범행을 일으키게 한 동기를 고려해야 한단다. 그래야만 예를 들어, 고의적 살인인지, 우발적 살인인지를 가려낼 수 있으니까. 하지만 결국 법정에서는 네가 객관적으로 법률위반을 했는지 아닌지가 중요할 뿐이란다. 만일 네가 어떤 사람을 살해했다고 가정하면, 너는 그 사람이 지금 죽어있다는 사실에 대해 무엇인가 객관적 책임을 질 수는 있을 것이다. 법적으로는 이 객관적 책임을 질 수 있다는 것이 중요한 것이지, 주관적으로 그렇게 할 수밖에 없었다는 것이 중요한 것이 아니란다.

음······. 다시 말해, 그 상황이 어쩔 수 없이 범행을 저지를 수밖에 없는 상황이었다고 해도 우리는 우리가 한 일에 대해 책임을 져야 한다는 것이로군요? 그러면 이제 일단 이 문제는 접어두죠. 하지만 두 번째 질문에 대해서는 아직 대답을 안 하셨어요. 우리가 더 이상 죄책감을 느낄 필요가 없는데, 도대체 왜 우리 행동이 변해야 한다는 것이죠? 아니면 혹시 우리가 징역형 같은 부정적인 결과에 대해 걱정하는 바로 그런 이유 때문에 우리의 행동이 변해야 한다는 것인가요? 그것은 아주 비인간적인 것 같은 생각이 드는데요. 살인에 대해 전혀 죄책감을 느낄 필요가 없는데 감옥에 또 가고 싶지 않다는 이유 하나만으로 다시 살인을 하지 않겠다는 살인자가 사는 사회, 저는 그런 사회에서 살고 싶지 않거든요.

네 말이 옳다. 나도 끔찍한 범행을 저지르고도 후회하지 않는 사이코패스의 사회에서 살고 싶지는 않단다.

하지만 죄의 원칙에 대한 아빠의 최후결론의 핵심은 바로 그러한 사회를 추구하자는 것 아닌가요?

그것은 아니란다. 그 이유는 우리는 죄의식(Schuldgefühl, guilt feelings)과 뉘우침(Reuegefühl, feeling of regret)을 구별해야 하기 때문이지.

같은 의미 아닌가요?

이 두 개의 감정은 같은 뿌리에서 자라기 때문에 언뜻 봐서는 그렇게 보일 수도 있겠지. 우리가 그릇되게 행동했기 때문에 어떤 손해가 생겼다는 것을 확인하게 되면, 이 때 우리는 죄의식, 혹은 뉘우침을 느낀단다. 그러나 자만의 경우에서도 그랬듯이 죄의식의 경우에도 비도덕적 책임회피의 문제가 있단다. 사람들은 행동이 이미 이루어진 그 상황에서 다르게 행동할 수도 있었다고 그릇된 주장을 하게 되는 것이지. 우선 이러한 잘못된 비도덕적 책임 회피는 도덕적인 자기확신을 불러일으키게 되지. 우리가 어떤 '끔찍한 사람'이 되어서 그가 한 것처럼 '마음 내키는 대로' 다른 피해를 입힐 생각을 한다면, 다음과 같은 사실을 모르고 하는 소리란다. 즉, 현재의 우리가 되도록 만든 이면에는 수많은 요소들이 있었다는 것을. 아이러니하게도 때로는 이러한 죄의식이 사람들의 행동을 진짜로 바꾸게 하지는 못한단다. 이 죄의식은 자신과 자신의 행동을 바꾸는 데 힘을 기울여서 앞으로는 그와 비슷한 비행을 다시는 범하지 않게 하려는 대신에, 오히려 자신의 '아주 사악한 자신' 주위를 맴돌 뿐이지. 이렇게 다람쥐 쳇바퀴 도는 식의 대표적인 예로 알코올중독자들이 있는데, 이들은 자신의 음주 때문에 죄의식을 느끼는 동시에 다른 술병을 움켜잡으면서 이 성가신 죄의식으로부터 도망치지.

뉘우침에서는 그럴 걱정이 없다는 거죠?

그렇단다. 우리가 비행을 저지른 그 순간, 그렇게밖에 행동할 수 없었다는 것을 비록 우리가 아주 잘 안다고 해도 우리는 뉘우칠 수 있지. 이러한 뉘우침을 통해 우리의 머리는 여유를 갖게 되어 발생된 피해를 해결하기 위해 무엇을 할 수 있는지 찾으려 한단다. 우리는 과거를 바꿀 수는 없지만 우리 자신을 변화시켜서 미래에는 보다 현명하고, 합리적이고, 친절한 사람이 될 수 있는 것이란다. 뉘우침이 이렇게 개인의 지속적인 성장을 위한 자극제라면, 이와 반대로 죄의식은 그러한 성장을 방해할 뿐이지. 왜냐하면 죄의식은 자기 자신과 맞서는 선전포고와 같은 것이니까.

가장 이상적으로 성장하기 위해서 우리에게는 일종의 '내적 평화'가 필요하겠네요?

　　나도 그런 식으로 파악하고 싶구나. 결국 죄의식은 많은 정신적인 질병을 일으키게 하는 수많은 원인에 관계할 뿐만 아니라, 인생의 고비를 극복할 힘을 꺾어버린단다. 거꾸로 이 죄의식을 극복하게 되면 전부터 감추어진 힘들을 자유스럽게 해방시키는 것이지. 나는 한때 이 말들을 다음과 같이 표현했단다. 즉, 현재의 자신에게 더 이상 죄의식을 느끼지 않는 사람은 미래의 자신을 만들어 갈 때도 그다지 큰 어려움이 없을 것이다.

좋은 이야기인 것 같지만 아빠가 무슨 말씀을 하려는 것인지 정말 모르겠어요…….

　　언젠가 알베르트 아인슈타인은 다음과 같이 얘기했단다. 우리의 사고와 행동을 결정짓는 인과율이 무엇인지 안다는 것은 '자칫하면 약해지는 책임감을 부드럽게 어루만져' 달래주는 커다란 장점을 갖게 되는 것이란다(이에 관하여 201쪽을 참조할것). 실제로 죄의식과 실패에 대한 두려움을 갖게 되면 우리의 기력은 쉽게 무력화되어 버린단다. 과거에 실패한 경험이 있기 때문에 의기소침해지고 미래에 또다시 그러한 실수를 할까 봐 두려움을 느끼게 되는 것이지. 그러나 더 이상 '우리 자신이 지나치게 근엄' 해지지 않아야 한다는 아인슈타인의 추천을 우리가 성공적으로 실천한다면, 우리의 내면에서 일종의 정신적 핸드 브레이크가 작동하게 되고 우리는 두려움 없이 당당하게 행동할 수 있는 거란다. 좀 역설적으로 들리겠지만 지난 몇 년 동안 나 스스로가 이에 대한 결과를 체험했단다. 즉, 자신의 업적에 더 이상 자만하지 않는다면, 진짜 자랑스러울 수 있을 업적들을 한층 더 빨리 이룩할 수 있을 거야. 사람이 진정으로 자랑스러울 수 있기를 원해야 한다면!

호호호. 그거 웃기는데요!. 음……. 하지만 아직도 이해가 안 되는 것은 모든 것이 원인에 의해 결정된다면 도대체 어떻게 우리 자신을 변화시킬 수 있다는 것이죠? 여기에 엄청난 모순이 숨어있지 않나요? 뭔가 전혀 이해할 수 없어요?

너는 지금 우리의 사고와 행동에서의 인과적 결정과 예정설을 혼동하고 있는 것 같구나! 우리 인간은 시간의 컨베이어 벨트 위에서 미리 주어진 프로그램을 반복하는 로봇이 아니란다. 물론 정말로 우리 유전자 속에 우리 삶 속에서 벌어지는 모든 일들이 예정되어 있다면, 당연히 우리는 우리 자신과 우리의 행동의 중요한 무엇인가를 변화시킨다는 생각을 버릴 수 있겠지. 그러나 그렇지 않단다! 우리가 이러한 자원 집약적인 뇌를 짊어지고 돌아다니는 데는 다 그만한 이유가 있단다! 뇌는 새로운 경험을 저장하고 이 저장자료를 기본자료로 만들어서 우리가 살아가면서 결정을 내려야 하는 순간마다 이를 사용하게 하는 임무를 가지고 있단다. 그렇기 때문에 우리는 끊임없이 활동하고 있는 것이란다. 우리가 결정을 내릴 때 인과적 결정이 개입한다는 사실을 믿든 말든 상관없이 우리는 우리가 끊임없이 변하는 것을 막을 수 없단다.

다시 말하면, 이 대화가 모두 끝나면 저는 더 이상 과거와 똑같은 제가 아니겠네요?

맞다. 우리 둘 다 더 이상 과거와 똑같은 사람이 될 수는 없단다. 그 이유는 우리 뇌가 정보를 저장한 다음, 미래에 가장 이상적인 결정을 내릴 수 있게 이 정보를 사용하기 때문이지. 뇌는 항상 우리를 위해 최선을 다 하고 있다는 사실을 잊지 말아야 한단다. 이런 맥락에서 한 남성과 한 여성이 등장하는 음식점에 관한 상업광고가 웃긴다는 생각이 드는구나. 그 광고가 무엇을 광고하는 것인지는 전혀 생각나지 않지만, 아무튼 그 광고 속에서 한 남자가 자신과 자기 부인을 위해 '두 번째로 최고인 스테이크'와 '두 번째로 최고인 와인'을 주문하고 있지…….

아, 그거, 그거 알고 있어요!

우리의 직관력과 완전히 모순적이기 때문에 이 광고는 참으로 우리를 웃기는 것 같구나. 우리는 우리 자신과 우리가 사랑하는 사람들을 위해 '두 번째로 최고인 것'을 원하지 않고, 항상 '최고의 것'만 원하지! 그 와인은 식도락가의 기호와 얄팍한 지갑 사이의 이상적인 타협이기 때문에, 당연히 두 번째로 비싼 와인이 우리에게 가장 최고의 선택이 될 수 있단다. 그러나 우리는 항상 가장 이상적인 것을 얻으려 한다는 사실에는 변함이 없지.

그럼에도 불구하고 우리가 자주 어리석은 결정을 내리고, 이롭기는커녕 전혀 도움이 되지 않는 행동을 하는 이유는 어떻게 설명할 수 있나요?

최고의 뇌도 가끔 실수를 하고 그릇된 결정을 내릴 때가 있단다. 이 현상은 우리가 합리적인 결정에 필요한 정보들만 가지고 있지는 않다는 사실과 관련이 있단다. 이 밖에도 우리 뇌는 주위 세계로부터 자주 그릇된 정보를 입수하면서 자신에게 불운한 결정을 내리기도 한단다. '절대 머리 혼자 생각하지 않는다.'라고 칼하인츠 데슈너가 말한 적이 있지. 실제로 뇌는 '외부'로부터 얻는 정보에 크게 좌우되는 '상관기관(relational organ)'이기 때문이란다.

그래서 사람들이 어렸을 때부터 그릇된 정보나 사람을 멸시하는 정보를 접하면 큰 문젯거리가 되는 것이죠. 그렇죠? 예를 들자면 자살폭탄 테러범으로 태어난 아이들이 떠오르네요…….

물론이지. 왜냐하면 그런 식으로 습득한 관념으로부터 나중에 자신을 구원할 수 있는 사람은 거의 없기 때문이지. 자신을 구원하려면, 외부로부터 대체할 정보가 필요하단다. 그리고 대부분의 사람들은 한번도 그러한 정보를 찾는 법을 배운 적이 없단다. 우연히 그러한 대체정보와 마주하는 기회를 가져도, 그 사람들은 비판적인 눈으로 조사해보려고도 하지 않고 습관적으로 반사하는 행동을 보이면서 이 정보들을 거부한단다. 아주 많은 사람들이 사물을 바라보는 자신들의 시각에 의심을 품어볼 생각을 전혀 못하는 것은 바로 그런 이유에서란다.

그들이 그렇게 고루한 사람인 것은 그들 자신도 어떻게 할 수 없는 것이잖아요. 맞지요?

맞다. 따지고 보면 그들이 다르게 배운 적이 없으니까. 그렇다고는 하지만, 그러한 독단적인 행동은 사람들끼리의 공존뿐만 아니라 각 개인의 행복한 생활을 위협하기 때문에 두말할 것도 없이 이런 독단적인 행동을 극복하는 것이 좋겠지. 사람들이 실패한 결정을 한 뒤에야 비로소 다른 선택의 가능성이 많았다는 사실을 알게 된다면, 무슨 소용이 있겠니? 덧붙여서 사람들은 자신이 가지고 있는 신념에 대해서도 비판을 할 수 있어야 한단다. 따라서 여기에서도 또다시 자만원칙과 죄의 원칙에 대한 자세가 큰 의미를 갖게 되는 것이지. 자기 자신을 지나치게 중요하게 평가하는 사람은 비판을 귀중한 선물로 여기지 않기 때문이란다. 사람들은 그런 비판을 오히려 자신의 현 지위와 신념을 세차게 멸시하는 행위로 여기게 되는 것이지.

하지만 비판은 무엇인가, 좀 불편한 것이 사실이잖아요! 어째서 비판을 선물로 여겨야 하는 건가요?

그 이유는 비판은 우리로 하여금 잘못된 생각을 하지 않게 도와주기 때문이지! 이미 에피쿠로스는 논쟁에서의 '패자'는 그 논쟁에서 '무엇인가를 더 배움'으로써 '보다 큰 이익'을 얻는다고 주장했지. 하지만 진정으로 자신의 통찰력을 개선하길 원하는 사람들만 그렇게 생각할 수 있단다. 이와 반대로 논쟁을 하면서 자신의 '오만한 자아'에만 초점을 맞추는 사람은, 분명히 자신의 주장이 틀렸음에도 불구하고 반드시 자신이 옳다고 할 수밖에 없지. 이 때문에 자신을 변화시킬 수 있는 잠재력이 현저하게 떨어지게 되는 것이란다. 결국 사람들은 자신이 오류를 범하고 있다고 인정할 때만 자신의 잘못에서 배울 수 있는 것이란다. 그러나 '오만한 자아'는 이렇게 하는 것이 힘들지. 그 이유는 이 오만한 자아 자신만이 자신의 강점과 약점에 전적으로 책임을 진다든가, 혹은 '죄의식'을 느껴야 한다고 망상을 하고 있기 때문이야. 따라서 성경의 말을 빌려 표현한다면, 오만한 사람은 남의 눈의 티끌은 보고, 자기 눈의 들보는 보지 못한다는 것이지.

좋아요! 우리가 변하길 원하지만, 자만심과 죄의식이 우리를 방해한다는 것을 이해할 수 있겠어요. 하지만 우리가 변화를 원할 수 있는 것인지 의문을 품기 전에, 먼저 우리 자신을 얼마나 많이 변화시킬 수 있는지 설명을 해야만 할 것 같아요. 도대체 그 변화를 위한 우리의 행동반경은 얼마나 넓은 것이에요? 이것에 대한 어떤 연구결과가 있나요?

글쎄. 우리의 변화 잠재력을 수치로 나타내기는 아주 어렵단다. 그래도 쌍둥이와 입양아에 대한 연구를 보면 지적 능력의 차이는 신장의 차이처럼 그렇게 대규모로 유전자에 좌우되지 않는다는 결론을 내리고 있단다. 다시 말해, 동일한 조건을 전제로 한다면, 너는 체격보다는 차라리 지능지수를 높이는 것이 낫다는 것이지. 성격특성에서 이러한 변화범위가 훨씬 큰 영향을 주는 반면에, 세계상에 관한 네 자신의 좋고 나쁨의 선택에서는 유전적인 요인이 별로 큰 역할을 하지 못하고 있지.

다시 말해, 우리가 생각하고 믿는 것은 상속받은 것이 아니네요……

그렇단다. 호모 사피엔스는 대단히 적응력이 강한 종이란다. 우리는 엄격한 유전적 프로그램을 따르지 않고, 변화하는 환경조건에 적응하도록 유전적으로 프로그램되어 있다고 할 수도 있겠지. 이러한 적응력은 인간이 세계 도처에서 보여주고 있는 여러 가지 재능에서 뿐만 아니라 누구나 불가능하다고 믿었던 일을 많은 사람들이 성취하는 것에서도 볼 수 있지. 혹시 '쟈니 웨이스뮬러(Jonny Weissmueller)'라는 이름에서 뭔가 떠오르는 게 있니?

흑백영화 시절에 그 유명한 타잔 소리를 만들어냈던 주인공 아니에요?

맞다. 바로 그 사람이다. 전제조건이 아주 열악했음에도 불구하고 사람들이 무엇을 해낼 수 있는가에 대한 알맞은 예가 바로 그 웨이스뮬러의 경우이지. 쟈니는 어렸을 때 아주 허약하고 병약한 아이여서 의사들도 얼마 못 살 것이라고 했다는 사실을 우선 너는 알아야 해. 어떤 의사가 그에게 허약한 체질을 튼튼하게 하기 위해서는 수영을 하라고 충고했단다. 그 젊은이는 그 충고를 굳게 믿으며 열심히 훈련을 했고 세월이 흐르면서 점점 더 훌륭한 수영선수가 되었단다. 그는 17살 때 처음으로 세계신기록을 세우더니, 그 이후에도 50개의 공식적인 세계신기록을 세웠단다. 1924년의 올림픽에서는 혼자서 5개의 금메달을 땄단다. 나중에 그는 이상적인 운동선수의 전형으로서 또 타잔으로서 전 세계적으로 유명해지게 되었지. 웨이스뮬러라는 가난한 이민가족 출신의 이 허약하고 병약한 아이가 이렇게 되리라고는 분명히 아무도 생각하지 못했겠지.

놀랍네요!

어렸을 때 소아마비를 앓았던 윌마 루돌프(Wilma Rudolph)의 생애도 그에 못지않게 대단히 인상적이지. 그녀는 왼쪽 다리에 소아마비를 앓았기 때문에 의사들은 그녀에게 장애자로 살아갈 것을 준비시켰단다. 그러나 어린 윌마는 포기하지 않았고 불굴의 의지로 훈련을 계속하더니 9살에는 부목(副木)을 사용하지 않게 돼 의사들을 놀라게 했지. 11살이 되자 특수한 정형외과용 보정 구두 없이 걸을 수 있게 되었고, 12살에는 이웃에 있는 모든 남자 아이들에게 달리기 경주를 도전하더니, 16살에는 처음으로 미국 올림픽대표팀 자격을 따냈고, 20살에는 100미터와 200미터에서, 그리고 400미터 계주에서 금메달을 따내며 3관왕이 되었단다.

세계에서 가장 **빠른** 여성이 자신의 경력을 이동장애인으로서 시작했다고요? 우와! 그거 정말 대단하네요! 하지만 아빠가 말씀하신 예는 두 가지 모두 운동 분야에서 나온 것이네요. 다른 분야의 얘기는 없어요?

물론 있지. 학교 문제로 시달렸던 사람들에 대한 예들도 좋겠구나. 그중에 토머스 에디슨(Thomas Edison)이 있지.

잠깐만요……. 전구를 발명한 그 사람을 말하는 거죠?

그렇단다. 전구만이 아니란다. 오랫동안 영향력을 발휘하며 세계 역사를 바꾼 2,000개 이상의 발명품이 에디슨의 공적이지. 백열

전등 외에도 그의 팀과 함께 최초로 실생활에 쓸 수 있는 발전기, 배전기, 전기저장장치 등을 발명해냈지. 목소리를 녹음했다가 다시 들을 수 있게 했고, 탄소알갱이를 이용한 송화기를 개발해 전화기를 개량했고, 영화 카메라의 최초 모델을 개발했고, 최초의 영화 스튜디오를 설립해서 영화예술의 개척자가 되었지. 인류 가운데 가장 위대한 발명가인 에디슨이 우리의 삶을 얼마나 많이 바꾸어 놓았는지 가늠할 수조차 없단다. 그의 기술적 해결의 독창성과 다양한 흥미 추구는 그 당시의 가장 유명하다는 과학자들과 기술자들을 경악시켰지. 더구나 에디슨은 초등학교조차 졸업하지 않았으니 그 놀라움이야 당연했겠지! 초등학교에 입학하고 학교 수업을 시작한 지 얼마 되지 않아 선생님은 그를 집으로 돌려보냈단다. 에디슨은 아주 산만하고, 말도 잘 듣지 않고, 주의력이 없는 아이로, 유명한 학습 방해자로 여겨졌단다.

하지만 어떻게 그런 사람이 인류의 가장 위대한 발명가 중 한 사람이 될 수 있었던 것이죠?

자, 우선 그의 엄마는 가정에서 살아가는 데 가장 필수적인 것을 가르쳤단다. 다시 말해, 그는 읽고, 쓰고, 계산할 수 있었던 것이지. 그는 집이 가난했기 때문에 11살의 나이에 기차 안에서 신문팔이를 하면서 자신의 빵을 벌었단다. 기차 운행 중 다행스럽게도 그에게는 책과 신문을 읽을 시간이 생겼고, 그런 식으로 독학을 했단다. 16살 때 전신기사라는 직업을 얻게 되었을 때도 그는 독학을 계속해 나갔단다. 그는 전신기술 사용에만 전념했던 것이 아니라 그 기술의 기본원리도 공부했단다. 21살에 그는 자신의 최초의 특허를 신청하게 되는데, 그 이후 그는 1,500개 이상의 특허권을 갖게 되었단다.

그 남자, 분명히 강철 같은 의지를 가지고 있었군요!

그렇지! 한번은 에디슨에게 그렇게 엄청난 성공의 비결이 무엇이냐고 물었더니 그는 '가장 확실하게 성공할 수 있는 방법은 항상 한 번 더 시도하는 것이다.'라고 대답했단다. 자신의 목표를 추구하며 보여주었던 그의 불굴의 끈기야말로 그가 이루어낸 대단한 성공의 밑바탕이었던 것이지. 그것은 '천재성'에 대한 그의 유명한 정의에도 잘 나타나 있단다. 그는 '천재는 1%의 영감과 99%의 땀으로 만들어진다.'라고 말했단다. '땀'을 흘리지 않고는 즉, 끊임없는 노력 없이는 어떠한 일도 성취할 수 없다는 사실을 에디슨만큼 실천한 사람도 없었던 것이지.

고생 끝에 낙이 온다! 음……. 그럼에도 불구하고 약간이라도 운이 따라주지 않는다면, 성공할 수 없잖아요. 그렇죠?

그렇단다. 당연히 운이 있어야 성공할 수 있지. 만일 윌마 루돌프에게 그렇게 희생적으로 돌봐준 가족들이 없었더라면 소아마비의 충격을 절대 이겨내지 못했을 거야. 뿐만 아니라 그녀가 농구 시합 중에 우연히 육상경기 트레이너의 눈에 띄지 않았다면, 나중에 올림픽에서 우승하지 못했을 것이고. 이러한 우연은 에디슨에게도 역시 은인이 되었지. 15살 때 에디슨은 우연히 위험에 처한 어느 전신기사의 아들을 구해주게 되었고, 그 전신기사는 이에 대한 보답으로 에디슨에게 전신기술 사용법을 가르쳐주게 된 것이지. 에디슨은 이렇게 해서 배운 지식을 나중에 신문팔이 소년에서 전신기사로 지위가 높아지기 위해 활용한 것뿐만 아니라, 자신이 만든 최초의 발명품에도 활용했지. 그 당시 전화기는 아직도 기술적으로 만족스러운 상태가 아니어서 여전히 문장을 전신으로 보내는 원거리 전달방식이 대단히 중요한 때였단다. 그런 이유로 에디슨의 발명품은 그 분야에서 가치가 높았지. 게다가 바로 이 시기가 에디슨에게는 발명가로서 자신의 경력을 시작하기에 아주 좋은 시기였다는 것이 대단한 행운이었지. 왜냐하면 19세기 말과 20세기 초에는 선구적인 업적들이 줄을 이어 나왔단다. 그러나 에디슨이 유리한 환경을 만났다고 해도, 자신의 구상을 끈기있게 추구하지 않았다면, 그가 이룩한 모든 것들을 결코 달성할 수 없었겠지.

다시 말하면, 의지가 정말 중요하다는 것이지요?

물론이지. 합리적으로 생각한다는 두뇌 과학자나 철학자들 중 누구도 이 사실에 대해서는 전혀 의심해본 적이 없단다! 원인 없는 의지가 있다고 주장하는 사람이라도, 의지 자체가 세상에서 일어나는 여러 가지 다양한 결과의 원인이라는 사실을 결코 부인하지 못하지. 굳센 의지로 자신의 목표를 추구하는 사람은, 성급하게 포기하는 사람보다 자신의 목표를 달성할 보다 큰 기회를 갖게 되는 것이란다.

하지만 일찍 포기하는 사람들은 원인 없는 의지를 믿고 있기 때문 아닌가요?

분명히 그건 다른 경우지! 찰스 다윈, 알베르트 아인슈타인, 카를 마르크스, 프리드리히 니체, 혹은 지그문트 프로이트 같은 위대한 현대 사상가를 생각해보려무나. 이들 중 아무도 '의지의 자유'를 믿은 사람은 없단다. 그러함에도 엄청난 것들을 이루었잖니! 토머스 에디슨 역시 자유의지를 믿은 사람이 아니었지. 그는 『세계의 수수께끼』라는 저서에서 자신을 '자유의지'를 환상이라고 폭로한 다윈의 동료였던 에른스트 헤켈의 추종자임을 뜻하는 '헤켈주의자'라고 불렀단다.

아빠는 지금 자유의지를 포기한 사람만이 성공할 수 있다고 주장하려는 것, 뭐 그런 것이지요?

아니란다. 그러나 계획한 것을 달성할 수 있다는 믿음을 포기해야만 했기 때문에 '원인 없는 의지'에 대한 믿음을 포기한 사람이라는 것은 절대 아니란다. 우리가 우리의 의지와 우리의 능력의 인과적 결정을 확신한다면, 그것은 우리의 목표를 구체화하기 위한 장점이 될 수 있다고 나는 생각한단다.

어째서요?

왜냐하면 이러한 전제조건 하에서는 사람들이 실패를 해도 이를 더 잘 견뎌낼 수 있게 되어 에디슨이 '항상 한번 더 시도하라.'고 말했던 권고를 한층 쉽게 따르며 실천할 수 있기 때문이지. 대부분의 사람들은 실패할 수밖에 없었던 이유는 인정하지 않고, 자신들이 실패했다고 쉽게 판정을 내려버리고 성급하게 좌절하는, 바로 그것이 문제지. 그러나 만약 사람들이 주어진 조건하에서 전과 달리 실패할 수밖에 없었다는 것을 분명히 알고 있다면 커다란 도움이 될 텐데 말이지. 이러한 방식으로 사람들은 '불타는 끈기'와 같을 것을 키울 수 있지. 다시 말해, 이것은 한편으로는 목표를 실현하기 위해 열정을 가지고 노력하는 능력이고, 다른 한편으로는 그 과제를 실현할 수 없다고 판단하면 이를 기꺼이 받아들일 수 있는 능력이기도 하지.

그러면 쟈니 웨이스뮬러, 윌마 루돌프, 그리고 토머스 에디슨 같은 사람들의 성공비결은 이러한 '불타는 인내심' 이었단 말이죠?

그렇단다. 감추어져 있는 것을 끄집어내 펼치기 위해서는 너무 조급하거나 너무 냉담해서는 안 된단다. 물론 우리 모두가 윌마 루돌프나 토머스 에디슨이 될 수는 없지만 내가 확신하건대 우리 모두의 내면에는 숨겨진 능력이 잠들고 있고 우리가 불러주기만을 기다리고 있단다. 그러나 애석하게도 대부분의 사람들은 자신의 능력을 전혀 발휘하지 못하고 있단다. 너와 내가 이미 파악한 대로, 이것은 그들 '자신의 책임' 이 아닌 것은 맞지만, 이것 때문에 자신들의 재능을 제대로 발휘하지 못하고 있다는 것이 참으로 안타깝구나. 어쨌든 잠자고 있는 자신의 능력을 눈뜨게 하는 것은 '삶의 기술' 을 위해서 필수적인 요소란다. 비록 극소수만이 진정한 대가가 될 수 있다 하더라도……

'나는 단지 강력한 권력과 알 수 없는 운명의 손아귀에 놀아난 꼭두 각시였을 뿐이다.'

히틀러 친위대 중령 아돌프 아이히만(Adolf Eichmann, 1906-1962)은 유대인에게 자행한 나치의 범죄를 지휘한 주범 중 한 사람으로 지목된 책임을 회피하려고 이렇게 말했다. 그가 단지 '환경의 형성' 과정 중에 그렇게 될 수밖에 없었다고 기술한 것은 옳은 얘기다. 또한 다른 사람들과 마찬가지로 '자신에게 드리워진 그림자'를 뛰어넘을 수 있는 능력이 없었다는 것도 맞는 말이기는 하다. 그러나 그것 때문에 그의 행동이 결코 정당화될 수는 없다.

정신분석가이며 사회철학자인 에리히 프롬(Erich Fromm, 1900-1980)이 1941년에 자신의 혁신적인 저서인 『자유로부터의 도피』에서 '권위주의적 성격'에 관해 언급한 적이 있는데 아돌프 아이히만에게서 바로 이러한 권위주의적 성격의 원형을 다소 찾아볼 수 있다. "권위주의형 성격을 가진 사람이 가지는 용기라는 것은 본질적으로 운명, 자신의 대표자, 혹은 '지도자' 등이 계획해 놓은 것을 허용하는 용기이다. 어떤 불평도 하지 않고 참는 것이 그가 가진 최상의 미덕이다. 그의 용기란 그 괴로움을 멈추게 한다든지 혹은 그것을 억제하려는 용기가 아니다. 운명을 바꾸려 하지 않고 다만 이 운명에 복종하는 일이 권위주의적 성격의 영웅주의다."

어떤 다른 말도 이 말만큼 아이히만의 성격을 정확하게 묘사할 수는 없을 것이다. 결국 그의 세계관 속에는 각 개인이 어떤 수를 써서라도 '운명의 절대지배'에 대항할 수 있다는 생각은 없었다. 아이히만의 본

보기는 우리에게 다음과 같은 사실을 시사한다. 만약 각 개인이 상황에 복종할 수밖에 없다는 믿음에 깊이 빠지면, 역시 그렇게 해버리고 만다. 자신이 개인으로서 무력하다고 믿고 있는 믿음은 실제로 자신을 무력하게 만들고, 원칙적으로 자신에게 열려져 있을지도 모르는 환경을 달리 생각해볼 여유를 갖지 못하게 한다.

이러한 이유로 인해 생긴 숙명론(운명에 대한 믿음)은 위험하다. 그 숙명론이 자신의 인습적이고 종교적 허울〔불가촉천민(不可觸賤民)들이 스스로 비천한 일을 도맡아 하는 것이 자신들의 운명이라고 믿고 있는 인도의 전형적인 카스트제도를 생각할 수 있겠다.〕을 쓰고 나타나건, 혹은 어느 현대적 사이비 과학으로 변형되어 소위 '운명적인 유전자의 권력' 으로 나타나건 말이다.

누구보다도 미국 출신의 두 명의 교수 찰스 머레이(Charles Murray, 1943-)와 리처드 헌스타인(Richard Herrnstein, 1930-1944)이 1944년에 출판한 『The Bell Curve(종곡선)』라는 책을 보면 이러한 '유전자 운명론' 으로 인해 어떠한 결과가 나올지 뚜렷이 알게 된다. 머레이와 헌스타인은 지능이 아주 중요하다고 전제하면서 실업, 학업실패, 빈곤, 아동방임은 물론 많은 사회문제들이 낮은 지능지수(IQ)에서 비롯된다고 주장했다. 따라서 이 두 교수는 독신모들에 대한 지원을 중단해야 한다고 제안했다. 그러한 사회복지 프로그램의 시행은 평균 이하의 지능을 가진 여성들이 평균 이하의 아이들을 많이 낳음으로써 사회 전체를 파멸의 구렁텅이로 몰아넣기 때문이라고 했다.

미국의 보수우파 진영은 'The Bell Curve' 를 열렬하게 환영했으나 수많은 저명한 과학자들은 신랄한 비판을 서슴지 않았다. 심리학자 마틴 샐리그먼(Martin Seligman, 1942-)은 머레이와 헌스타인이 주장한 지능지수와 빈곤의 상관관계를 비판했다. 그들과는 달리 샐리그먼은 가난한 계층의 사람들이 지능지수 검사에서 나쁜 성적을 얻는 것은 주로 '학습된 무력감'에서 비롯된다고 주장했다. 샐리그먼의 주장에 따르면 비교적 낮은 인지수행은 빈곤 때문이 아니고 오히려 빈곤과 신분상승 결핍의 결과에서 비롯된 것이다.

진화생물학자인 스티븐 제이 굴드(Stephen Jay Gould, 1941-2002)는 '유전자 결정론'과 '유전적 잠재력' 사이에 중요한 차이점이 있음을 언급하면서 'The Bell Curve'에 대한 비판에 더욱 박차를 가했다. 굴드에 따르면, 유전자가 우리의 삶을 결정하는 것이 아니고 다만 특정한 환경을 마련해서, 그 환경 안에서 우리가 다양한 가능성을 실현할 수 있게 해준다고 했다(유전자 잠재력).

이러한 주장은 또한 우리가 태어난 사회적 환경과 관련시켜 아주 유사하게 표현될 수도 있을 것이다. 역시 그러한 환경도 우리의 삶이 어떻게 되어 가야 할지 정해놓은 것은 아니다. 그 이유는 미국의 저명한 심리학자 버러스 프레더릭 스키너(Burrhus Frederic Skinner, 1904-1990)가 전제한 대로, 우리는 백지의 상태로 태어났으나 환경의 내용만으로 그 백지를 채우는 것이 아니기 때문이다. 오히려 우리의 사고와 행동은 우리 자신이 가진 유전요인과 우리가 만나는 환경조건의 독특한 상호작용에서 비롯된 결과인 것이다.

다시 말하면 우리는 아이히만이 믿었던 것처럼 '강력한 권력의 손아귀에 놀아나는 꼭두각시'가 아니다. 우리의 삶이 어떤 여정을 걸어가야 할지 정하는 것은 '유전자'도, '사회환경'도, '불가해한 운명'도 아니다. 행불행을 분간할 수 있는 의지가 강한 생명체로서 우리는 우리에게 일어나는 것에 대해 분명히 말할 권리가 있는 것이다! 카를 마르크스는 다음과 같이 쓴 적이 있다. '인간은 자신의 역사를 만들어가고 있지만, 그들 자신이 원하는 대로 만들 수는 없다.' 즉, 수없이 많은 요인들이 우리의 자아를 결정한다고 해도, 우리는 우리 스스로가 우리의 삶을 결정할 수 있다. 무엇보다도 자기결정을 통해 우리의 자아가 결정될 때 말이다.

항상 이성적인 것이 합리적일까?

우리가 지금까지 '삶의 기술'에 대해 토론한 것을 깊이 생각해보면 그래도 아직 무엇인가 아주 중요한 것을 빠트리고 있다는 생각이 들어요. 사람들이 자신의 잠재력을 활용하고, 자신의 목표를 끈기있게 추구해야 한다는 것은 잘 이해하겠어요. 하지만 이러한 권고는 무엇인가 너무 '골치 아픈' 일이 아닌가라는 생각이 들어요. 즉흥적이거나 엉뚱한 짓은 하지 말라는 것이죠? 골치 아픈 일이 생길까 봐 신나게 즐기지도 못하고 뭔가에 도취할 수도 없다면 우리 삶은 그야말로 완전히 멍청하고 따분한 생활 아닌가요?

아, 네가 무엇에 관해 말하려는지 알 수 있을 것 같구나. 항상 이성적인 것이 합리적인지 알고 싶은 거지. 그렇지?

그래요. 그거 딱 맞는 표현이네요! 사람들이 항상 냉정하고 합리적인 머리로만 사물을 다룬다면 정말 행복해질 수 있는지, 전혀 상상이 안 돼요.

나도 같은 생각이란다. 항상 이성적인 것은, 전혀 합리적인 것이 아니란다! 우리는 가끔 정상에서 벗어나 미칠 줄도 알아야 살아있다는 것을 느낄 수 있지. 하지만 자신의 삶을 통제하는 것이 좋다는 것을 부인하는 것은 전혀 아니란다. 강제로 통제해야만 한다는 생각은 우리에게 이로운 것보다 해로운 것이 더 많단다. 자유로워질 수 있는 능력도 또한 '삶의 기술'에 포함되지. 다시 말해, 통제하는 이성을 차단하는 능력 말이다. 그 이유는 때로 이성으로부터 자유로울 줄 모르면 진정으로 몰두하는 일도 불가능하기 때문이지. 인류가 아득한 옛날부터 의도적으로 합리적인 통제를 완화하는 문화적 기술을 발전시켜 온 것은 다 이유가 있는 것이지. 덧붙이자면, 내 말은 조용한 좌식명상뿐만 아니라 댄스나 마약소비로 인한 황홀한 무아경도 의미하고 있단다.

뭐라고요? 아빠는 마약 생산과 마약 소비에서 '문화적 기술'을 파악할 수 있다고요?

물론이지. 완전히 마약 없는 세상을 만들겠다는 생각은 소화불량을 겪고 있는 바람둥이의 몽상에 불과하지! 무슨 근거로 개인의 '무아경의 권리'를 박탈해야 하는 것인지 정말 모르겠구나. 개인이 자신의 물질대사를 결정할 수 없다면 도대체 누가 할 수 있는 거지? 내 생각에는 그들과는 전혀 상관없는 이 분야에 국가가 너무나 많은 걱정을 하면서 참견을 하고 있는 것 같구나.

아빠는 '약물에 힘을 실어주지 맙시다'라는 캠페인에 기꺼이 참여하지 않겠다는 말씀이신가요?

글쎄다. 물론 약물도 우리를 '지배'해서는 안 되겠지! 내 말은 약물 소비에 그렇게 심각한 위험이 도사리고 있지 않다는 거지. 몇 가지 약물에 대한 문제에서는 이제 제발 좀 참견을 하지 말았으면 좋겠는데 말이다! 거의 모든 약물에 대해서 사람들은 반드시 소비를 통제할 수 있어야 해. 이는 사람들이 소비하는 합법적인 약물인 알코올, 니코틴, 혹은 카페인에도 해당된단다. 하지만 약물 소비가 원칙적으로 해롭다거나, 혹은 비난받아 마땅하다는 판단은 허무맹랑한 소리에 불과하단다. 이 분야에서 미덕지킴이 역할을 하는 과격한 금주설교사들은 내가 보기에는 아주 의심스러운 인물들인 것 같구나. 이들은 대부분 속세의 지나친 건강편집증, 혹은 종교적인 도덕편집증에 시달리고 있지. 때로는 두 가지 모두를 한꺼번에 앓고 있기도 하고.

'건강편집증' 이 무슨 뜻이에요?

참기 어려운 온갖 절제를 감수해가며 적어도 마지막에는 '건강하게' 죽기 위한 것이 삶의 목표라면서, 닥치는 대로 온갖 무리한 노력을 하는 사람들에게서 우리는 '건강편집증' 을 느낄 수 있지.

터무니없는 소리처럼 들리네요.

터무니없기도 하지만 비극적이기도 하지. 왜냐하면 사람들이 불안해하면서 모든 즐거움, 모든 식품, 모든 행동을 건강의 측면에서만 보려고 한다면, 자신도 모르는 사이에 병들기 때문이란다. 이런 사람들은 질 수밖에 없는 싸움을 하는 것과 마찬가지란다. 왜냐하면 건강에 대한 온갖 정보를 200% 지킨다고 해도 삶이라는 것은 어차피 사라지게 되어 있으니까. 그렇다고 사람들에게 건강관리를 게을리하라는 뜻은 아니고, 건강관리에 지나치게 신경을 쓰는 일로 삶을 허비하지 말라는 얘기란다! 결국 삶에 많은 시간을 부여하는 것도 중요하지만 시간에 많은 삶을 부여하는 것도 중요하다는 것이지. '건강을 이유로' 즉, 지방이 많다거나, 달다거나, 건강에 해를 준다거나, 비합리적이라는 이유로 삶을 즐겁게 하는 모든 것을 거부하는 사람에게서, 우리는 그렇게까지 하면서 기필코 오래 살려는 이유가 도대체 무엇일까 하는 의문이 생기지 않을 수 없구나. 우리 재단의 동료인 스위스인 면역학자 베다 M. 슈타들러(Beda M. Stadler)가 한번은 유쾌한 회식자리에서, 인생이라는 것은 아래로 미끄러져 내려가는 미끄럼틀과 같은 것이어서 한 손에는 위스키를 들고, 다른 한 손에는 시가를 들고 미끄러져 내려가면 한층 마음이 편해질 거라고 말한 적이 있단다. 나도 같은 생각인데 그 말이야말로 현명한 말이지! 물론 위스키와 시가로 과장시켜서는 안 될 일이기는 하지만, 밤새도록 술을 마신 후 깨질 듯한 두통을 느끼며 눈을 떠본 경험이 한번도 없는 사람 또한 인생을 진짜 제대로 살아본 사람은 아닐 거야.

맞아요. 저도 그렇게 생각해요. 흠뻑 취할 수 있는 파티가 없는 생활은 상상만 해도 끔찍해요! 하지만 아빠가 좀 전에 말씀하신 것을 다시 한번 끄집어내 보죠. 아빠 생각에는 많은 금주설교사들이 종교적인 도덕편집증에 걸린 사람들처럼 행동한다고 하셨어요. 그것이 무슨 의미예요?

역사를 들여다보면, 주로 종교세력들이 약물의 소비를 금지시켰다는 사실을 확인할 수 있단다. 1484년에 그 악명 높은 '마녀칙령'을 통해 처음으로 카나비스의 사용을 금지시킨 것은 교황 이노센트 8세였단다. 1912년, 우연하게도 이미 상하이에서 준비작업을 지휘했던 찰스 브렌트(Charles Brent) 추기경을 의장으로 하는 '제1회 국제아편회의(IOA)'가 열렸을 때, 아편, 코카인, 그리고 모르핀 사용을 불법화시켰고, 국제마약금지정책을 위한 원칙이 세워졌단다. 또한 미국에서 1919년부터 1933년까지 알코올 금지법을 시행해서 마피아가 등장하게 된 유리한 배경을 만들어 준 금주운동을 이끌었던 사람들도 주로 종교적 도덕주의자들이었지. 그 사람들은 기독교 근본주의자들인 '금주당'과 '금주를 위한 기독교여성연합' 사람들이었단다.

어째서 종교를 믿는 사람들이 그러한 일에 큰 흥미를 갖는 거죠?

그것은 종교가 아득한 옛날부터 '무아경'을 통제하려고 애써온 것과 관련이 있단다. 그렇기 때문에 성과 약물 소비 분야에 그토록 많은 종교적 규정이 있는 것이지. 종교는 어떤 쾌락은 허용이 되고 어떤 쾌락은 허용이 안 되는지를 미리 결정한단다. 바로 이런 식으로 종교는 인간을 지배하는 권력을 행사할 수 있게 되는 것이지. 모든 사람들이 욕망의 종류를 막론하고 스스로 마음 놓고 결정할 수 있다면 종교의 기능은 없어지겠지? 따라서 종교는 지켜야 할 것과 금지할 것의 목록을 길게 작성해 놓아야 하는 것이지. 종교는 또한 다른 방법을 통해 금지하고 싶지 않은 것, 혹은 금지할 수 있는 것을 통제하기도 한단다. 독일에 있는 그렇게나 많은 맥주 양조장과 와인 양조장들이 교회 재산인 것은 다 그 이유가 있는 것이란다.

좋아요. 종교기관들이 쾌락과 무아경(忘我)을 통제하고 싶어한다는 것은 이해할 수 있겠어요. 하지만 '일반 신자들'은 왜 그것을 지키는 것이죠?

알다시피 신자들이라고 해서 모두 다 지키는 것은 아니지. 많은 사람들이 겉으로는 지키는 것처럼 보이지만, 이 사람들을 더 자세히 관찰해보면 물을 마시라는 설교를 들었음에도 불구하고 와인을 마시고 있다는 것을 확인하게 되지. 그러나 사람들이 종교적인 규칙사항과 금지사항을 생활의 기준으로 깊이 내면화시켰기 때문에 이러한 사항들을 노예처럼 지키는 사람들도 있다는 것 또한 부인할 수는 없지. 이 사람들은 이 '더러운 욕망'을 해소하게 되면 자신을 '불결하다'고 느끼게 되지. 맥주에만 '순수법'이 있는 것이 아니고 대부분의 종교는 '인간의 정결'에 대해서도 특별한 사고를 개발해 오고 있단다. 그래서 많은 사람들이 이러한 '정결'을 '더럽'힐지도 모른다는 걱정에 시달리고 있단다. 이러한 걱정은 많은 사람들이 섹스가 끝난 후, 그리고 기도하기 전에 '강박적 세정'을 하는 것으로 표현되고 있을 뿐만 아니라, 예를 들어, 몇 년 전부터 미국에서 유럽으로 넘어온 금연운동에서도 그러한 걱정의 흔적이 드러나 있단다.

금연운동이 종교적인 정결관념과 무슨 상관이 있는 거죠?

몇 안 되는 금연운동 실천가들에게는 객관적으로 검증된 흡연으로 인한 건강훼손만 중요한 것이 아니라, 옛날부터 진행된 흡연과 연관된 '불경함'을 막으려는 의도도 중요하단다. 이것은 벌써, '금주를 위한 기독교여성연합'이 알코올 금지 이외에도 합법적인 금연을 관철시키려 한, 20세기 초기에 일어났던 일이지. 그 사이에 이미 금연단체 자신이 거의 일종의 '종교'가 되어 버렸단다. 이미 오래 전부터 이 단체에게는 합리적인 건강 계몽이 더는 중요한 사항이 아니란다. 얼마 전부터 흡연가들을 대상으로 펼쳐진 이런 히스테리가 나를 30살이라는 성년의 나이에 담배를 시작하게 만들었단다.

저항의식에서 담배를 피운다는 것은 아주 어리석다는 것 몰라요, 아빠?

물론이지! 이런 행동은 완전히 유치한 짓이고 아마 언젠가는 담배를 시작한 것을 아주 후회하게 될지도 모르지. 물론 흡연이 건강에 해롭고, 돈이 든다는 점에서 이중으로 비이성적이라는 것을 나는 잘 알고 있단다. 하지만 그것이 아주 비이성적이라고 해도 나는 상관 없단다. 내게는 비이성적이 되어도 괜찮을 권리가 있으니까! 또한 나의 비이성적인 행위가 다른 사람들에게 해를 주지 않는다거나(원치 않는 간접금연으로) 지나치게 폐를 끼치지 않는다면 누구도 나의 이러한 권리를 박탈할 수 없단다.

담배를 피워서 생긴 결과로 죽는다 해도 전혀 상관없다는 말인가요?

글쎄, 어차피 담배를 피워서 죽는 것이나 다른 원인으로 죽는 것이나 죽는 것은 마찬가지일 텐데 뭘 그러니. 이런 농담도 있잖아. '인류의 반이 알코올과 니코틴 때문에 죽는다 해도, 나머지 반도 어차피 알코올과 흡연과 상관없이 죽을 텐데.'

하지만 담배를 피우면 담배를 피우지 않을 때보다 몇 년 더 빨리 죽어야 하잖아요.

사실 그렇지. 나는 담배가 건강에 끼치는 해독성을 결코 과소평가하자는 것이 아니란다. 비록 논쟁이 있을 때마다 종종 인용되는 수치가 믿을 만한 조사에서 그 신빙성이 입증되지 않았을지라도, 흡연이 건강을 해친다는 것은 부인할 수 없는 사실이지. 그러나 내가 즐기는 열정적인 일 때문에 아마 몇 년의 생명을 희생해야 할 것 같다, 아니다 하며 저울질하는 일은 나의 결정에 달려 있는 것이지! 국가나 좋은 일을 하겠다고 나선 건강편집증에 걸린 단체들이 내 결정권을 빼앗아 가서는 안 되는 것이지. 건강에 관련된 일이라면 국가가 나서서 모든 것을 규제한다고 상상해보렴. 그렇게 되면 그 정부는 담배뿐만 아니라 크림 케이크, 초콜릿 바, 여행, 혹은 모험 스포츠도 금지시켜야 할 거야. 나는 이러한 '이성이 판치는 독재' 국가에서 살고 싶지는 않구나! 비이성적인 것을 할 수 있는 권리도 각 개인의 자유 안에 포함되어 있단다. 우리가 대체로 보다 나은 합리적인 결정을 내릴 수 있도록 하는 것이 철학자로서의 나의 커다란 임무인 만큼, 나는 전반적인 삶이 이성적인 통제에 무릎 꿇지 않도록 결연한 각오로 저항하는 것이란다. 그러한 통제를 통해 삶을 가치있게 만드는 많은 것들이 사라져버릴 수 있으니까 말이지.

어째서요?

이성이 가진 장점이라는 것이 비창조적이기 때문이란다! 특히, 모든 것이 이성적이어야 한다고 한 임마누엘 칸트의 철학에서 보듯이 이성주의적 인간상 속에는 이성이 너무 지나치게 과대평가되어 있지. 좀 더 자세히 관찰해보면 그러한 주장으로 인해 사람들은 그야말로 '감독관청'의 업무가 될 법한 이런 이성판단을 떠맡아 자신에게 너무나 큰 부담을 주고 있다. 즉, 독일 기술검사협회가 자동차의 올바른 기능 여부를 조사하듯이, 이성도 과거에 우리 뇌의 무의식조절 중추에서 개발되어 생성된 창조적인 해결을 검사한단다. '이성경찰'이 아주 부지런하면 즉, 이성적인 통제가 아주 활발하면, 아주 보잘것없는 창조성만이 그 힘을 발휘하지. 창조성은 사물과의 유희적인 교제를 원하기 때문에 '놀이를 방해하는 이성'이 전혀 필요하지 않단다.

고금을 막론하고 예술가들이 심각할 정도로 약물을 시험해왔던 것이 바로 그런 이유 아니에요?

그렇단다. 그런 방법으로 상상력을 방해하는 이성에 틈을 내 사물을 분석적으로 보지 않고 직관적으로 보게 되는 것이란다. 이렇게 해서 사고를 도약하게 만들고, 상상력이 결여된 합리적 이성에게는 아주 터무니없는 관념을 추구하게 되는 것이지. '이성적인 통제'를 차단시킴으로써 뇌 속에 새로운 연상이 떠오르고, 이성의 편협하고 좁은 터널시야로는 결코 처리할 수 없을 것 같은 일을 창조적으로 처리할 수 있는 것이란다.

그러니까 다시 말해 창조적인 해결은 의식적으로, 그리고 이성적으로 깊이 생각해서 일어나는 것이 아니라, 오히려 무의식적인 뇌 활동으로 일어나는 것이로군요?

의심할 여지가 없지. 이미 얘기한 대로 우리의 의식과, '이성을 통제하는 감독관청' 본부는 약 50비트라는 아주 작은 작업처리 메모리만 사용 가능할 뿐인 반면에, 우리 뇌의 나머지 부분은 1초에 약 수백 만 비트의 작업속도로 정보처리를 할 수 있고, 또 그렇게 해야만 하지. 그렇기 때문에 만일 우리가 50비트의 정보처리 속도를 가진 이성에게만 결정권을 준다면 이것은 현명하지 못한 일이 되는 것이지. 수많은 연구에 의하면 일반적으로 '즉흥적이고 본능적으로' 내리는 직관적인 결정이 이성적으로 아주 깊이 생각해서 내린 결정보다 현명하다는 것을 보여주고 있단다.

'즉흥적이고 본능적으로' 결정하는 사람은 비교적 빠른 작업처리 메모리를 끄집어내 사용하기 때문이겠죠?

그렇지. 그래야만 하나의 결정을 내릴 때 신속하게 수많은 요소들을 고려할 수 있기 때문이지. 그렇기 때문에 너무 '냉정하게' 즉, 자신의 그 보잘 것 없는 50비트 짜리 이성만을 사용해서 깊이 생각하며 사물에 접근하려는 사람은 자신의 직관력을 포기하는 것이지.

우리는 감정에 따르는 느낌 즉, 직관에 더 많은 활동기회를 주어야 하는 것이로군요?

그렇단다. 우리가 어려운 문제에 직면해 있는 바로 그 순간, 작업을 중단하고 그냥 내버려두는 것이 이성적 사고에서 비롯된 장해를 해소하는 데 더 현명한 일이라는 것이지. 문젯거리를 풀 때, 일반적으로 그 문제에 너무 많이 집중하지 않을 때 오히려 최고의 해결책이 나온단다. 나의 경우를 예로 들면, 어떤 글을 쓰다가 꽉 막혀서 어떻게 해야 할지 모를 때는, 일어나서 그냥 정신 나간 사람처럼 이리저리 왔다갔다 한단다.

그뿐만 아니라 마치 우리에 갇힌 호랑이처럼 아둔해 보이기도 해요.

아둔한 것도 효과가 있다고 생각해볼 수 있겠구나. 아무튼 그렇게 왔다갔다 하다 보면 핵심에서 벗어나게 되고, 이것저것 다른 것을 생각하다보면 갑자기 어떻게 된 일인지 설명할 수는 없지만, 글을 어떻게 써 나가야 할지 눈앞에 떠오르게 되는 경우가 있단다. 때로는 자고 있는 중에 그러한 문제들이 해결되는 경우도 있지. 밤에 풀리지 않는 문제를 안고 잠들었는데 다음날 아침이 되면 마치 맑게 갠 하늘처럼 기발한 착상이 떠오르는 경우가 자주 있단다.

뇌는 밤에도 무의식적으로 문제에 달라붙어 일을 하고 있다는 의미인가요?

너도 이런 경우는 잘 알 거야. 밤에는 X라는 영화, 혹은 Y라는 배우의 이름이 전혀 떠오르지 않다가 아침에 눈을 뜨고 일어나면, 떠오르는 경우가 있잖아. 여담이지만 토머스 에디슨은 이러한 현상을 특별한 방법으로 활용했단다. 그는 자신을 위한 '발명의자'를 만들어서 낮 동안은 거기 앉아서 꾸벅꾸벅 졸고, 그러다가 긴장이 가장 많이 풀어진 순간에 잠에서 깼던 것이지. 에디슨은 그런 수면휴식 덕분에 여러 개의 아주 중요한 발명품을 만드는 데 성공할 수 있었다고 말했단다.

죽여주는 방법이네요! 하지만 무의식적인 사고과정이 문제를 창조적으로 해결할 때만 그 역할을 하는 것은 분명히 아니죠. 그렇죠?

그렇단다. 사랑이라는 것을 생각해보자. 이성적인 이유로 다른 사람에게 반해 사랑에 빠지는 사람은 아무도 없단다…….

같이 사귀고 있는 바로 그 사람과 반드시 결합해야한다는 생각은 합리적인 결정이 아니라는 말이죠?

앞으로 사랑할 애인 후보자들의 특성을 리스트로 작성하고, 비용편익 대차대조표에 따라 가장 높은 점수를 딴 사람을 애인으로 결정하겠다고 하는 사람은 없잖니! 사랑의 파트너를 고를 때 이렇게 합리적이고 냉철한 기준에 따라 접근하는 사람은 절대로 사랑에 빠지는 일이 없을 거야. 사랑은 헌신을 요구하고 이러한 헌신은 또한 감각적으로 자제력을 잃어버림으로써 통제를 일삼는 이성을 차단시킬 때만 가능하기 때문이지. 사랑하는 연인들은 정말 황홀경 속에 빠져 있는 상태여서 상대방이 사진만 보아도 온몸에 갖가지 호르몬이 넘쳐흐르게 되지. 이성적인 통제력의 상실을 두려워하는 사람은 진정으로 사랑에 빠지지 못하고 진정한 정열의 황홀한 행복감을 결코 체험하지 못하지.

하지만 이러한 통제력을 상실한 정열은 실패할 수도 있잖아요. 항상 사랑으로부터 질투가 생기고, 때로는 심지어 끔찍한 증오심도 생기죠! 처음에는 '영원한 사랑'을 맹세하는 사람들이 나중에는 서로 깊이를 헤아릴 수 없을 정도로 경멸하는 일이 수없이 많잖아요!

분명히 그렇지. 사랑에 빠진 로미오(Romeo)도 순식간에 질투에 휩싸인 오델로(Othello)가 되고, 줄리엣(Juliet)도 앙심을 품은 복수의 여신이 되기도 하지. 어쩔 도리가 없단다. 내 말은 적어도 사랑이 질투로 변하려는 바로 그 순간 '이성을 통제하는 감독관청'에 경보를 내리는 것 외에는 별 도리가 없다는 말이란다. 물론 50비트의 정보처리속도를 가진 이성이 2,000만 비트의 직관에 대항해서 싸운다는 것은 쉬운 일이 아니겠지. 결국 질투는 진화가 개발한 일종의 계략이란다! 그럼에도 불구하고 이성은 완전히 손을 놓고 있는 것이 아니란다. 사람들이 결코 타인을 자신의 소유로 만들 수 없다는 것을 진정으로 깨닫게 된다면, 질투라는 감정을 통제하기가 쉬워질 거야. 아마 완전히 극복하기도 어렵지 않겠지.

질투심을 없앨 수 있다는 말이에요?

사랑받던 사람에게서 버림을 받으면 매우 불행해진다는 것은 너무 당연한 일이지. 하지만 그렇다고 해서 반드시 '질투'를 해야만 하는 이유는 뭘까? 이 문제를 좀 더 자세히 관찰해보면, 질투심을 느끼고 있는 사람들의 공격적인 감정은 무엇보다도 자존심 문제에서 비롯된다는 것을 확인할 수 있단다. 자신의 가치가 존중받아 마땅하다고 생각하지만 상대방이 자신의 가치를 존중하지 않기 때문에 질투심을 느끼며 상대방을 증오하고 있는 것이지.

다시 말하면, 여기에서도 '오만한 자아'의 문제가 그 원인이라는 것이죠?

바로 그것이지! 오만과 마찬가지로 질투 역시 현실을 잘못 해석하기 때문에 일어나는 것이란다. 성공적으로 너의 오만을 극복하면, 질투심을 떨쳐버릴 첫 번째 걸음마를 뗀 것이나 다름없단다. 자기 자신을 더 이상 그렇게 진지하게 생각하지 않는 법을 배운 사람은, 질투심을 극복하는 것도 어려운 일은 아니지. 왜냐하면 타인이 자신에게 매기는 가치평가를 통해 자신의 가치를 평가해야 한다는 스트레스를 더 이상 받지 않기 때문이지.

하지만 바로 그 점이 낭만적인 사랑을 만드는 중요한 원인 아닌가요? 사랑받는 사람은 상대방이 자신에게 매기는 특별한 평가를 통해 자신의 가치를 평가하기 때문에, 바로 그런 이유로 황홀하게 느끼는 것 아닐까요?

물론 그렇지. 그렇기 때문에 나도 사람들이 사랑을 할 때는 '이성 경찰'을 가까이 오지 못하게 하라는 것이지! 어떤 사람이 지금 섹스를 하고 있는 중인데 자신이 지금의 파트너를 갖고 싶은 이유가 자신의 유전자를 번식시키려는 것이고, 파트너의 성 유혹 호르몬인 페로몬이 우연히 자신의 선호도 범위에 맞아 떨어지고, 행복 호르몬 옥시토신이 우리의 감정을 한껏 고조시켜 주고 있구나 라고 생각하고 있다고 상상해보렴! 방금 '영원한 사랑'을 맹세했던 파트너는 더욱 강렬한 다량의 행복 호르몬을 스며나오게 할 수 있는 또 다른 사람을 만날 것이고, 그래서 곧 머지않아 자신을 차버릴 것이라고 이성적으로 생각한다면, 그 생각이 그렇게 짜릿짜릿한 생각일까? 너도 알다시피 이성은 지독하게 비창조적일 뿐 아니라 끔찍할 정도로 낭만적이지 못하지! 이성은 열정이라는 톱니바퀴 속에 들어간 모래와도 같단다. 그러나 사랑이 그렇게 잘 되어 가지 않을 때, 이성의 이러한 성질이 우리를 구해 낼 수 있는 것이지. 왜냐하면 냉철한 이성의 도움으로 파트너에게 품었던 너무 높은 기대를 낮출 수 있고, 고통만 야기시키는 위험한 열정도 식힐 수 있기 때문이란다.

이성을 사용할 것이냐 아니냐는 그때그때의 상황에 달려 있다는 말이죠?

그렇지. 바로 그 점이 우리가 배워야 할 사항이란다! 이성은 가장 아름답고 열정적인 순간을 망칠 수 있기 때문에 낭만적인 분위기에서는 '대기'의 상태에 있어야 하는 것이지. 그러나 질투와 같은 문제가 생기면 '고도긴장'의 상태로 깨어 있어야 하는 것이란다. 질투를 동반하는 열정을 없애는 것이 우리 모두에게 이롭기 때문이지.

그렇게 쉽게 이성을 달래고 깨우는 것이 정말 가능한 일인가요?

'쉽다'고는 말할 수 없지만 훈련은 가능하단다! 당장 필요한 사항일지도 모르는데 지금의 학교에서는 이러한 것을 가르치고 있지 않단다. 이런저런 상황에 따라 올바른 순간에 이성적인 통제와 조건 없는 헌신을 활용할 수 있는 능력은 '삶의 기술'에 속한 아주 중요한 능력 중 하나란다. 그래서 항상 이성적인 것은 이성적이 아니며, 맹목적인 열정이 우리를 불행에 빠트릴 때 이성을 사용하지 않는 것은 비이성적이란다.

음……. 옛날에 제가 가끔 질투심을 느끼면서 행동해 온 것을 생각하니, 그러한 '이성 스위치'를 사용했으면 좋았겠구나 하는 생각이 드네요. 그러면 우리가 비이성에 대해 계속 얘기하는 것보다 정말로 무엇인가 비이성적인 것을 해보는 것은 어때요, 아빠? 시내로 가서 악명 높은, 담배연기로 가득한 술집들을 어슬렁거리다 아주 비싼 칵테일을 마신 다음, 비싼 택시를 타고 집으로 돌아오는 거 말이에요. 어때요? 돈은 제가 좀 나누어 낼 게요.

그거 아주 이성적인 동시에 비이성적인 제안처럼 들리는구나! 어떻게 내가 '싫다'고 말할 수 있겠니? 차에 늦게 타는 사람이 1차 내기다…….

'사람들이 기독교 윤리를 삶에 대한 중대범죄라고 생각하고 있고 않는 한, 기독교 옹호론자들에게는 모든 것이 손쉬운 게임이다.'라고 프리드리히 니체(Fridrich Nietzsche, 1844-1900)는 쓰고 있다. 이 말은 과거 기독교에 대항해 행해졌던 비난 중에서도 가장 신랄한 표현일 것이다. 니체의 말에 따르면, 기독교 윤리는 인간으로 하여금 '욕망을 과소평가' 하게 함은 물론 '육체를 경멸' 하게 했으며, 이를 통해 '삶을 오염시켰고, 훼손시켰으며, 부인하게' 하는 데 기여했다고 한다. '해머를 든 철학자', 그리고 '모든 가치를 새롭게 평가하는 철학자(니체를 넘어선 니체)'였던 니체는 기독교와는 반대로 '삶을 긍정' 했다. 니체는 자연스럽게 느끼는 본능은 물론 '디오니소스적 격정(디오니소스: 그리스 신화의 포도주, 쾌락, 풍요와 도취의 신)'의 편을 들었고, 신학적인 문헌은 물론 임마누엘 칸트의 이성철학에서 보아왔던 병적이고 역겨운 도덕의 '포학행위'를 배척했다.

칸트의 견해에 의하면 인간은 이성의 보편적 원칙을 따라야 할 의무가 있으며, 이때 필요하다면 자신의 감성적 욕망을 거부해야 한다. 니체는 이러한 주장을 '삶에 대한 위험한 생각' 이며, 심지어 철학적 '어리석음' 이라고 단정지었다. 고전주의 시인이자 철학자인 프리드리히 실러(Friedrich Schiller, 1759-1805)는 니체처럼 과격하지는 않았으나, (칸트를 무척 숭배했음에도 불구하고) 쾨니히스베르크 출신의 철학자인 칸트가 주장하는 육체와 감정을 증오하는 태도가 마음에 걸렸다. 칸트에 대한 비판에서 실러는 칸트의 도덕철학에서 '의무의 이념이 너무나 준엄하게 명시되어 있어서', 그 결과 '모든 우미(優美, grace)는 겁을 먹고 움찔하며 뒤로 물러서고, 음울하고 금욕주의적인 고행의 길 위에 있는 나약한 이성은 손쉽게 도덕적 완벽성을 추구할 수 있게 되었다.' 실러는 충동을 지배하려는 이성의 횡포에 대항해 도덕과 감성의 조화로운 동거를 제시했다. 그의 의견에 따르면, 이러한 방법으로만 모든 이성적인 견해들은 반대 관념에 대항해 자신의 입지를 확보할 기회를 갖게 될 것이고, 그렇게 되면 결국 충동은 '감성의 세계에서 활동할 수 있는 유일한 세력'이 될 것이다. 칸트가 추구했던 대로 순전히 이성적인 관념만으로 계몽하기에는 충분하지 않다. 그 이유는 '머리로 가는 길은' 마음을 통해 열려지기' 때문이다.

이성과 감성의 조화로운 동거를 추구하는 실러의 생각은, 20세기 말 '감성지수(EQ)'라는 개념이 나타나게 한 선구자적인 생각이었다. 미국의 심리학자이며 과학 저널리스트인 다니엘 골먼(Daniel Goleman, 1946-)은 '감성지수'를 '자기 자신의 감정은 물론 타인의 감정도 잘 파악하고, 자신에게 동기부여를 하고, 자신의 감정을 적절히 조절해 원만한 인간관계를 할 수 있는 능력'이라고 정의했다. 미국의 심리학자 하워드 가드너(Howard Gardner, 1943-)도 최근의 이러한 감성적, 혹은 인적지능은 인생의 성공에 IQ보다 더 많은 것을 보장한다고 주장했다. 즉, 160의 IQ를 가졌지만 낮은 개인 내 지능(intrapersonal intelligence)을 가지고 있는 많은 사람들이, 100의 IQ를 가졌지만 높은 개인 내 지능을 가진 사람 밑에서 일하고 있다. 이러한 이유로 가드너와 골먼은 언어나 수학적 지능뿐 아니라 감성적 지능 형성을 고려해 아이들을 키워야 한다고 주장한다.

의심할 바 없이 '모든 가치를 새롭게 평가하는 철학자'였던 프리드리히 니체는 특별히 뛰어난 감성적 지능의 소유자는 아니었을 것이다.

니체는 분명히 철학자들 중에서도 가장 위대한 심리학자 중 한 명이었지만 그는 자신의 감성은 물론 타인의 감성과도 그다지 원만한 인간관계를 가질 수 없었다. 그의 엄청난 작품들은 마치 비참하게 실패한 자신에 대한 자가치료제같이 보인다. 왜냐하면 니체는 큰 희망을 가지고 편견으로부터 자신을 구출해내려고 애썼지만, 결국에는 편견의 덫에 제대로 걸리고 말았던 것이다. 여성, 유대인, 혹은 사회주의자에 대한 자신의 형편없는 비판을 감안해볼 때 그렇게밖에 달리 설명할 수 없다.

만일 니체철학적 의미의 '즐거운 학문' 상을 받을 만한 근대 철학자를 한 사람 고르라면, 아마 천재적이고, 인생을 즐기며 살았던 프랑스의 의사이며 철학자인 쥘리앵 오프푸아 드 라 메트리(Julien Offray de La Mettrie, 1709-1751)를 꼽을 수 있을 것이다. '계몽된 쾌락주의자' 베르눌프 카니차이더(Bernulf Kanitscheider, 1939-)가 언급한 것처럼 라 메트리는 '의심할 바 없이 철학자들 가운데서 가장 솔직하고 타협할 줄 모르는 자세로 생의 즐거움을 옹호하는 대변자'였다. 이미 사람들이 자신의 첫 번째 '이단적' 문서들을 소각한 후, 라 메트리는 1747년에 프랑스를 도망쳐야만 했다. 1748년 초, 그는 자신의 저서 『인간기계론』에서 인간의 사고와 감정이 자연과학적인 기본원칙에서 출발한다고 무자비하게 폭로했고, 이 책이 출판된 후 자유주의 성향이 강했던 네덜란드에서조차 위험에 빠지게 되었다. 라 메트리는 포츠담으로 도망 갔고, '계몽군주'였던 프리드리히 대왕(Friedrich the Great, 1712-1786)의 궁정에서 왕의 주치의로서, 그리고 왕의 고문으로서 자신의 마지막 삶을 보내게 된다.

나중에 '프리츠 영감님'이라는 애칭을 얻었던 이 프리드리히 대왕은 젊은 왕으로서 모든 사람들은 '자신의 방식대로 천국에 가야' 한다고 선언했다. 이러한 주장에 따라 그는 프로이센의 검열규정을 완화했고, 그 결과 상수시 궁전에는 그 당시의 저명한 자유사상가들이 모여들게 되었는데, 그중에는 볼테르(Voltaire, 1694~1778)와 라 메트리가 있었다. 그러나 '프리츠 영감님'의 그 유명한 관용정책도 라 메트리에게는 버거운 일이어서 곧 한계에 부딪히게 되었다. 아주 중요한 라 메트리의 저서 『행복, 혹은 최대 행복에 관하여』라는 저서가 출판되자, 프리드리히 대왕은 '검열 재시행에 관한 칙명'으로 맞서게 되었다. 심지어 프리드리히 자신이 손수 문제가 된 그의 저서 10권을 직접 불 속에 던져 넣었다는 말도 있다.

비록 그의 행복론에 대한 저서는 물론, 두 번째 주요저서인 『육체적 쾌락을 느끼는 기술(the art of experiencing sensuality)』이 신하들과 국민의 도덕에 위험한 책으로 간주되었음에도 불구하고, 프리드리히 대왕은 이 반항심 가득한 프랑스인을 궁정의 사교계에 계속 드나들게 했다. 이유가 무엇이었냐고? 분명히 대왕은 그와의 사적인 교제를 아주 소중하게 여겼기 때문이었다. 1751년, 라 메트리가 불가사의한 원인으로 사망했을 때(공식적인 발표에 따르면 상한 파이를 먹은 것이 사망원인이었다고 했지만, 여러 가지 정황으로 볼 때 그는 독살되었다), 프리드리히 대왕은 다음과 같이 개인적인 애도사를 작성했다. '자연은 라 메트리에게 천성적인 쾌활함이라는 엄청난 보석을 선사했습니다. 그는 연설가와 철학자로 태어났지만 이보다 더욱 값진 재능은 그의 순수한 영혼과 그의 상냥한 인품이었습니다. 신학자들의 비난을 두려워하지 않는 사람들은 라 메트리라는 참된 인간이자 실력 있

는 의사의 죽음을 슬퍼하고 있습니다.'

그러나 '비도덕적인 무신론자'였던 라 메트리는 모든 도덕적인 수치의 한계를 무시했고, 신사에게 뿐만 아니라 숙녀들에게도 자신의 성적 쾌락을 마음껏 발산해도 좋다는 주장을 펼쳤기 때문에 아주 심한 경멸을 받았다. 그 밖에도 라 메트리의 '기력왕성한 건강' 때문에 질투심을 느꼈던 볼테르는 그를 '멍청이', '백치'라고 불렀으며 프랑스의 저명한 문학가 드니 디드로(Denis Diderot, 1713-1784)는 라 메트리를 '패륜의 옹호자'로 간주했고, 심지어는 '도덕과 사고방식에서 그렇게 심하게 타락한 사람'은 '철학자 사회'에서 추방시켜야 한다고 말했을 정두였다.

유쾌한 인도주의자 라 메트리가 직면한 이러한 증오로 볼 때, 가장 저명한 계몽주의자 자신도 그 당시의 도덕적 코르셋(corset, 여성 속옷의 일종)에서 자유롭게 벗어날 수 없는 처지였다는 것을 보여주는 좋은 증거이다. 그래서 라 메트리는 오늘날까지도 '하찮은 사람'으로 간주되고 있다. 그러나 사실 따지고 보면, 사람들은 자신들에게 빛을 비추어 준 라 메트리에게 큰 감사를 해야 할 것이다. '편견 없는 자유사상'을 갖는다는 것이 어떤 것인지 보여줄 수 있었던 사람이 라 메트리 이외에 누가 있었는가? 라 메트리는 근대적·자연주의적 인간상으로서 용기 있는 멘토였을 뿐만 아니라, 삶과 사랑의 진정한 대가였다. 그리하여 쾌락주의자들에게 주는 그의 '비도덕적인 충고'는 오늘날에도 깊이 생각해볼 가치가 있다. '마시자, 노래 부르자, 그리고 우리를 사랑하는 사람들을 사랑하자! 놀면서 마음껏 웃자! 있는 그대로 이 기쁨을 즐기자. 인생이 아무리 짧다고 해도, 우리는 어쨌든 살아나가야 하니까.'

훌륭한 삶과 훌륭한 죽음에 대해

아이고, 아이구, 오늘이야말로 제가 살아있다는 것이 실감나는 날이에
요…….

당연히 머리가 아프겠지, 그렇지? 마지막에 '좀비'만은 마시지 말
라고 그렇게 말렸건만. 깔보면 안 되는 것이 칵테일이란다.

알고 있어요. 하지만 진짜 한번 제대로 비이성적으로 행동해보고 싶었단
말이에요! 아무 신경 안 쓰고요. 아, 참, '좀비'라는 말을 들으니까 생각나
는 것이 있는데요, 우리 한번 그것에 대해 얘기해봐야 할 것 같네요. 아빠
가 어제 얘기하시길, 모든 사람들은 자신의 삶에 대해 자신이 결정을 내릴
수 있는 권리가 있다고 하셨잖아요. 죽음에 대해서도 마찬가지인가요? 제
말은, 우리에게는 자살할 권리가 있죠. 그렇지 않아요?

도대체 무슨 말이냐?

다시 말해, 죽음에 대해 우리 자신이 스스로 결정할 권리를 가져야 한다는
것이죠. 철학자들이 이 문제에 대해 어떤 생각들을 해왔는지 궁금해요. 아
니면, '자살'이라는 화두가 철학에서는 그렇게 중요한 화두가 아닌가요?

물론, 중요한 주제란다! 알베르 카뮈(Albert Camus)는 자신의 유명한
에세이 『시지프의 신화』의 서두를 다음과 같은 문장으로 시작하
고 있단다. 참으로 진지한 철학적인 문제는 오직 하나뿐이다. 그
것은 바로 자살(自殺, Selbstmord)이다. 인생이 살 만한 가치가 있느냐

없느냐를 판단하는 것이야말로 철학의 근본문제에 답하는 것이다.' 카뮈의 의견에 전적으로 찬성하지만 나는 '자살' 보다는 '자신죽이기(Selbsttötung)', 혹은 '자결(自決, Suizid, 자기 의지로 자신의 삶을 끝내는 것)'이라는 말을 사용하는 것이 더 낫다고 생각해.

어째서요?

왜냐하면 '살인(Mord)'이라는 것은 상대방의 의지를 무시하고 소위 '저급한 동기(예를 들면 탐욕)'를 가지고 상대방을 비열하게 죽인다는 것을 의미하는 것이기 때문이지. 바로 그 점이 당연히 자신죽이기(Selbsttötung)에는 전혀 해당되지 않는다는 점이지! 이 점에서 '자살(Selbstmord)'이라는 개념은 그 개념 속에 모순을 내포하고 있단다. 기껏해야 엄격하게 종교적인 맥락에서만 의미가 통하는 말이지만. 다시 말해, 삶 '자체'가 신성하기 때문에 자신죽이기(Selbsttötung)는 '신의 의지'에 거역하는 일이라고 가정하면 그렇다는 말이지. 그러나 사람들은 이러한 가정을 그냥 내버려 두었던 것이란다······.

가끔 '자유로운 죽음(Freitod)'이라는 말도 들을 수 있어요. 이 말이 그 정떨어지는 단어 '자결(Suizid)'보다 더 어울리는 말 아닌가요? 저는 항상 그 말에서 '살충제(Insektizid)'라는 단어가 연상되요.

만일 모든 자결(Suizid)이 일종의 '자유로운 죽음(Freitod)'이라면, 나는 네 말에 동의할 수 있을지도 모르겠구나. 그러나 이것은 그것과는 다른 경우란다! 자결 시도를 하는 많은 사람들은 니체가 『짜라투스트라는 이렇게 말했다』에서 언급한 것처럼 그렇게 '죽음에 대해서도, 그리고 죽음을 맞이해도' 자유롭지 못하지. 오히려 이 사람들은 우울과 상사병, 실패에 대한 두려움, 죄책감으로 인해 자결로 내몰리게 되지. 이 사람들은 니체가 '자유스러운 죽음(freies Tod)'의 올바른 기회를 포착하고 결정해서 '알맞은 시기에 죽으라'는 권고를 따르지 않고, 너무 일찍 그리고 적당하지 않은 순간에 죽는 것이지. 2009년 11월에 기차에 뛰어들어 유럽 전역에 충격을 주었던 독일 축구대표 골키퍼 로베르트 엔케를 생각해보렴.

아빠는 엔케가 자살할 권리가 없었다는 의미인가요?

물론 그에게는 그렇게 결정할 권리가 있었지만, 그렇게 하기로 결정한 시기가 옳지 않았다는 말이지! 자유의지로 더 이상 살 가치가 없다는 결론에 도달한 것이 아니라, 깊은 우울증으로 인한 스트레스 때문에 그렇게 결정했던 것이지. 그가 만일 자신의 질환을 제대로 치료해서 다른 이성적인 결정을 내렸다면 자기 자신뿐 아니라 가족, 친구, 열차 기관사에게 그렇게 커다란 고통을 주지는 않았겠지.

어쨌든 엔케의 자결은 사회 전반적으로 '우울증'에 관한 테마를 폭넓게 다루게 한 계기가 되었잖아요. 아마 이런 점에서 절망적인 그의 행위가 무엇인가 긍정적인 효과를 있게 했는지도 모를 일이죠.

최소한 그렇게 희망할 수밖에 없겠지! 실제로 놀랍게도 엔케가 죽은 지 몇 주 안 되어 사람들이 우울증과 자결에 대해 자유스러운 대화를 나누게 되었지. 아마 이러한 현상을 통해 많은 사람들이 자신들에게 우울증이 생긴다 해도 죄책감을 느낄 필요가 없다는 사실은 확실히 깨닫게 되었을 거야. 생물학적으로 관찰해보면 우울증은 뇌 내부의 대사 이상에서 일어나는 질환이며, 그러한 점에서 그야말로 췌장 내 대사 이상으로 발생되는 당뇨병과도 비슷하고 할 수 있겠지. 당뇨병을 앓고 있는 것에 대해 죄책감을 느낄 필요가 없는 것처럼 우울증을 앓고 있다고 해서 죄책감을 느껴서는 안 되겠지.

사람들은 특히 우울증이 생기는 바로 그 순간에 삶의 의미와 무의미에 대해 깊이 생각하면 안 될 것 같아요…….

맞는 말이다. 그런 생각을 하기 전에, 그리고 만일의 경우 돌이킬 수 없는 결심을 하기 전에, 사람들은 반드시 주치의와 상담을 해야만 해. 우울증 치료제와 정신 치료의 도움을 받아서 상실했던 삶의 밝은 면을 다시 찾게 된 사람들이 많이 있으니까 말이다.

엔케의 죽음에 대한 반응에서 제가 놀랐던 게 무엇이었는지 아세요? 그의 죽음을 도덕적으로 비난하는 사람이 거의 없었다는 점이에요! 과거에 교회가 '자살한 사람'을 어떻게 취급했었는지 생각해보면, 이 현상은 아주 놀랄만한 일이에요. 아빠는 그렇게 생각하지 않으세요?

그렇단다. 그 말은 그 정도로 지금 이 사회가 기존의 신앙으로부터 거리를 두고 있다는 증거이지! 중세에는 '자살의 죄'를 범한 사람에게 자살 후에도 유죄의 판결을 내렸고 종교의식을 거쳐 처형을 시켰고, 신체를 토막내고, 머리를 자른 뒤 동물에게나 그랬던 것처럼 공동묘지 바깥에 매장했단다. 16세기에는 '자살한 사람'에 대한 사후처형이 없어졌지만, 20세기에 들어와서까지도 여전히 많은 곳에서 이들의 시체를 장례식도 없이 공동묘지 담장 근처의 소위 '신의 축복을 받지 못한 땅' 속에 묻어버렸단다. 사람들이 '깊이 생각하고 행한 자살'인데도 1983년까지도 여전히 가톨릭교회법에는 기독교식 장례식을 금지했던 조항이 있었다는 점을 생각하면, 가톨릭교회와 개신교의 성직자들이 로베르트 엔케의 성대한 장례식에 참석했을 뿐만 아니라, 그에게 커다란 경의를 표했다는 사실은 주목할 만한 일이지.

그 말은 교회가 이제는 자유스러운 죽음(Freitod)을 인정하려 한다는 의미 아닌가요? 그렇죠?

아니, 그렇지 않다. 누군가가 '적당한 때'에 삶에서 간절히 벗어나려는 의도로 행하는 이성적이고 자유스러운 죽음을, 교회는 오히려 터무니없게도 절망적인 행위로 자신을 죽이는 비극적인 자결로 다루려 하고 있지. '가톨릭교회의 교리문답서'에는 '자살자의 책임'이 '정신적으로 심한 장애' 때문이었다면, 그 책임을 완화시켜 줄 수도 있다고 되어 있단다. 가톨릭에서는 자결이 '살아 있는 신에 대한 사랑'을 부인하는 것이기 때문에 가톨릭의 입장에서 볼 때 자결 자체는 무책임한 행위지. 결국 우리는 '삶의 주인이 아니라 삶의 관리인'일 뿐이기 때문에 우리의 삶을 '우리 마음대로 할 수 없다.'는 것이지.

섬뜩한 일이네요. 제가 제 삶의 '관리인'일 뿐이지 삶의 '주인'이어서는 안 된다고요?

그렇지. 그렇기 때문에 기독교의 통찰에 따르면 네가 죽어야 할 '적당한 때'를 네 맘대로 결정할 수 없는 것이지…….

아이고, 말도 안 되는 소리!……. 음……. 그런데 '적당한 때'라는 개념은 엔케의 경우처럼 '너무 일찍'이라는 의미도 아니고 '너무 늦게'라는 의미도 아니죠. 그렇죠?

잘 관찰했구나! 니체는 나중에 '자유로운 죽음(Freitod)'이라는 개념을 탄생시킨 짜라투스트라의 「자유로운 죽음에 대하여」라는 장에서 '많은 사람들이 너무 늦게 죽고 있으며, 몇몇은 너무 일찍 죽는다.'는 문장으로 시작하고 있다. 이 말 뒤에는 의심할 바 없이 신랄한 냉소가 숨어있지. 니체가 '남아돌아가는 사람' 들에 대해 쓴 것과, '모든 진실에 대한 권리' 를 더 이상 행사할 수 없는 '이빨 빠진 입' 에 대해 쓴 내용들에 대해서 나는 반대하는 입장이란다! 그러나 많은 사람들이 '너무나 늦게 죽는다' 는 진단 속에는 씁쓸한 진실이 담겨 있단다. 특히나 오늘날과 같은 의학기술의 시대에는 말이다. 종종 우리가 가진 기술력은 인위적인 고통을 연장시키는 역할밖에 하지 못하고 있단다. 이러한 기술력을 통해 사람들이 얼마나 많은 불행을 만들어내고 있는지 가늠할 수조차 없구나.

하지만 죽어야 할 '적당한 때' 가 언제인지 어떻게 알죠?

물론 그것이 가장 큰 문제란다! 니체의 예에서 볼 수 있듯이 니체 자신도 전혀 적당한 시기를 제대로 맞추지 못했지. 1889년 1월 정신병으로 쓰러진 후 정신착란의 상태로 생의 마지막 11년을 보내게 된단다. 몇 번의 발작이 있은 후 그는 서지도 못하고, 말할 수도 없는 상태에 빠지게 되어버렸고 점점 여위어갔지. 그가 가장 혐오했던 방식의 죽음 즉, '히죽히죽 웃으며 도둑놈처럼 슬그머니 다가오는 죽음' 이 그를 덮쳤던 것이지. '내가 원할 때 내가 맞이하는 그 자유로운 죽음' 은 맛볼 수 없었던 것이고……

많은 사람들의 경우도 그렇잖아요…….

유감스럽게도 그렇단다! 사람들은 '사전의료행위지침서(임종에 가까워졌을 때 받을 의료행위를 사랑하는 이들과 대화하여 미리 정해 놓을 수 있도록 돕는 자료)' 에 따라 정해진 선택치료를 하고, 위급한 경우가 닥치면 환자의 목숨을 연명시키기 위해 어떤 조치를 할 수 있는지를 정해 놓을 수 있지. 그러나 더 좋은 것은 그러한 위급한 경우에 환자 스스로 결정할 수 있게 하는 것이지. 그렇게 할 수 있는 사람들도 있다는 것은 다행스러운 일이란다. 예를 들면, 더 이상 치료할 수 없는 암에 걸렸던 내 친한 친구가 바로 그런 경우란다. 처음에는 사람들이 의학적 치료가능성을 모두 쏟아 부으며 그의 목숨을 살리려고 암과 싸움을 벌였단다. 그러나 이러한 싸움이 가망이 없다는 것을 알았을 때, 그는 아직 그에게 남아있는 시간을 사용해서 모든 것을 정리했지. 앞으로 다가올 며칠간, 몇 주간의 삶은 단지 시름시름 앓는 고통에 찬 시간들일 뿐이라는 것을 알았기 때문에 그는 그가 사랑했던 사람들에게 작별을 고했고 다량의 모르핀으로 자신의 생을 마감했단다. 그는 적당한 때 죽은 것이지. 너무 일찍도 아니었고, 너무 늦게도 아니었지. 하지만 그것은 단지 그 자신이 의사였기 때문에 가능한 일이었단다. 특히 소위 '신에게 하사받은 삶'이기 때문에 '신성하다'는 이유로 대부분의 사람들이 그러한 품위 있는 작별을 할 수 있는 가능성은 없단다! 종교가 죽음에 대해 인간이 스스로 결정할 수 있는 권리를 계속 인정하지 않는다면, 내가 생각하기에 그것은 인류에 대한 범죄행위이며 아마 모든 종류의 잔인한 종교전쟁이 초래한 전체 불행보다 더 커다란 불행을 일으키게 될 거야!

안락사를 전적으로 찬성하는 사람의 말처럼 들리는데요.

나는 정말 그것에 찬성하고 있단다! 혹시 너도 알지 모르겠지만, 여러 가지 다양한 형태의 안락사가 있단다. '직접적 · 적극적 안락사'는 당사자가 원하기 때문에 뚜렷한 의도를 가지고 죽음에 이르게 하는 것을 의미하지. '소극적 안락사'는 생명을 연장시키는 치료를 거부한다는 의미이지. '간접적 · 적극적 안락사'는 예를 들어, 고통 치료를 위한 의약품 투여와 함께 동반되는 부작용을 감수하는 도중에 일찍 사망에 이르게 되는 경우를 말하지. 그 외에도 '의사조력살인'으로 알려진 '자살조력'도 있지. '의사조력살인'이란 더 이상 살고 싶지 않은 사람에게 적당한 약물(예를 들면, 진정제·최면제로 쓰이는 바르비투르)을 제공하고 그 사람 스스로 결정을 내려서 그 약물을 투여한 후, 고통 없이 평온하게 이 세상을 떠나게 하는 것이란다.

안락사에 대한 이 모든 종류가 금지되어 있나요?

그렇지는 않단다. 소극적 안락사와 간접적·적극적 안락사는 일정한 증거만 제시하면 시행이 가능하단다. 하지만 직접적·적극적 안락사는 네덜란드, 벨기에, 룩셈부르크를 제외하고는 전 세계적으로 금지되어 있지. 이유로서 언급한 그 금지사항들은 내가 보기에는 별 근거가 없는 사항들이란다. 신속하고 고통 없이 죽고자 하는 어떤 사람의 소원을 들어주는 것보다 그 사람의 생명을 연장시키는 조치 없이 식물인간처럼 서서히 죽게 하는 것이 어째서 인간적이라는 걸까? 우리는 살아봤자 단지 고통만을 느낄 한 마리 개에게는 안락사를 허용하면서, 죽겠다는 의사표시를 뚜렷이 전달한 사람에게는 어째서 '마지막 도움'을 주려고 하지 않는 것이지? 이것은 전혀 앞뒤가 맞지 않는 얘기지!

독일에서 적극적 안락사를 특별히 문제 삼는 것은 나치 범죄와 관련시켜서 그렇다고 볼 수 있지요?

안락사를 반대하는 사람들은 실제로 그 뿌리가 국가사회주의자들이 행했던 '안락사 플랜'에 있다고 언급하고 있단다. 하지만 나치의 주요 관심사는 절대로 '편안하고, 아름답고, 쉬운 죽음'을 염두에 두었던 것이 아니고 장애자와 정신질환을 앓고 있는 사람들을 조직적으로 대량학살하려고 했던 것이지! 나치의 애매모호한 언어사용을 곧이곧대로 받아들이는 사람들은 첫째, 그 대량학살의 희생자들을 모욕하고 있는 것이고, 둘째, 현재 그럴만한 이유로 자신의 고통을 연장시키는 것에 반대하는 결정을 내리려는 사람들의 정당한 권리추구를 욕보이고 있는 것이지. 내가 말하고자 하는 것은, 과거에 타인이 내린 결정으로 죽어야만 했던 사실을 현재의 사람들이 스스로 죽음을 결정해도 된다는 사실에 절대 적용시키지 말아야 한다는 것이란다. '편안한 죽음'은 또한 '편안한 삶'에 속해 있기 때문에 자기결정의 원칙은 그야말로 죽을 때도 적용이 되는 것이란다.

아빠의 말씀은 스스로 죽음을 결정하는 권리를 허용하는 사회가 되어야 한다는 것이죠?

그렇지. 그렇기 때문에 나는 또한 환자의 소망을 진지하게 받아들여서 '자살조력'을 시행하는 의사들을 굉장히 존경하고 있단다. 비록 그들은 이러한 행위 때문에 위험을 무릅써야 하고, 법적으로 불확실한 상태가 될지도 모르기 때문이지.

'자살조력' 행위가 독일에서는 금지되어 있죠?

꼭 그렇지만은 않단다. 그러나 자신을 죽이기에 적합한 약품을 의사가 그러한 목적으로 처방하는 것은 금지되어 있지. 그럼에도 불구하고 의사가 이러한 처방을 하게 되면, '의료법'을 위반하게 될 뿐만 아니라 상황에 따라서는 의약품법이나 마약류 관리에 관한 법률을 위반하게 된단다. 그 밖에도 이러한 법률 역시 환자의 마지막 순간을 편하게 해줄 수 있을지도 모르는 의학적 수단들을 환자들에게 충분히 제공할 수 없게 만드는 책임을 져야 한단다. 우리는 언제라도 마음만 먹으면 중증환자들의 고통뿐만 아니라 불안과 우울증도 완화시킬 수 있는 능력이 있단다. 그러나 가능한 한 '마약 없는 세상'을 만들려는 잘못된 생각이 이러한 의학적 수단들을 충분히 사용할 수 없게 만들고 있는 것이지. 이것이야말로 진짜 잔인무도한 일이란다! 이 시점에서 우리는 미하엘 드 리더(Michael de Ridder)가 오래 전부터 요구해온 것처럼 진짜 새로운 '임종문화'를 만들어야 한단다. 우리는 '병든 사람들'이 중요하지 '병든 기관'이 중요한 것이 아니라고 주장하는 의술이 필요하단다. '의미 있는 생명 연장'과 고통에 찬 '사망연기'를 구분할 수 있는 그런 의술 말이다! 의사들이 만일 무조건 생명을 살리는 것만이 자신들의 의무가 아니고 경우에 따라서는 품위 있게 생을 마감하려는 환자들을 도와주는 것도 자신들의 사명이라는 것을 이해한다면, 수많은 고통이 줄어들게 될 거야.

좋아요. 모든 것을 잘 이해할 수 있겠어요. 하지만 마음대로 안락사를 하게 하면 사람들이 이것을 악용할 위험이 있을 수 있는 것 아닌가요? 예를 들면, 나이든 사람들이나 병든 사람들이 자신들의 생명을 일찍 마감하려는 생각이 증가할 수도 있지 않을까요?

일단 시작하면 중단하기 어렵고 파국으로 치달을 수도 있다는 그런 주장은 처음에는 이성적인 것처럼 들릴 수 있지만 첫째, 직접적·적극적 안락사가 허용된 나라에서는 우려할 만한 결과가 발생되지 않았다는 점에서 확실한 증거를 바탕으로 근거 없는 것으로 판명되었고, 둘째, 그러한 주장은 논리가 아주 희박한 주장에 불과하단다. 그 이유는 살 권리로부터 살 의무를 이끌어낼 수 없듯이 죽을 권리에서 죽을 의무가 생겨나지 않기 때문이란다! 나는 안락사에 대한 규제완화를 위해 싸우는 많은 사람들과, 자결을 도와주는 의사들, '디그니타스(불치병으로 고통을 겪고 있는 환자들이 스스로 목숨을 끊을 수 있도록 도와주는 스위스, 독일 소재의 비영리단체, Dignitas)', '디그니타테(디그니타스의 다른 이름, Dignitate)', 혹은 '독일존엄사협회'의 지도자들을 알고 있는데 이 사람들이야말로 결단력 있는 휴머니스트들이란다. 나이 먹고, 병든 사람들의 '사회적으로 용납되는 죽음'에 대한 생각을 실천하려면 아직도 아주 먼 길을 가야만 한단다. 그 때문에 이 지도자들은 안락사의 악용을 방지하기 위한 분명한 규정을 만들기 위해 애쓰고 있을 뿐만 아니라, 우리 사회가 노인들과 병든 사람, 그리고 사회적 약자들의 위급한 상황과 욕구에 지금보다 더욱 주의를 기울이는 사회로 변하게끔 노력을 기울이고 있지.

'안락한 죽음'을 위해 애쓰는 사람들은 또한 될수록 많은 사람들이 '안락한 생활'을 할 수 있도록 애써야겠지요……

당연하지! 우리의 삶이 과연 살 만한 가치가 있느냐는 물음에 가능하면 우리 모두가 긍정적인 대답을 할 수 있는 인본주의적 사회를 만드는 것이 우리의 목표여야 하지! 자유로운 죽음은 가장 최후의 선택이 되어야만 한단다. 그 선택은 가치 있는 삶을 살아간다는 것이 아무리 애를 써도 현실적으로 불가능하다는 가정하에 사람들이 택할 수 있는 수단이어야 한다는 말이지.

이제 우리는 '인본주의적인 사회'를 위해 싸우는 것이 어떤 의미인지 한번 토론해보는 것이 의미 있지 않을까요?

좋은 생각이구나! 우리는 지금까지 철학에 대한 토론을 계속해 오면서 거의 인식과 개인의 행복한 삶의 문제만을 다루어왔지만 행복한 동거에 대한 문제 또한 철학에 속해 있단다. 우리는 어떻게 해야 서로 잘 지낼 수 있을까? 사회는 어떤 규율을 만들어야 하는 가? 우리는 오랜 시간의 여정을 거치면서 인류의 역사를 만행의 역사로 만들어버린 이 끔찍한 갈등을 어떻게 해야 피해 갈 수 있을까? 이러한 윤리적이고 정치적인 질문은 철학에서 가장 재미있는 주제들에 속해 있단다. 간단하게나마 이 문제에 대해 살펴보도록 하자……

3

디 나은 세상에 대한 꿈

'사람은 선하지만 사람들은 악하다.'

칼 발렌틴(KARL VALENTIN, 1882-1948) _ 독일 바이에른 주 코미디언, 민속가수, 작가

'친애하는 후세 여러분!

여러분이 지금의 우리보다, 혹은 과거의 우리보다 더 공정하고, 더 평화롭고, 전체적으로 보아 더 합리적이지 않을 거라면, 그럴 거라면…… 뭐, 될 대로 되라지! '

알베르트 아인슈타인(ALBERT EINSTEIN, 1879-1955) _ 독일-스위스-미국의 물리학자, 작가, 그리고 평화주의자

우리는 살인을 해도 될까?

개인이 자신을 죽일 수 있는 권리가 있다는 것을 확인했으니, 제 생각에는 이제 일반적인 살인에 대해 토론해봐야 할 것 같네요. 즉, 우리는 죽일 수 있나요? 십계명에서 '신'이 살인을 금지하고 있다는 사실을 알고 있는 기독교 신자들은 다 아는 일이겠지만요. 비신앙인인 우리로서는 그러한 '신의 계율'을 지키며 살 수는 없잖아요. 따라서 다른 근거를 찾아서 무슨 이유로 타인의 의지를 무시하고 죽일 수 있는지 설명해야 할 것 같네요. 그렇지 않아요?

맞다. 그러나 나는 먼저 성경에서는 원칙적으로 살인을 금지하고 있지 않다는 사실을 곧바로 지적하고 싶구나. 출애굽기에는 '너는 살인하지 말라!'는 구절에 이어서 곧바로 다음과 같은 말이 나오고 있지. '너는 마녀를 살려 두지 마라. 짐승과 성행위를 하는 자는 모두 죽여서 처벌하라. 여호와 외에 다른 신에게 산 제물을 바치는 자는 말살시켜라.' 너도 아마 놀라겠지만 성경 속에서는 사람들을 죽이지 말라는 명령보다 죽이라는 명령을 훨씬 더 많이 찾아낼 수 있단다. 살인자와 강도뿐만 아니라 동성애를 하는 사람, 간통을 한 사람, 혹은 생리중인 여성과 성행위를 하는 사람들도 '몰살'하라고 되어 있단다. 신을 모독하는 사람들, 부모를 저주하는 사람들, 안식일에 일을 하는 사람들, 남자로서 할례를 하지 않은 사람들, 부정한 음식을 먹는 사람들, 제사장만 사용하게 되어 있는 향유를 사용하는 사람들도 죽을 운명에 처하게 되는 것이지. 사형 적용에 대해서 성경의 신은 물불을 가리지 않고 있단다…….

좋아요, 좋아요. 알아들었어요! 하지만 사람들이 그 십계명을 찬찬히 들여다보면 전혀 문제가 없잖아요. 그렇지 않아요?

유감이지만 그것도 역시 잘못된 생각이란다! 왜냐하면 이미 십계명의 첫 번째 계명조차 아주 비윤리적일 뿐만 아니라 심지어는 헌법에 위반되는 규범을 담고 있지. 즉, 종교의 자유와 세계관의 자유에 모순되게 '하나님은' 자신의 백성에게 자신 이외에 어떤 다른 신도 가져서는 안 된다고 명령할 뿐만 아니라, 자신을 연좌제(범죄자의 친척이나 가족에게도 죄의 책임을 묻는 제도)의 옹호자라고 고백하고 있단다. '왜냐하면 나 여호와, 너의 하나님은 질투하는 하나님이다. 나에게 대항하는 자에게 벌을 내릴 때는, 죄인인 아비뿐만 아니라 그 아들, 3대, 4대까지 책임을 묻겠다.' 이러한 '하나님의 말'을 우리 가족의 경우에 그대로 적용시킨다면, 내가 행한 종교 비판에 대해 '전능한 신' 께서 나 자신만 처벌하겠다고 하는 것이 아니라 너의 9살짜리 동생 율리안, 아직 태어나지도 않은 율리안의 아들, 그 아들의 아들, 그 아들의 아들의 아들도 벌하시겠다는 것이지! 이것은 특히 현대의 법제도에 완전히 위배되는 사항이지. 그렇지 않니?

그렇군요. 확실히 그 말이 맞네요! 하지만 어째서 아들들만 관련시키는 거죠? 아빠의 딸인 나와 아직 태어나지 않은 내 아이들, 손자, 그리고 증손자들은 어떻게 되는 거죠?

그 첫 번째 계명에서 딸들이 언급되어 있지 않는 것은 일부러 그렇게 한 것이란다. 다시 말해 성경의 '신'은 여성을 남성에게 종속시키고 있지. 이러한 이유로 십계명 속에서 여성들은 동등한 권리를 가진 주체로 언급되어지는 것이 아니라 남성의 이익을 대변하는 객체로만 언급되어질 뿐이란다. 십계명의 마지막은 이렇게 쓰여 있지. '너는 이웃의 아내, 그의 남자 종이나 여자 종, 그의 소, 혹은 나귀, 혹은 이웃에게 속한 모든 것을 탐내지 말라.'

뭐라고요? 여자들이 단지 나귀나 소처럼 남자들의 소유물에 불과하다고요? 게다가 십계명은 노예제도를 허락하고 있는 거죠?

그렇지. 하지만 뭐 그렇게 놀랄 것도 없단다. 그 이유는 인간들은 역사적으로 성장시켜온 옳고 그름의 관념을 항상 '신의 세계'에 맡겨왔으니까. 성경 구절 탄생의 밑바탕이 된 호전적인 유목민 문화에서도 모두 마찬가지였단다. 3,000년 전의 '신'이 남녀의 평등과 노예제도의 철폐를 옹호했다거나 보편적인 인권헌장을 했다면, 그것이 더 이상한 일이었겠지. 인간의 상상력이 만들어낸 '신들'은 인간처럼 항상 현명하고 이성적일 뿐이었으니까 그런 일은 절대 있을 수가 없는 게 당연하지.

알겠어요. 그러면 아빠는 십계명 중 다른 계명들에는 찬성하세요? 즉, '너는 거짓 증언을 하지 말라!', '너는 살인하지 말라!'는 계명은 아주 이성적인 계명 아닌가요?

유감스럽게도 아니란다. 그 계명들에도 나는 찬성할 수가 없구나. 거짓말과 살인은 그 '자체'가 비윤리적이기 때문이란다. 실제로는 거짓말과 살인이 필요한 상황들이 있단다. 예를 들어, 나치 시절에 거짓말을 하지 않고 솔직하게 비밀경찰에게 유대인의 은신처를 누설한 사람은 비윤리적으로 행동한 것이지. 이와는 달리 히틀러를 죽이고 수많은 사람들의 생명을 구하고자 했던 슈타우펜베르크(Stauffenberg) 백작 주위에 모인 배신자들의 관심사는 물론 윤리적으로 정당한 것이지.

다시 말해, 어떤 규율이나 금지사항을 맹목적으로 지키는 것은 원칙적으로 잘못된 것이네요?

그렇지. 진정으로 윤리적으로 행동하길 원한다면, 어떤 특정한 행동방식이 어떤 긍정적인, 혹은 부정적인 결과를 가져올 것인가를 잘 살펴야 한단다. 어떤 권위 있는 인물이 도덕적으로 이렇게, 혹은 저렇게 해야만 한다고 말했다는 이유 하나만으로 어떤 행동을 한다든가 하지 않는 사람은, 윤리적 발달에서 아주 낮은 수준에 머물러 있게 되는 것이지.

잠깐만요. 제가 윤리 수업에서 자세히 배운 주제 하나가 생각나네요. 음……. 이름이 뭐더라, 아무튼 '도덕성 발달단계 이론' 이라는 것인데, 그 사람 이름이 무엇이죠?

내 생각에는 로렌스 콜버그(Lawrence Kohlberg)를 말하는 것 같구나. 그는 윤리적 판단의 발달을 연구했고, 그 결과 다음과 같이 우리 인간이 달성할 수 있는 세 개의 주요단계를 구분해냈지. 전인습적 수준(preconventional level), 인습적 수준(conventional level), 그리고 후인습적 수준(postconventional level). 인습적으로 생각하는 사람은 인습에 맞추어서 즉, '사회적 합의'에 따라 행동하는 것이 올바르다고 생각한단다. 전인습적인 사람은 이 수준 아래에 머무르고, 후인습적으로 생각하는 사람은 이 수준 위에서 행동을 하지.

아, 맞아요. 각각의 수준들이 두 개의 하위 단계로 다시 나눠지는 게 희미하게나마 생각이 나요. 어찌됐든 콜버그는 이런 식으로 여섯 개의 도덕성 발달을 끄집어냈죠. 그 나머지가 무엇인지 잊어먹었어요…….

그것들은 지금 당장 그렇게 중요하지 않단다. 먼저 이들 수준들 간의 차이점을 자세히 관찰해보자. 아동들은 물론이고 소수의 악명 높은 범죄자들에게서도 전형적으로 나타나는 '전인습적 수준'은 오로지 단 한 가지 이유 때문에 규율을 지키지. 다시 말하면, 처벌을 피한다든지(단계 1), 혹은 개인적 이익을 얻으려고(단계 2) 그렇게 행동한다는 것이지. 이 두 가지 단계에 있는 사람들은 타인과 같이 살아가기 위한 규율의 의미를 아직 진정으로 이해하지 못하고 있는 상태지.

그런 것은 인습적 수준에서 나타나죠. 그렇지 않나요?

그렇단다. 인습적 수준 단계에서는 자신이 몸담고 있는 집단의 사회적 규율을 자기 것으로 잘 내면화시켜서 의도적으로 같은 집단에 속한 다른 구성원의 기대에 도덕적으로 스스로 부응하려고 하지. 사람들은 이 단계에서 '착한 소년', 혹은 '착한 소녀'가 되려하고 규율을 어기면 '양심의 가책'을 느끼게 되지(단계3). 4단계에서는 마찬가지로 인습적인 도덕에 대해 이해하고 그 이해력을 법과 질서(law and order)에 자신을 적응시키는 것으로 표출하게 되는 것이지. 이 단계에서 사람들은 규율이 사회 질서 유지를 위해 필요하다는 것을 알게 되기 때문에 현재의 규율이 가지고 있는 의미를 받아들이게 되는 것이지.

맞아요! 저도 천천히 다시 생각이 나요. 후인습적인 사고는 현재의 규율을 단순히 이해하고 받아들이는 것을 넘어서는 수준이에요. 그렇죠?

맞아! 단계 5에서 사람들은 사회적 계약 관념을 지향한단다. 사회

규율이 사회구성원에게 이익을 가져온다는 전제하에서만 이 단계로 받아들여지게 된단다. 현재의 규정이 사회구성원의 합리적 이익에 모순이 된다고 확인하면, 후인습적인 사고를 하는 사람들은 이러한 규정을 폐기해야 한다는 결론을 내리게 되지. 과거에는 아무도 함부로 언급할 수 없는 '신성한 가치관'으로 자리 잡았던 여성이나 남성 동성애자에 대한 차별을 극복한 예를 생각해보려무나. 단계 6에서는 이러한 윤리적인 관점이 한층 더 넓어지게 된단다. 이 수준에서 사람들은 더 이상 사회적인 이익을 고려하지 않고, 구체적인 상황 속에서 어떤 윤리적인 결정이 타당한지, 아닌지를 판단하는 한층 더 높은 원칙(예를 들면, 자신이 속한 사회의 구성원만을 생각하지 않는 '보편적 정의')을 지향한단다.

음……. 제가 보기에 종교적 도덕은 전인습적 도덕 이해방식과 인습적 도덕 이해방식이 섞인 중간형태 같네요. 그렇지 않은가요? 성경 속 '신'은 사람들이 자신의 계명을 위반하면 끔찍한 처벌을 하겠다고 위협하고, 또 자신의 계명을 잘 지키면 축복을 보장하겠다고 하잖아요. 뭔가 전인습적 수준과 일치하는데요.

맞다.

이를 믿는 사람들은 '착한 소녀와 소년'이 되려고 애쓰고 믿음의 규칙을 어기면 '양심의 가책'을 느끼죠. 그 외에도 그들의 종교지도자들은 법과 질서를 유지하기 위해 자신들이 강요하는 계명과 금지사항을 지키는 것이 대단히 중요하다고 주장하고 있고요. 그래서 예를 들면, 교황은 우리가 동성애 결혼을 조장한다든가 피임을 하면서 전부터 내려오던 도덕-인습을 포기하게 되면, 우리의 사회질서가 와르르 붕괴될 것이라고 바위덩어리마냥 굳게 확신하고 있잖아요.

잘 알고 있구나! 종교적인 도덕은 실제로 대부분 인습적 도덕이지. 종교적인 도덕은 윤리적 갈등에 대한 새로운 해법을 찾는 것이 아니라 소위 '성스러운', 다시 말해 '감히 건드릴 수 없는' 오래된 전통을 들먹인단다. 후인습적 수준에 도달할 수 있는 교황의 문서가 거의 없는 것이 바로 이런 이유에서지. 아마도 그 사람들이 네 번째 단계의 도덕 발달에 머물러 있다는 것도 사실일 것 같고, 심지어는 교황, 추기경, 혹은 주교라는 '보다 높은 성직'으로 오를 수 있는 자격을 얻을 수 있는 전제조건이 그 네 번째 단계에 머물러야만 한다는 것도 사실인 것 같다!

하하하하! 라칭어(현 교황의 본명, Ratzinger) 씨가 들으면 싫어할 말이네요…….

글쎄, 아가 이 책을 읽는다 해도 전혀 흔들리지 않을 거다. 하지만 상관없지. 현대의 철학적 윤리는 종교적 신학과는 달리 현재의 인습에 절대로 얽매이는 법 없이, 보다 높은 사고원칙을 앞세워 그러한 인습에 의심을 품고 있단다. 다시 말해, 철학적 윤리는 콜버그의 발달 피라미드의 가장 높은 주준인 단계 6에 머물러 있어야 한다는 것이지.

현대 윤리는 가장 높은 수준에서 논증을 펴나가야 한다는 것이 당연한 것이겠지요. 하지만 그렇게 하는 것도 문제가 있지 않나요? 그렇게 수준 높은 윤리는 대부분의 사람들이 전혀 이해를 못할 수도 있잖아요! 제가 제대로 이해하고 있는지는 몰라도, 콜버그에 따르면 아주 극소수의 사람들만이 단계 6의 도덕발달에 도달할 수 있는 것으로 알고 있어요. 그렇죠?

맞는 말이다! 이 연구에서 콜버그는 사람들 중 1/4만이 단계 5에 도달하고, 극소수인 5퍼센트의 사람들만이 단계 6에 도달한다는 사실을 알아냈지. 도대체 이유가 뭘까? 우리는 정말 대부분의 사람들이 생물학적으로 인습적 수준의 도덕발달에만 머물도록 정해져 있다고 가정해야 하는 걸까? 그것은 냉소적인 판단일 뿐만 아니라 엄격하게 말하자면 잘못된 주장인 것 같구나! 사실상 우리는 생물학적인 문제에 직면해 있는 것이 아니라 사회적인 문제에 직면해 있기 때문이지. 따지지 말고 무조건 기존의 인습에 복종해야 한다고 국가와 종교가 몇 백 년 전부터 세뇌를 시켜왔기 때문에 대부분의 사람들이 윤리적인 문제를 인습적으로 생각하는 것이지.

그렇다면 사람들이 이러한 인습 지향적인 사고방식을 극복하기 위해 철학적인 안목을 끄집어내야 한다는 말인가요?

그렇지! 우리가 인습을 맹목적으로 따르는 것을 더 이상 좋다고만 하지 않고 오히려 추방시킨다면, 우리는 의미 있는 첫 걸음을 앞으로 내딛는 것이란다! 달리 얘기하면, 우리는 후인습적 사고가 스스로 인습적 사고가 될 수 있도록 노력해야 하는 것이란다! 사람들이 사회적인 합의사항에 의심을 품고, 행동이 보편적 정의원칙과 일치할 때 이 행동이 윤리적으로 합당해질 수 있다는 사고방식이 일단 당연한 일이 되어 버리고 나면, 훨씬 더 많은 사람들이 도덕발달의 후인습 수준에 다다르게 되겠지.

좋아요. 하지만 그 '보편적 정의 원칙'을 어떻게 이해해야 하는 거예요? 설명 부탁해요. 그것이 무엇인지 지금 전혀 상상이 안 돼요…….

그 말은 무엇보다도 '동등한 이익에 대한 동등한 배려의 원칙'이라고 말하고 싶구나. 이러한 원칙을 존중하는 사람은 단순하게 자신의 이익을 타인의 이익보다 더 소중히 여기지 않을 것이고, 이유 없이 어느 특정집단(예를 들면, 남성, 백인, 독일인)의 이익을 다른 집단의 이익보다 더 높게 평가하지는 않을 것이기 때문이지. 그 사람은 개별집단, 다시 말해, 소집단에 한정된 사고방식을 버리고 해당 이익의 수혜자가 누가 됐든 상관하지 않고 동등한 이익을 동일하게 배려하라고 강력하게 주장하게 되겠지.

그 '동등한 이익에 대한 동등한 배려의 원칙'은 다시 말하면, 아무도 차별대우를 받지 않게 하려는 것이 그 목표죠?

바로 그거다! 윤리적으로 생각하고 행동하는 사람은 그 행동에 관련된 사람 모두의 이익을 배려해야 한단다. 물론 모든 이익이 같은 가치를 가지고 있다는 것을 의미하지는 않는단다. 자신의 재산을 늘리려는 것에 대한 이익추구는 생존에 대한 이익추구와 결코 동일하지 않기 때문에, 탐욕을 이유로 다른 사람을 죽이는 것은 당연히 비윤리적이지.

이해하겠어요. 누군가를 죽이지 말라고 금지하는 것은 어떤 '신'이 미리 결정해 놓은 것이 아니라 우리가 희생자의 소중한 이익을 침해할 수도 있기 때문이라는 것이죠. 하지만 아빠는 방금 히틀러에 대한 슈타우펜베르크의 암살행위는 윤리적으로 정당하다고 하셨잖아요. 어떻게 그럴 수 있죠? 따지고 보면 히틀러도 생존할 권리가 있잖아요…….

상대방의 의지를 무시하고 사람을 죽인다는 것은 항상 재앙이지. 살인은 아주 극단적이고 위급한 경우에만 합법적인 행위가 될 수 있단다. 다시 말해, 단지 살인을 통해 보다 큰 재앙을 막을 수 있는 경우 말이지. 슈타우펜베르크의 암살행위는 이러한 극단적인 상황하에서 이루어진 것이란다. 왜냐하면 언제부터인가 오직 '총통'을 제거해야만 나치의 '총통국가'를 무너뜨릴 수 있었기 때문이지. 히틀러 암살이 성공했더라면 몇 백만 명이나 되는 사람들이 목숨을 구할 수 있었겠지. 때문에 슈타우펜베르크 진영의 행동은 합법적이었던 것이란다.

정당방위로 살인을 저지르는 것은 어째서 그렇죠?

그것 역시 윤리적으로 합법적인 특별한 경우에 속하지. 인질범들을 대상으로 행할 수 있는 '인질범 사살'도 마찬가지로 합법적 사고방식이 적용된단다. 인질범들로부터 생명의 위협을 받고 있는 인질들을 구출하기 위해서는 그것만이 유일한 방법이라고 판단될 때라면 말이지. 그러나 '동일한 이익에 대한 동등한 배려의 원칙'은 죄수들에게 사형제도를 적용하는 것을 합법한 것으로 생각하지 않는단다. 왜냐하면 복수를 하고 싶은 소망도, '중죄인을 먹여 살리지' 않으려는 사회 경제적인 이익을 생각하는 있을 법한 주장도, 죄수 자신의 생존이익과 동일하지 않기 때문이지.

살아남을 권리를 그렇게 가치 있는 것으로 평가해야 한다면, 낙태는 어떤 의미를 갖는 거죠? 아직 태어나지 않은 아이를 낳지 않으려는 어머니의 소망보다 이 아이의 살아남을 권리를 높이 평가할 수는 없는 것인가요? 이것이 제 입장이 아니라는 것을 아빠도 아시겠지만, 기독교를 믿는 생명중시론자들이 '동등한 이익에 대한 동등한 배려의 원칙'을 근거로 낙태가 '살인'이라고 주장한다면, 이들이 옳다고 할 수밖에 없을 것 같은데요······.

만일 배아, 혹은 그 이후의 태아가 별개의 독립적 인격체여서 사람들이 이들의 이익을 여성의 이익과 동등하게 취급해줄 수 있다면 사실 그럴 수도 있겠지. 그러나 이것은 명백히 다른 경우란다! 배아가 난착상(卵着床)이 될 때는 아무것도 느낄 수 없는 세포덩어리에 불과하단다. 임신 8주부터 뇌 속에서 첫 번째 신경세포가 생기기 시작하지만 18주가 되기 전까지 중추신경계는 다른 신체부분과 거의 연결되지 않은 상태란다. 임신 20주가 되어야 비로소 대뇌의 발달이 시작되고, 이제 대뇌의 도움으로 경험을 기억할 수 있게 되는 것이지. 심지어 34주 후에는 대부분의 성장이 끝나지만 이 시기에도 태아는 아직 독립적인 인격체가 아니란다.

어째서 아니라는 것이죠?

왜냐하면 이 태아는 여전히 '인격적 자아의식'을 갖고 있지 못한 상태이기 때문에 역시 '진정한 살아남을 권리'도 가지고 있지 않으며 단지, 예를 들어, 닭 정도가 가지고 있는 '단순히 살아남으려는 본능'만 가지고 있을 뿐이란다. 이러한 이유 때문에 여성의 이익과 배아, 혹은 태아의 '이익'을 동등하게 평가한다는 것은 불합리한 일인 것이지. 특히 임신초기의 낙태에 대해서 낙태 반대론자들이 이의를 제기하는 것은 쓸데없는 일이지. 다시 말하면, 고통도 기쁨도 느끼지 못하는 세포덩이를 제거하는 데 어째서 윤리적 양심의 가책을 느껴야 하는 것이지?

'낙태는 살인이다!' 라는 상투어는 무의미하다는 말이네요…….

분명히 그렇지! 이미 내가 언급한 것처럼, 살인이라는 것은 타인의 의지를 무시하고 저열한 동기를 가지고 일부러 행하는 것을 의미한단다. 그러나 낙태는 누구에게도 해를 끼치지 않기 때문에, 이와 관련시켜 '살인'을 얘기한다는 것은 허튼소리라는 것이지.

아빠는 방금 임신초기 낙태는 임신후기 낙태보다 문제가 없다고 암시했어요. 왜죠?

태아가 성장함에 따라서 감각 정도도 증가하기 때문이란다. 태아는 시간이 흐르면서 성숙상태가 되지만 아직도 여전히 인격체는 아니란다. 하지만 감각을 느낄 수 있는 생명체이기 때문에 사람들은 그의 '이익'을 존중해야만 하지. 그래서 누군가가 임신후기에 낙태를 감행하려면 산모의 생명이 위험하다든가 하는 합당한 이유가 있어야만 하지. 이 경우에는 고통은 느낄 수 있을지 몰라도 생존체험의 질이 아직 아주 제한되어 있는 생명체의 이익보다, 자신의 생존체험을 풍부하게 알고 있는 인격체의 이익이 더 중요하단다. 어쨌든 간에, 태아의 감정 규모는 보통 돼지의 감정 규모에도 한참 뒤떨어져 있단다.

잠깐만요. 우리가 한 마리 돼지의 이익을 아직 태어나지 않은 아이의 이익보다 더 중요시해야 한다는 뜻이에요?

기독교를 믿는 이 극성스러운 '생명중시론자'들이 매일 밤 맛있게 먹는 햄 샌드위치가 인간의 태아보다 훨씬 높은 의식능력과 감각능력을 가지고 있었던 생명체의 죽음과 관련되어 있다는 것을 깨닫게 된다면 적어도 이 말이 그렇게 해가 될 것도 없겠지! 요점은 다음과 같단다. 만약 우리가 '동등한 이익에 대한 동등한 배려의 원칙'을 진지하게 받아들인다면, 다른 종에 속해 있다는 한 가지 이유 때문에 인간이 아닌 다른 생명체의 이익을 무시해서는 안 된다는 것이지! 이러한 점에서 오스트레일리아의 철학자 피터 싱어(Peter Singer)가 나처럼 '종차별주의(지각없이 자신의 종에 속한 구성원만을 선호하는 주의. speciesism)'를 성차별주의나 인종차별주의와 동일시한 것도 무리는 아니란다. 다른 피부 색깔, 혹은 다른 성 특징을 가졌다는 이유로 타인의 이익을 무시하는 것은 전혀 정당한 것이 아니며, 마찬가지로 우리와 다른 종이라는 이유로 다른 생명체를 차별해서는 안 되는 것이란다.

우리가 인간과 동물을 똑같이 취급해야 한다는 말씀이시죠?

그것이 아니란다. 우리는 동등한 이익만을 동일하게 다루어야 한다는 말이란다! 한 인간의 살아남을 권리는 밤에 그를 아주 괴롭게 하는 모기의 살아남으려는 본능과 동일하지 않지. 우리가 배아나 태아의 예에서 살펴본 것처럼, 하나의 생명체가 어떤 의식능력과 감각능력을 가지고 있느냐가 윤리적으로 중요한 것이란다. 우리가 모든 생명체에게 불필요한 고통을 주어서는 안 된다는 것은 사실이지만, 한 마리 곤충을 죽이는 것과, 우리 인간과 아주 비슷하게 즐거움과 아픔을 느낄 수 있는 고등의 척추동물을 죽이는 것에는 커다란 차이가 있지.

즐거움과 아픔을 느끼는 동물의 이익을 윤리적으로 각별하게 존중해야 한다는 말이네요.

바로 그 말이다. 동물이 생각 없이 무시하면서 마구 부려먹을 수 있는 사물이 아니라는 것을 우리는 인정해야 한단다. 특히 '자아의식'의 형태를 이미 초월해서 일종의 '인격적으로 살아남을 권리'도 가지고 있는 동물들에게 이것은 당연히 중요한 의미를 가지고 있지. 그렇기 때문에 '유인원 프로젝트(Great Ape Project)'가 '유인원 권리선언' 속에서 요구하는 것처럼 침팬지, 보노보, 고릴라, 그리고 오랑우탄에게는 반드시 '생존권'을 부여해서 자유를 누릴 수 있게 하고, 고문을 받지 않도록 해야 하는 것이란다.

유인원의 경우에는 정말 많은 것을 배려했네요. 하지만 돼지나 소의 이익 문제에서는 전혀 다른 것 같네요……. 제가 아직 이해할 수 없는 것이 있는데요. '동등한 이익에 대한 동등한 배려의 원칙'에서 고등의 포유류 살해 금지라는 결과까지도 생각해볼 수 있겠네요. 그렇지 않아요? 그렇게 되면, 우리는 윤리적인 이유로 채식주의자가 되어야겠네요?

실제로 채식주의적인 생활방식, 혹은 계란, 우유나 가죽과 같은 동물성 제품 소비도 거절하는 비건(vegan)채식에 찬성할 만한 윤리적으로 합당한 이유가 많단다. 그러나 또한 고려해볼 만한 많은 반대의견도 있지. 인간은 생물학적 성향으로 볼 때 '잡식동물'이라는 사실을 무시해서는 안 될 거야. 오늘날 우리가 알다시피, 인류가 발전되어 오면서 뇌의 크기가 현저하게 커진 데에는 '가공된' 동물성 단백질과 지방에서 그 원인을 찾을 수 있지. 때문에 임산부, 아이들, 혹은 청소년들이 식물성만 먹는 것도 문제가 될 수 있지. 하지만 뇌가 일정 수준까지 성장한 뒤부터는 별 염려 없이 동물성 음식을 안 먹어도 되는 것이란다.

임산부는 그렇다 치고, 사실 먹어서는 안 된다는 것을 알면서도 어떤 성인이 육류를 먹는다면 이 사람은 비윤리적으로 행동하는 것인가요?

옛날이었다면 나는 이 질문에 분명하게 '그렇다'라고 대답했을 거다. 하지만 지금의 나는 이 점에서 좀 조심스러워지는구나. 왜냐하면 자신의 존재를 전혀 모르는 생물체를 섭취하는 것이 어째서 비난받을 짓이지? 내 의견에서 명백하게 비윤리적인 것은 육류 생산과 관련된 다른 측면들이란다. 다시 말하면 민감한 생명체들에게 쓸데없는 고통을 준다든지, 그들의 욕구와는 전혀 맞지 않는 환경을 유지하는 것이란다. 따라서 땅을 파헤치며 놀고 싶어하는 닭들의 욕구를 채워 줄 수 없는 대량사육장에서 사육하는 행위를 금지시켜야 하지. 더욱 끔찍한 것은 상업적으로 운영되는 돼지사육장의 환경이란다. 왜냐하면 아주 머리가 영리하고 예민한 생명체인 돼지를 우리는 무슨 일이 있어도 수치스러운 존재로 만들어서는 안 되기 때문이지! 유감스럽게도 극소수의 사람들만이 돼

지가 영장류와 비슷한 인지적 능력을 소유하고 있다는 것을 알고
있단다.

다시 말해 '무식한 돼지'라는 표현은 전혀 틀린 말이죠?

그렇지. 사실과는 너무나 다른 표현이지! 돼지는 실제로 뇌가 그
렇게 많이 발달하지 않은 소보다 훨씬 지적이고 예민한 동물이란
다. 그렇기 때문에 사람들은 돼지를 사육할 때 특별히 높은 윤리
적 사항에 주목해야 한단다. 고래를 잡아먹는 것을 독일에서 불법
화한 것처럼, 아마 언젠가는 식용을 목적으로 돼지를 죽이는 일을
원칙적으로 그만 두게 해야 한다는 생각을 할 날이 올 거야.

하지만 우리가 돼지고기를 먹지 않게 된다면, 돼지는 곧 멸종의 위험에 처
하게 될 종들에 속하게 될 걸요. 그렇죠? 돼지고기가 생산되지 않더라도
사람들은 돼지고기만 고집할 테니까요. 도대체 왜 그러는 건지…….

맞는 이야기다. 그 이야기는 채식주의자를 비판하는 사람들이 가
끔 제기하는 주장과 같구나. 19세기 영국의 문학가 레슬리 스티븐
(Leslie Stephen)의 말을 빌리면, '돼지는 베이컨 수요 때문에 어떤 동
물보다 중요한 동물이다. 만일 전 세계 사람들이 유대인이었다면
한 마리의 돼지도 남아있지 않았을 것이다(유대인과 이슬람교도는 돼지고기
를 먹지 않는다).' 물론 스티븐이 '유대인' 대신 '이슬람교도', 혹은 '채
식주의자'라고 썼다고 해도 별 상관은 없었겠지. 중요한 것은 인
류의 대부분이 유대인도 아니고, 이슬람교도도 아니고, 채식주의
자들도 아니기 때문에 이 세상에 아주 많은 돼지가 있다는 사실이
지(독일만 해도 2,700만 마리의 돼지가 있다!). 상황은 모순적이지. 돼지들이 아
직 살아있는 원인이 공교롭게도 그들의 생명을 앗아가려고 살피
고 있는 모든 인간들의 덕분이니까. 하지만 그렇다고 해서 돼지들

이 어느 누구보다도 베이컨 수요에 대해 커다란 관심을 가져야 한다고 가정해야 하는 걸까? 천만의 말씀! 현재 돼지들의 일반적 평균 삶이 고통스러운 상태가 아니고 즐거운 상태라면 그러한 주장은 맞는 말 인지도 모르겠다. 그러나 상업적으로 운영되는 돼지사육장의 환경을 생각해볼 때 그러한 주장은 가당치도 않지!

사람들이 꼭 '동등한 이익에 대한 동등한 배려의 원칙' 때문에 엄격한 채식주의자가 될 필요는 없지만, 육류소비는 반드시 줄여야 한다는 말이겠죠?

잘 이해했구나! 채식주의는 물론 윤리적으로 정당하단다(그리고 내 개인적 성향에도 맞고). 하지만 그렇다고 해서 결코 윤리적으로 강요해서는 안 된단다. 그러나 강제를 해서라도 육류소비를 줄여야 하지. 만약 우리가 동물에 대해 종의 특성에 맞추어 이해하는 마음가짐을 갖는다면, 지금의 산업국가에서 보듯이 그렇게나 많은 육류를 더는 소비하지는 않을 거야. 우리는 강력히 다른 식료품에 의존해야만 해. 그렇게 한다고 해서 이 세상이 끝장나는 것도 아니잖아……

맞아요. 하지만 윤리적인 이유 때문에 스테이크를 거절할 사람이 몇이나 될지 의심이 드네요. 제 말은 아빠가 말씀하신 '동등한 이익에 대한 동등한 배려의 원칙' 이 너무 논리적이고 이성적이라는 것이죠. 사람들로 하여금 자신들의 행동을 바꾸게 하는 게 그것으로 될까요? 그 사람들이 '동등한 이익에 대한 동등한 배려의 원칙' 을 받아들이면 아마 자신의 생활에 불이익이 올 텐데 도대체 무엇 때문에 그 원칙을 인정해야 한다는 것이죠?

너는 지금 아주 중요한 철학문제에 대해 언급하고 있구나. 즉, 도대체 우리는 왜 우리의 삶을 윤리적 잣대에 맞추어야 하는가? 어째서 우리는 윤리적으로 행동하는가? 어떤 윤리적 원칙이 논리적이라던가, 이성적이라는 것을 확인하는 것만으로는 충분하지 않다는 너의 주장은 아주 옳고 당연하지. 이러한 원칙이 우리의 이익에 도움이 될 때만 즉, 우리가 이 원칙을 적용하면 나쁜 것보다 좋은 것이 더 많다는 것을 알게 될 때만 적용이 가능한 것이지.

그러면 아빠는 '동등한 이익에 대한 동등한 배려의 원칙'이 우리 자신의 이익과 일치한다는 사실을 증명하셔야 할 것 같네요. 하지만 아빠는 어떻게 그것을 정당화할 수 있죠?

우리 한번 보편적인 살인 금지를 예로 들어보자. 다시 말해, 너는 다른 사람에게 너의 의지를 무시당한 채 살해되지 않을 자연적 권리를 가지고 있지.

당연하죠. 저는 살해 당하고 싶지 않으니까요. 하지만 아주 논리적으로 한 번 말해보죠. 저에게 이로운데도 불구하고 왜 제가 타인을 죽일 수 있는 권리를 포기해야 하죠?

이유는 아주 간단하지. 너는 '레아 살로몬 외에는 아무도 살인을 저지를 수 없다'는 법칙을 이 사회에서 절대 관철할 수 없을 테니까! 만일 모두가 타인을 죽일 수 있다는 권리를 끄집어내 주장한다면, 보편적 살인 금지는 금방 무용지물이 되어 버리지. 그렇게 되면 네 자신의 이익과도 모순되고. 달리 표현하면, 타인을 살해해도 되는 자유를 통해서 생기는 이득은 보편적인 살인금지를 폐기하면서 생기는 손실보다 훨씬 적은 것이지. 이러한 점에서 '동등한 이익에 대한 동등한 배려의 원칙'을 인정하는 것이, 각 개인의 이익에도 아주 도움이 된다는 것을 증명할 수 있는 것이지.

좋아요. 타인을 살해하는 것과 관련된 사항을 이해할 수 있겠네요. 하지만 동물을 죽인다거나 학대하는 행위와 관련해서는 다른 방식으로 논증해야 할 것 같은데요. 왜냐하면 우리 모두가 동물을 학대할 권리를 주장하면, 개인으로서의 저는 어떠한 피해도 입을 필요가 없으니까요!

맞는 이야기다. 그러면 너는 왜 그러한 동물학대법을 위한 활동을 하지 않지?

제가 왜 동물을 학대할 수 있는 권리를 위해 활동하지 않느냐고요? 말도 안 되는 질문이에요! 당연히 저는 동물들을 괴롭히는 짓을 하고 싶지 않아요.

내 말이 바로 그 말이란다! 또한 그것은 우리가 자신의 '이익'에 대한 이해력을 넓혀야 하는 이유란다. 우리의 행동은 이기적인(자신의 이익에 제한된) 동기에서 뿐만 아니라 이타적인(타인의 이익에 제한된) 동기에서도 결정되는 것이지. 일반적인 경우에 인간은 동정을 느끼는 생명체란다. 우리는 기쁨을 같이 나누거나 슬픔을 함께 나누면서 타인의 행복과 불행을 같이 느끼려 하지. 심지어 아르투르 쇼펜하우어는 이러한 현상 속에서 모든 윤리의 근본을 보았고 나는 그가 옳았다고 생각하고 있단다. 다른 생명체들이 주관적으로 체험하는 것을 같이 나눌 수 없다면, 우리는 윤리적인 문제를 깊이 다루지 말아야 하겠지.

동물들이 괴로움을 당하는 것을 제가 원하지 않는 이유가, 그들이 고통을 받으면 제 자신이 괴로워할 거라는 이유에서요?

그렇지. 다른 생명체의 입장을 예민하게 생각하는 능력을 통해 다른 생명체의 행복과 불행이 나 자신의 행복과 불행이 되는 것이지. 그렇기 때문에 우리의 동정심을 유발시키는 다른 생명체의 고통을 삼가려는 것이 우리가 본래부터 가지고 있는 권리인 것이지. 따라서 '동등한 이익에 대한 동등한 배려의 원칙'은 우리가 다른 생명체의 관점에서 같이 느끼는 정서적인 능력을 행사해서 나온 합리적인 결과물과 다름없는 것이라고 볼 수 있는 것이지. 우리가 다른 생명체의 입장을 이해하는 능력을 가지고 있기 때문에, 우리가 그들의 입장에서 본다는 것이 무엇을 의미하는 것인가를 상상해볼 수 있다는 것이지. 이렇게 '다른 생명체의 관점'에서 생각하기 때문에, 우리 자신의 이익이 존중받듯이 다른 생명체의 이익도 정당하게 존중받기를 원하게 될 것이고, '동등한 이익에 대한 동일한 배려의 원칙'은 그것 외에는 바라는 것이 아무것도 없단다.

좋아요. 하지만 타인의 관점에서 생각해본다는 것이 때로는 아주 어려운 일이라는 것을 아빠도 분명히 인정하실 거예요. 그렇죠? 제 주변에 있는 대하기 편안한 사람들에게는 그렇게 하기가 쉬울 것 같은데, 전혀 모르는 사람이나 혐오하는 일을 하는 사람에게는 어떻게 해야 하는 거죠? 뿐만 아니라 닭이나 돼지의 관점을 빌려서, 그 관점으로 우리가 어떤 이익을 어떻게 고려해야 할지 판단하는 것이 어떤 의미를 갖는 것인지 전혀 상상이 안 가요.

당연히 우리 주변 사람들의 입장에서 같이 느껴보는 것이 더욱 쉽겠지. 그렇기 때문에 성경에서 '모르는 사람을 네 자신처럼 사랑하라!'가 아니고 '네 이웃을 네 자신처럼 사랑하라!'고 한 것도 놀랄 일이 아니지. 하지만 인류 역사가 진행되어 오면서 타인을 배려하는 감정에 대한 관심집단이 점점 커져왔다는 사실을 확인할 수 있단다. (비록 나치시대와 같은 끔찍한 등장이 있긴 했지만) 처음에는 윤리적 감정에 대한 관심이 겨우 자신의 종족에만 국한되어 있었지만, 점차 사회적 소집단으로 확산되더니, 이후 사회 전체 구성원으로, 결국에는 호모 사피엔스라는 종에 속한 구성원 모두의 관심사가 되어버린 것이지(예를 들면, 유엔의 인권선언). 우리가 이러한 발전을 여기서 중단하고 이 '동등한 이익에 대한 동등한 배려의 원칙'을 다른 생명체에게까지 연장시키지 말아야 할 이유가 무엇일까? 우리 종에 속해 있지 않은 다른 종의 입장을 이해한다는 것이 한층 더 어렵다는 것을 나는 인정한단다. 그러나 그 동안 우리는 다른 동물의 능력과 욕구에 대해 풍부한 자료를 갖게 되었지. 그리고 우리는 고도로 진화된 동물들이 우리와 함께 기본적인 감정을 나눌 수 있다는 사실을 알게 되었단다. 이 동물들은 쾌감과 아픔, 기쁨과 슬픔을 느낄 수 있지. 물론 우리는 우리의 감정을 이 동물들에게 완벽하게 전달할 수는 없지만, 육류가공공장 안에서 간신히 자신의 생존을 이어가고 있는 삶이 돼지에게 어떤 의미가 있는지 전혀 생각할 수 없다는 것은 분명히 잘못된 일이지!

알겠어요. 아빠도 아시겠지만 사실은 저도 그렇게 생각하고 있어요. 하지만 아빠가 방금 얘기하신 사실에서 어떤 결론을 끄집어내야 할 지 의문스러워요. 만약 공감이 우리가 윤리적으로 행동하는 궁극적인 이유라면 비윤리적인 행동들은 잘못된 공감에서 비롯된 것 아닌가요? 따라서 부당한 행동방식은 오히려 이성의 문제라기보다는 오히려 우리 감정의 문제가 아닐까요?

나는 이성과 감정을 그렇게 엄격하게 구분하고 싶지는 않구나. 따지고 보면, 감정은 인지의 영향을 받고 인지는 감정의 영향을 받으니까. 하지만 대체적으로 네 말에 공감하고 있단다. 다시 말해, 만일 우리가 보다 깊은 공감력을 느낄 수 있는 능력이 있다면, 이 세계사회가 한층 정의로워질 것임에는 의심할 여지가 없겠지! 역시 우리는 이러한 전제하에 '벌거벗은 원숭이'가 된 우리 내면에 숨어있는 정말 놀라운 잠재력을 발휘할 수 있을 텐데 말이다. 그 이유는 진화생물학자 스티븐 제이 굴드가 언급한 것처럼 인간은 자신의 생물학적인 성향으로 볼 때 유별나게 영리한 재능뿐만 아니라 각별하게 호의적인 동물일 수 있는 재능을 가지고 있으니까……

어머, 그래요? 그렇다면 인간은 역사가 거듭되면서 이러한 재능을 아주 대단한 솜씨로 감춰왔던 것이로군요!

그렇지. 그리고 우리가 그 우호적인 재능을 펼칠 수 없었던 이유가 하나의 화두가 될 수 있지. 네가 괜찮다면, 내일은 이 문제에 대해서 얘기해보자……

'정의란 무엇인가?'

현대에 들어와서까지도 이 질문에 대한 대답은 주로 종교적인 맥락에서 이루어졌다. '정의로운 것' 은 '하나님의 계율' 에 일치하는 것이었다. 따라서 '마녀' 를 죽이는 것은 당연한 일로 느껴졌다. 급기야 야훼(Jahveh, 약 3,500년 전 요르단 동쪽에 위치한 같은 이름의 산맥 기슭에 살고 있던 작은 베두인족의 '산신령' 으로 태어나, '이스라엘' 의 하나님으로 성장해, 오늘날 기독교의 '성부' 와 이슬람교의 '알라' 로 알려져 있다)는 모세 2경(출애굽기 22장 17절)에서 마녀를 모두 살려 두지 말라고 단호하게 재촉하고 있다.

이러한 정의관은 17세기에 서서히 세속화(俗化)의 과정을 밟기 시작했다. '하나님이 미리 결정한 정의규범' 의 자리에, 토머스 홉스(Thomas Hobbes, 1588-1679), 존 로크(John Locke, 1632-1704), 그리고 장 자크 루소(Jean-Jacques Rousseau, 1712-1778)가 창안했고 20세기에 미국의 철학가 존 롤스(John Rawls, 1921-2002)가 구체적으로 명시한 '사회계약' 의 관념이 자리 잡게 되었다. 윤리적인, 혹은 정치적인 가치는 '높은 권위자' 로부터 인간에게 주어진 것이 아니라 사회 구성원이 자신의 이익에 따라 서로 계약을 맺어 생겨났다는 것이 이 사회계약의 기본적 개념이다. 이에 따라 어떤 의미에서는, '정의' 를 '신' 이나 '자연' 으로부터 주어진 객관적인 도덕으로 간주한 것이 아니라 '서로가 피해를 주지 않는다는 장점을 염두에 둔' 사람들끼리의 합의로 간주한 에피쿠로스의 생각을, 사회계약론자들이 모방한 것이나 다름없다.

사회규범이 개인적이고 사회적인 이익과 관련되어 있을 때만 그 사회규범을 받아들일 수 있다는 확신은, 19세기 초반 영국의 철학자들인 제러미 벤담(Jeremy Bentham, 1748-1832), 존 스튜어트 밀(John Stuart Mill, 1806-1873)에 의해 창시된 공리주의 철학파를 통해 그 뚜렷한 모습을 나타내게 되었다(라틴어 'utilitas'는 '유익'을 뜻한다). 벤담과 밀은 윤리적 규범은 그 '자체'로는 타당하지 않으며, '최대다수의 최대행복'에 기여하는 조건하에서만 타당하다는 사실을 증명했다. 이들은 이러한 원칙을 바탕으로 이들의 시대를 훨씬 앞선 결론에 도달했다. 다시 말하면, 이들은 여성의 선거권을 포함한 보통선거(대부분의 유럽국가에서 1차 세계대전이 끝난 후에야 비로소 실현되었다), 사형제도의 폐지(독일에서는 2차 세계대전 후 실행되었고, 미국에서는 여전히 폐지되지 않고 있다), 동성애 합법화(독일에서는 1070년대에야 비로소 합법하되었다)를 요구했다. 이러한 종류의 '지나친 요구' 때문에 벤담과 밀은 순식간에 종교적·보수적인 진영에서 '무신론자', '민주주의자(왕권과 신권이 손을 잡은 당시 시대에는 일종의 욕설이었다)'라는 매도를 당했다. 또한 (주로 보수적 권력의 결정하에) 독일의 대학교 철학계에서도 이러한 요구들을 진지하게 다루지 않았고 그 결과 오늘날까지도 후유증에 시달리고 있다.

공리주의자들은 민주주의, 페미니즘, 남녀평등주의, 인종차별반대주의, 그리고 헌법에서 보장하는 시민의 권리와 자유의 개척자였다는 사실만으로도 자신들의 명성에 해가 되었을 뿐만 아니라 그들은 동물의 권리를 위해서도 기여했기 때문에 '미쳤다'는 비난을 듣기에 충분했다! 프랑스 혁명이 벌어지고 있는 기간 동안 벤담은 다음과 같이 썼다. "프랑스인들은 피부 색깔이 검다는 이유로 그들을 가해자의 횡포에 속수무책으로 내맡겨서는 안 된다는 것을 이미 깨달았다. 따라서 사람들은 다리의 수, 피부의 털, 혹은 꼬리뼈가 다르다는 이유 때문에, 감각을 느낄 수 있는 생명체가 그들과 똑같은 운명에 내맡겨져서는 안 된다는 것도 알게 될 날이 올 것이다. 도대체 무슨 이유로 사람과 동물 사이에 선을 그어 차별을 두는 것일까? 생각하는 능력 때문에? 아니면, 혹시 말하는 능력 때문에? 하지만 다 자란 말이나 개는 태어난 지 하루나 일주일, 혹은 심지어는 한 달된 갓난아기와 비교가 안 될 정도로 더 잘 생각할 수 있으며 의사전달을 할 수 있다. 경우가 다르지 않느냐고 전제한다고 해도 그것이 무슨 상관인가? 중요한 것은 '그들이 합리적으로 생각할 수 있는가?', 혹은 '그들이 말할 수 있는가?' 가 아니고 '그들이 고통을 느낄 수 있는가?' 인 것이다."

200년 후 오스트레일리아의 철학자 피터 싱어(Peter Singer, 1946-)가 벤담의 주장을 이어받아서 이 주장을 더욱 체계화시켰을 때, 이 몇 줄 안 되는 문장 속에 얼마나 대단한 논쟁거리가 숨어있는지 밝혀지게 되었다. 비교적 얼마 되지 않은 과거에 발표된 철학저서 중, 1979년에 영어로, 1984년에는 독일어로 출판된 싱어의 저서 『실천 윤리학』만큼 그렇게 분노의 폭풍을 불러일으킨 저서는 없었다. 유감스럽게도 싱어의 주장은 논쟁 중에 대부분 완전히 왜곡되기 일쑤였고 동물의 권리를 향상시키려는 그의 노력은 인간의 근본권리를 저하시키려는 시도로 해석되었다. 안락사를 합법화하자는 그를 비판하는 사람들은 그의 인본주의적 주장을 장애인을 살해하기 위한 비인도적인 호소라고 했다. 싱어에 반대하는 히스테리가 너무 거세서 국수주의에 반대하는 철학자와 자신들의 조부모들이 강제수용소에서 사망했기 때문에 급진 좌파적 사고방식을 보이는 철학자, 교회 관계자, 정치활동가, 그리고 언론가들은 그를 나치 슬로건의 옹호자라고 폄하하는 사태에까지 이르게 되었고, 격렬한 항의가 있은 후 독일에서는 활동을 할 수 없었다. 극히 소수의 사람들만이 용기를 내서 그러한 광기를 반대했다. 여권운동가인 알리스 슈바르처(Alice Schwarzer, 1942-)가 1994년 「엠마」라는 신문에 '싱어라는 친구'라는 제목으로 기사를 써내며 그러한 용기를 보여주었는데 이것은 「엠마」 편집부가 곧바로 습격당할 것이라는 예상을 했음에도 불구하고 감행한 용기였다.

또한 독일의 사회철학가 노르베르트 회르스터(Norbert Hoerster, 1937-)가 안락사와 배아보호의 문제에 대해서 피터 싱어와 전혀 동일하지 않지만 비슷한 결론을 끄집어냈을 때, 그도 마찬가지로 격렬한 공격을 당했다. '이익에 근거를 둔 윤리학'에 대한 논문들은 지극히 신경을 쓴 내용이었음에도 불구하고, 회르스터에게 별 도움이 되질 못했다. 그 이유는 그가 개최하는 행사에 반대하는 사람들이 그의 작품들을 대부분 단지 피상적인 소문을 통해서만 알았기 때문이었다(몇 건의 강연은 경찰의 보호 하에 개최되기도 했다). 적개심이 얼마나 컸던지 결국에는 회르스터 자신이 마인츠 대학교의 철학교수직을 사임하고 1998년 조기 정년퇴직을 하는 사태까지 이르게 되었다.

벤담, 싱어, 회르스터 같은 이성적인 윤리학자에 반대하는 그러한 비이성적 증오심이 어디에서 생겨나는 것인지 의문을 품지 않을 수 없다. 이러한 증오심은 단지 이념적 선전기구가 훌륭한 조직을 갖추고 잘 움직이며 활동한 결과라고 보아야 할 것인가? 아니면 무엇인가 그 이상의 것이 그 배후에 숨어있는 것일까? 로렌스 콜버그가 자신의 도덕성 발달에 관한 연구에서 발견한 윤리적 정당화 패턴 속에 있는 의견 차이가 결정적 역할을 할 수 있는 것일까?(이전의 토론을 참조할 것). 어쨌든 과거의 벤담과 밀, 혹은 현재의 싱어와 회르스트는 후인습적 사상가에 속한다. 그들의 주장이 인습적 수준에 맞추어진 사람들의 반대에 부딪히는 것은 어쩌면 당연한 일일 것이다. 도덕 발달의 네 번째 단계에 머문 사람들은 후인습적인 생각 속에서 어떠한 '발전'도 보지 못하고 '도덕 전체의 몰락'만을 볼 것이다.

그러나 후인습적 논증을 향한 이러한 인습적인 혐오감이 이해할 만하다고 방치한다면, 이러한 혐오는 점점 더 큰 문젯거리로 커져갈 것이다. 생명윤리에 관한 주된 당면문제를 인습적인 방식으로는 더 이상 해결할 수 없기 때문이다(무엇보다도 '유전자 치료를 허용할 것인가?', '인간이 두뇌를 최적화시켜도 좋은 것인가?', '치료를 목적으로 한 복제를 허용할 것인가?'). 이 경우 우리는 절실하게 후인습적인 해결모델에 의존하지 않을 수 없다. 그러한 해결모델이 어떠한 모습을 가지고 있는지 독일에서는 노르베르트 회르스트 외에도 철학자 디터 비른바허(Dieter Birnbacher, 1946-)와 프란츠 요제프 베츠(Franz Josef Wetz, 1958-)가 제시했다. 만일 우리가 이들이 연구한 제안들을 명심한다면, 불필요한 고통을 피할 수 있을 것이고 비교적 공정한 상황을 마련할 수 있을 것이다. 머지 않아 이러한 일이 일어날 수 있다고 기대해도 좋을까? 어림없는 소리! 왜냐하면 오랫동안 굳어진 인습의 멍에로부터 자신을 해방시킬 수 없는 정치 의사결정자들이 아직도 너무나 많기 때문이다. 이런 식으로 여전히 21세기의 정치를 결정하고 있는 전통주의자들은 하필이면 동요르단 출신의 3,500살 먹은 산신령이 현 시대의 당면한 문제를 해결해주기를 기대하고 있는 중이다······.

　이와 관련하여, 이미 영국의 천재적인 수학자, 철학자, 그리고 노벨 문학상 수상자인 버트런드 러셀(Bertrand Russell, 1872-1970)은 사회적인 발전을 이루려면 우리는 반드시 인습적인 도덕적 가치에서 해방되어야 한다고 강조했다. 존 스튜어트 밀에게 영감을 받아 작성한 자신의 에세이 「나는 왜 기독교인이 아닌가?」에서 러셀은 다음과 같이 말했다. '좋은 세상을 만들려면 지식과 친절과 용기가 필요하다. 그렇게 하기 위해서는 과거에 무지한 사람들이 지껄인 말을 좇아서 과거를 간절하게 열망해서는 안 되며, 자유로운 지성에 족쇄를 채워서는 안 된다.' 러셀은 이런 식으로 이미 80년이나 앞선 그 당시에 '이 세상의 고통을 덜어 주는 갖가지 진보와 개선을 가로막는 적들'에게 준엄한 경고를 했던 것이다. 안타깝게도 이 적들은 오늘날까지도 생존해 남아있다.

왜 인간은 항상 그토록 잔인한 것일까?

아빠는 어제 인간은 아주 현명하고 친근한 동물이 될 수 있는 재능을 가지고 있다고 하셨어요. 하지만 그 말이 맞다면, 어째서 우리 인간은 항상 그렇게 잔인한 것이죠? '나쁜 환경'에만 그 원인이 있는 것인가요? 아빠는 분명히 우리 인간이 선천적으로 '선'하지 않다는 의견이고, 사회적 상황이 우리를 '나쁘게' 만들고 있다는 의견이죠. 그렇죠?

그게 아니지. 그렇다면 그것은 아주 비논리적이겠지. 왜냐하면 우리가 만약 선천적으로 '선'하다면, 다시 말해, 평화적이고, 공정하고, 배려심 있고, 그리고 남의 처지에 공감할 줄 안다면, 도대체 왜 '나쁘다'는 말 즉, 불공정하고, 호전적이고, 그리고 남의 처지에 같이 공감할 줄 모르는 환경을 조성할 수 있었을까? 자신과 자연이 조화를 이루며 산다고 하는 '고결한 야만인'이라는 낭만적인 아이디어는 우리가 가진 자료를 통틀어 볼 때 모순적인 말에 불과하지. 초창기의 인간들은 '목가적인 환경' 속에서 생활했던 것이 아니라, 보통은 가혹한 생존경쟁을 하지 않으면 안 되었지. 물론 때로는 먹을거리가 풍부하게 남아도는 경제적인 여유가 있어서 상황이 좋은 적도 있었지만, 대부분의 경우에는 자원이 모자랐고 그 결과 같은 집단 내에서, 특히 집단 사이에 분배를 둘러싼 투쟁이 생겨났지. 이러한 집단 간의 갈등이 계속되면서 무시무시한 장면도 연출되었지. 왜냐하면 승리자는 패자의 모든 소유물을 차지하는 데 만족했던 것이 아니기 때문이지. 틀림없이 그들은 여성들을 강간하고 남자들과 아이들을 죽였을 거야.

뻔하죠! 아빠가 정말 옳아요. 어쨌든 그러한 행동방식은 인간에게서 최초로 일어난 것이 아니죠. 아빠가 최근에 쓴 '선과 악의 저편'에 '침팬지의 전쟁'에 대해 쓴 항목이 있어요.

뭐라고, 요새 그 책을 읽고 있다니 어떻게 된 거냐? 너에게는 너무 어렵다고 했잖니…….

응, 뭐, 이 토론과 관련해서 그 책을 한번 들여다보는 것이 좋을 것 같다는 생각을 했어요. 신기하게도 이제 그 책이 더는 그렇게 난해한 것 같지 않아요. 심지어 어제 읽은 '침팬지의 전쟁' 항목은 아주 흥미진진했어요! 우리가 잔인하다거나 적어도 비윤리적이라고 생각될 정도의 모든 행동방식이 나름대로의 형태로 자연에 나타난다는 사실을 알게 되었어요.

바로 그것이란다. 우리가 가진 '나쁜 형질'과 관련해서 우리 인간은 무엇인가 아주 특별한 존재가 되려고 마음먹으면 지나치게 많은 망상을 한단다! 그 이유는 이미 비인류 영장류의 천성 속에도 나타나 있듯이 사기, 절도, 강도, 공갈협박, 착취, 노예삼기, 성폭행, 심지어는 카사켈라(Kasakela) 침팬지들이 1974년부터 1977년까지 카하마(Kahama) 침팬지에게 주기적인 섬멸전을 자행하여 카하마의 수컷 모두를 제거하고 나서야 끝난 박멸전쟁 같은 현상들이 있기 때문이지.

우리가 잔인하다거나 비윤리적인 행위 같은 성향을 보이는 것은 진화의 유산이며, 이 유산은 우리의 내면에 숨어있다고 아빠의 책 속에 잘 설명되어 있어요. 하지만 그 외에도 우리 인간은 '관대함이라는 특별한 재능'도 가지고 있다고 주장하는 것은 무슨 이유에서 그렇다는 것인가요?

그것 역시 진화의 유산이란다! 우리가 어제 토론했다시피, 인간은 '공감하는 생명체'이기 때문에 즉, 타인의 행복과 불행을 자신의 행복과 불행처럼 느낄 수 있기 때문에 높이 평가될 수 있는 것이란다. 이러한 생물학적인 능력은 진화가 계속되는 동안 계속 발전했고 우리의 뇌 속에 깊게 자리 잡게 된 것이지. 최근의 연구에서는 소위 '거울신경세포(mirror neuron)'가 커다란 역할을 한다는 것이 밝혀졌단다.

거울신경세포가 무엇인데요?

이 신경세포가 무엇을 하는지 이름에서 짐작할 수 있지. 우리가 타인의 행동을 관찰할 때, 타인의 뇌 속에서 벌어지는 신경세포의 활동을 우리의 거울신경세포가 그대로 '따라서 한다'는 것이지. 이렇게 함으로써 관찰하고 있는 타인의 행동이 나 자신의 행동인 것 같은 주관적인 인상이 생겨나는 것이지. 네 뇌 속에 들어있는 고통감각기관은 네 손가락이 바늘에 찔렸을 때뿐만 아니라 타인의 손가락이 바늘에 찔리는 것을 보기만 해도 네 자신이 찔리는 것 같은 자극을 받는 것이지.

하지만 그냥 보는 것만으로는 당사자보다 아픔을 분명히 덜 느끼잖아요.

그렇지. 우리의 뇌는 다른 사람이 느끼는 것을 100퍼센트 그대로 모방하는 것은 아니란다. 너 자신이 구타를 당하면, 남이 구타당하는 장면을 볼 때 느끼는 것과는 완전히 다른 느낌을 받게 되는 것이지. 또 너 자신이 로또에서 대박을 터트려서 느끼는 감정과, 네 친구가 대박을 터트렸을 때 함께 느끼는 감정은 당연히 다른 것이지. 아마 너는 이미 이전에 토론할 때 이와 비슷한 현상을 다루었던 것을 기억할 거야. 영화 속 여주인공이나 유명한 운동선수와 우리 자신을 동일시하면서 다른 사람의 감정을 '빌려 볼' 수 있다고 한 것 말이야.

아, 그래요! 제가 가장 잘 기억할 수 있는 화두가 행복에 관한 대화였으니까요! 특히나 그때 아빠가 말씀하시길, 스스로 활동적이 되어야 진정한 행복을 체험할 수 있다고 하면서 소파 위의 편안한 생활을 포기하게 만들었으니까요.

맞다! '모방된 행복'은 '진정한 행복'의 편협한 흉내내기일 뿐이라고 말했었지. 그 원인이 어디에 있는지 이제 우리는 알 수 있지. 우리의 뇌는 타인의 감정을 모방할 수는 있단다. 하지만 이 모방은 우리가 직접 경험하며 느꼈을 때 느끼는 그 감정의 강도와는 확실히 다르단다. 당연히 그래야 되겠지. 그렇지 않으면, 우리가 우리 자신과 타인을 구별할 수 없을 테니까. 그럼에도 불구하고 타인의 감정을 모방하는 정도는 보통 그 정도로 충분해서, 타인에게 고의적으로 피해를 주지 못하게 한단다. 왜냐하면 '모방된 자신의 고통' 즉, 동정심이 되어버린 타인의 고통은 우리에게는 이기적인 이해관계에서 피해야 할 악을 의미하기 때문이지.

글쎄요, '타인의 고통'과 '자신이 느끼는 동정심'을 갖는 것에 전혀 문제가 없는 사람들도 많은 것 같아요! 그렇지 않다면 사람들이 다른 사람들에게 저지르는 끔찍한 모든 행위들을 어떻게 설명할 수 있겠어요? 하지만 그것에 대해 얘기를 시작하기 전에 다른 것을 먼저 알고 싶어요. 제가 이해할 수 없는 것은 '거울신경세포조직'이 진화의 과정 속에서 어떻게 자신의 자리를 확보했는가 하는 점이에요. 도대체 이 신경세포의 장점이 어디에 있는 것이죠? 다른 사람들의 이익을 배려하는 것이 진화의 시각으로 볼 때 무슨 도움이 된다는 것이죠? 다른 생명체의 감정에 전혀 신경 쓰지 않으면서, 그 생명체가 어떻게 되든 말든 전혀 상관없다고 생각하는 것이 번식성공을 위한 경쟁에서 훨씬 유리한 것 아닌가요?

그러한 주장은 언뜻 보기에는 설득력이 있는 것처럼 들리지. 그러나 너는, 너의 감정에 전혀 신경 쓰지 않으면서 네가 즐거운지, 혹은 무엇인가가 너를 괴롭히든 말든 자신과는 전혀 상관없다고 생각하는 사람을 친구, 혹은 심지어 섹스 파트너로 고르겠니?

당연히 아니죠?

그것 봐라! 호모 에렉투스 여성과 남성들도 이미 백만 년 전에 그런 식으로 살았었지. 다른 집단 구성원의 관심사를 배려하지 않고 무시하는 사람은 금방 사회적으로 고립되고, 선택적 우위보다는 선택적 불리를 택하게 되는 꼴이 되는 것이지. 결국 진화에서는 '경쟁'만 중요한 것이 아니라 '협동'도 중요한 것이지! 사회적 존재로서 우리 인간은 서로 적대하며 경쟁할 뿐만 아니라 우리 자신의 욕구를 충족시키기 위해 함께 도와나가고 있는 것이지. 이를 위해 거울신경세포조직이 아주 효율적인 역할을 담당하고 있는 것이지. 다시 말하면, 거울신경세포는 우리를 도와서 다른 사람들이 어떻게 '지내'는지, 자극에 어떻게 반응을 나타내는지, 걱정을 하고 있는지, 용기를 내고 있는지, 편안한지, 혹은 분노를 느끼고 있는지, 큰일이 나면 그들에게 도움을 부탁할 수 있을지, 아니면 우리를 골탕 먹이려고 기회만 엿보고 있는 것은 아닌지를 가늠하게 하고 있단다.

알겠어요. 타인의 감정을 감지하는 것이 좋다는 것을 이해할 수 있겠네요. 그런데 이러한 거울신경세포조직은 우리 인간에게만 발달된 것인가요, 아니면 다른 종에게도 발달된 것인가요?

거울신경세포는 인간만 가지고 있는 특징이 아니란다. 사람들은 붉은털원숭이에게서 이 세포를 최초로 발견했고, 그 후 다른 영장류들에게서도 발견했지. 침팬지, 보노보, 그리고 인간에게서는 당연히 아주 발달된 거울신경세포를 발견했는데. 이렇게 잘 발달된 데에는 이유가 있단다. 즉, 복잡한 집단 속에서 생활하려면, 높은 '사회적 지능'이 필요하기 때문이지. 우리의 조상인 호모 에렉투스에게서 200만 년도 지나지 않아 두뇌가 그렇게 급속하게 성장한 이유도 아마 이러한 사실과 관련된 것일 수 있단다.

저는 그 이유가 원시시대의 사람들이 점점 더 많은 연장을 사용함에 따라 그렇게 된 것이라고 믿고 있었어요…….

글쎄, 호모 에렉투스가 그렇게 긴 세월 동안 이룩한 기술적 발달은 아주 보잘 것 없는 것이지. 그러한 이유만으로 뇌의 크기가 두 배로 증가할 필요는 분명히 없었을 거야. 무엇보다도 사회지능의 성장이 뇌의 성장에 중요한 역할을 했지. 즉, 시간이 흐를수록 호모 에렉투스 인간의 사회적 지적능력이 점점 높아진 덕분에 이들은 서로를 더 높이 존중했고 이를 통해 더 높은 협동심도 발휘할 수가 있었던 것이지. 이 과정에서 계속 개선된 거울신경세포 조직은 오로지 결속력에 대한 감정을 한층 더 강하게 하는 데만 기여한 것은 아니었단다. 이 신경세포는 결국 우리 인간종의 성공의 기초가 된, 다시 말해, 정확한 모방을 통한 학습능력을 점점 더 확장시켜나갔던 것이지. 역시 침팬지도 다른 침팬지의 행동방식을 성공적으로 따라 하면서 서로 학습을 할 수는 있지만, 이러한 면에서는 어떤 동물도 인간 근처에 접근도 할 수 없단다! 만일 네가 인간을 다른 동물과 비교해서 생물학적으로 어떤 점이 특별하게 뛰어난 것이냐고 묻는다면 아마 나는 다음과 같이 대답할 수 있을 거야. 인간은 무엇보다도 흉내를 가장 잘 낼 수 있는 원숭이다! 그 것이 우리의 커다란 강점이다.

모방한다는 것이 도대체 뭐가 그리 특별하다는 것인가요?

모방은 인간의 모든 문화업적의 근본조건이란다! 정확하게 모방 하는 능력이 없다면 언어도, 문자도, 예술도, 종교도, 철학도, 법 체계도, 라디오도, 텔레비전도, 닌텐도 위, 기타 등등도 생겨나지 못했을 거야……

어째서요?

아기가 말하는 법을 어떻게 배우는지 한번 상상해보렴. 발음을 정 확히 따라 하지 않으면 말을 배우는 게 전혀 가능하지 않지. 글을 쓰는 것도 역시 기존의 글쓰기 행동패턴을 그대로 베낄 수 있는 각오와 능력을 요구하고 있지. 우리 머릿속에 있는 거울신경세포 덕분에 우리는 이러한 특성을 갖게 된 것이란다. 다시 말해, 신경 세포의 차원에서 우리는 다른 사람을 관찰하면서 느끼는 감정뿐 만 아니라 그들의 행동 또한 모방하게 되는 것이란다. 네가 멀리 뛰기 선수의 점프 동작을 볼 때, 자동적으로 네 머릿속에서도 네 몸의 일부분이 점프를 하게 된단다. 이런 식으로 우리는 단순한 관찰을 통해서 학습을 하고, 혹시 나중에 실제로 그렇게 하게 될 것에 대비해 이미 신경세포 차원에서 연습을 해보는 것이란다. 그 것이 우리를 학습능력이 아주 높은 종으로 만든 것이고, 또한 바 로 그것이 우리와 침팬지의 차이가 생물학적으로 예측할 수 있는 것보다 어째서 그렇게 큰 것인지 설명해주는 것이지.

어째서죠? 이해하지 못하겠어요…….

네가 알다시피 인간과 침팬지 사이의 생물학적 차이는 놀라울 정
도로 미미하단다. 연구에 의하면 인간의 유전자 중 98~99퍼센트
가 침팬지의 유전자와 그 형태가 일치해. 그럼에도 불구하고 인간
과 침팬지는 완전히 다른 세계에서 살고 있지. 하지만 5,000년 전
에는 그렇게 뚜렷한 차이를 보이지 않았단다. 그 당시의 인간들은
생물학적인 성향에서 분명히 지금의 우리만큼 영리했고 침팬지
가 갖고 있지 않은 생물학적인 장점을 가지고 있었지만 아직 중요
한 의미를 가질 정도는 아니었단다. 인간의 모방-학습이라는 특
별한 능력이 마음껏 발휘될 수 있기 위해서는, 모방할 수 있는 문
화적 정보가 충분히 있어야 하기 때문이지. 그 당시에는 아직 그
러한 상황이 전혀 조성되지 않았단다. 우리의 종인 호모 사피엔스
가 존재하기 시작한 약 20만 년 전부터 약 19만 년 동안을 사냥꾼
과 채집꾼으로 지냈단다. 지난 만 년 전부터 비로소 문화적 진화
의 가속도가 붙게 되었지. 인간이 정착하게 되면서 '신석기 혁명'
이 일어나게 되었고 복잡한 사회조직을 가진 비교적 대규모의 주
거지가 형성되었을 뿐만 아니라, 인간의 사고방식과 감정을 철저
하게 변화시킨 언어체계, 그리고 수학도 발달하게 되었지. 그 때
부터 인간과 침팬지의 생활세계는 계속해서 서로 멀어져갔단다.
모방능력과 관련된 이 생물학적 차이는 결국 거대한 문화적 차이
를 낳게 되었단다.

알겠어요. 어째서 아빠가 인간이 천성적으로 특별히 영리하고 우호적인 동
물이 될 수 있는 재능을 가지고 있다고 주장하는지 잘 이해하겠어요. 그렇
다면 어째서 인간은 자신의 그 우호적인 재능을 자꾸 망각하게 되는 거죠?

과거에 인간들이 저질렀고, 지금도 여전히 자행하고 있는 잔혹한 그 모든 범죄들을 어떻게 설명해야 하는 것이죠? 어째서 범죄자들은 자신들의 범행에 희생된 사람들에게 동정심을 전혀 느끼지 않는 것이죠?

그 원인 중 하나는 범죄자들의 신경세포의 공감능력에 이상이 있기 때문이라고 설명할 수 있지. 미국에서 시행된 600명 이상의 요주의 인물을 대상으로 한 17개의 개별연구를 분석한 결과, 그들은 특히 폭력을 일삼는 범죄자들은 예외 없이 두뇌 이상을 보이고 있었다는 결론에 도달했지. 따라서 이런 사람들은 타인에 대한 공감력을 발전시킬 능력이 없기 때문에 자신들의 범죄에 희생된 사람들에 대해 어떠한 동정심도 느끼지 못하는 것이지.

하지만 그 주장은 끔찍한 행동을 저지르는 모든 사람들에게 반드시 다 적용되는 것은 아니잖아요! 아주 잔인했던 나치 범죄자들 몇몇은 자신의 아이들에게는 아주 자상하게 대해 주었고, 일상생활에서는 이루 말할 수 없이 친절하고 상냥했다고 알려져 있잖아요.

물론 네 말이 옳다. 사람이 잔인한 것이 단지 뇌의 이상에만 그 원인이 있다고 한다면, 그것은 너무나 경솔한 판단이겠지. 건강하고 남을 동정하는 능력을 가지고 있는 사람들도 마찬가지로 아주 끔찍한 짓을 할 수 있지. 그들은 자신이 타인들에게 어떤 고통을 가하고 있는지 전혀 모르고 있는 경우가 많은데 그 이유는 이들이 그러한 고통을 '관념의 베일'로 감싸놓았기 때문이란다.

도대체 그것은 또 무슨 뜻이에요?

폭격기 조종사들을 예로 들어보자. 아마 너도 알겠지만 2차 세계대전 중에 수많은 도시가 폭격을 당하면서 100만 명 이상의 민간인들이 사망했지. 하늘에 있는 조종사들은 사람들이 땅바닥에서 불에 타 죽고, 무너지는 벽에 압사당해 죽고 있다는 사실에 대해 아무것도 느끼지 못했단다. 그들은 단지 관념적인 상태에 있었던 것이지. 유대인들을 나치 강제수용소로 이송하는 계획을 짠 아돌프 아이히만도 일생 동안 관념적인 상태에 있었던 것이고. '유럽에 살고 있는 유대민족을 완전히 말살' 하려는, 소위 '최종해결' 이라는 생각에 100퍼센트 확신을 품었던 아이히만이 분명 열렬한 반유대주의자였던 것은 사실이지만, 그가 그의 '살인의무' 를 그렇게 쉽게 실행할 수 있었던 이유는 사실상 그가 그 계획에 관련된 사람들을 직접 보지 못하고 숫자와 이름만을 다루었기 때문이지. 하지만 아이히만은 자신이 공동관할하고 있는 아우슈비츠 강제수용소를 시찰하면서 현장의 참상을 보게 되자 온몸의 힘이 빠졌지. 그는 모여 있는 사람들 앞에서 토할 뻔했지만 간신히 참아냈고 정신을 잃을 정도로 엄청난 술을 마신 후에 돌아왔단다.

아빠가 얘기하신 '관념의 베일' 이 가리고 있기 때문에 사람들은 자신이 끔찍한 짓에 관여하고 있다는 사실을 모른다는 것이죠. 그러나 그것만으로는 가장 큰 책임을 진 사람이 동정심을 느낄 수 없었던 이유가 설명될 수는 없어요. 그게 아니라면 매일매일 남자들, 여자들, 그리고 아이들을 주저 없이 가스실로 보냈던 수많은 수용소 관리요원들은 모두 정신병자들이었고 사디스트였던가요?

그렇지는 않지. 그 사람들의 일기 내용을 보면 많은 사람들이 특히 처음에 수용소에 근무하게 되면 깊은 동정심과 싸우면서 일해야 했다는 사실이 알려져 있지. 하지만 시간이 흐르면서 대부분의 사람들은 감정이 무감각해지는 과정을 겪게 되었지. 이런 식으로 살인이 무덤덤한 일상사가 된 것이고……

하지만 그런 일에 동참할 수 있다는 것이 도대체 어떻게 가능하죠? 자신들이 하고 있는 모든 것이 완전히 비인간적인 일이라는 것을 알아챘어야 하는 것 아닌가요!

너는 동료집단 압력의 의미는 물론 나치의 정치이념에서 비롯된 영향력을 과소평가하고 있구나. 사람들은 특히 복잡한 거울신경세포의 기능 때문에 그냥 단순하게 사회적 기회주의에 편승하는 경향이 있단다. 다시 말하면, 사람들은 자신들이 속해 있는 집단의 규칙에 아주 쉽게 복종하려고 하지. 역시 나치 테러의 시대에도 그랬던 것이지. 히틀러 치하의 국민에게는 복종이 가장 큰 미덕이었단다. 극히 소수의 사람들만이 '총통원칙'에 거역할 용기를 가졌지만 그러한 규칙위반에 따르는 대가는 아주 막대한 것이었지. 특히 그 가운데서도 그 당시 기독교인들이 유대인에게 품었던 걷잡을 수 없었던 증오심을 그대로 옮긴 나치의 정치이념은, 대부분 사람들의 뇌를 아주 혼란스럽게 만들어서 그들로 하여금 불법행위를 불법행위라고 전혀 판단할 수 없게 만들었던 것이 분명해. 심지어 사람들은 '유대인 말살정책'에 같이 참여하는 것을 '훌륭하고 올바른 일'로 간주했단다.

아니 도대체 어떻게 하면 무방비 상태의 사람들을 살해하는 것이 '훌륭하고 올바른 일'로 보일 수 있는 것이죠?

사람들이 범행대상에게서 더 이상 인간의 모습을 보는 것이 아니고, '인간의 모습을 한 악마'라고 본다면 그렇게 하는 것은 비교적 쉬운 일이란다. 돌격대의 아동도서였던 '독버섯'이라는 책에서 볼 수 있듯이 나치의 '제3제국'에서는 아이가 아주 어렸을 때부터 이렇게 그릇된 사실을 가르쳐왔단다. 아들 프란츠와 함께 버섯을 골라내는 어머니의 얘기가 이 동화의 주된 내용이란다. 그녀는 아이에게 언뜻 보면 맛있는 송이버섯과 아주 비슷하게 생겼지만 독이 있는 광대버섯을 절대로 혼동해서는 안 되는 이유를 설명하지. 유대인들은 첫눈에 보기에는 좋은 사람처럼 보이지만, 사실은 아주 해로워서 '선량한 사람' 들에게 재앙만을 가져온다고 아이는 금방 이해를 하게 되지. 아들의 이해력에 자랑스러워진 엄마는 '단 하나의 독버섯이 가족 전부를 죽일 수 있듯이, 단 한 사람의 유대인이 마을 전체, 도시 전체, 심지어는 전 국민을 전멸시킬 수 있다.' 고 하면서 자신의 주장을 강조한단다. 그와 같은, 아니 그와 비슷한 이야기를 들으면서 성장하는 사람은, 사경을 헤매는 유대인에게 눈곱만큼의 동정심을 발휘하는 것보다는, 이 '선량한 사람의 적' 을 말살시키는 일에 동참하는 일을 '성스러운 의무' 라고 보게 된단다.

아빠 말씀에 의하면, 나치 일당들은 자신들을 '도덕적 영웅' 으로 생각한다는 것이죠. '악' 과 싸우며 '선' 을 지키는 수호자 같은 사람이요, 그렇죠?

틀림없이 그렇지. 그렇기 때문에 그들은 자신들이 자행했던 일이 범죄행위였다는 것을 전혀 의식하지 못하고 있었던 것이지. '우리는 악과 싸우는 선한 사람들' 이라는 사고방식은 유감스럽게도 오늘날까지도 널리 퍼져 있단다! 중동의 이슬람조직인 하마스와 헤즈볼라, 그리고 초정통파 유대인정착촌 건설운동조직 사이에서 벌어지는 유혈충돌의 경우를 보렴. 아니면 오사마 빈 라덴의 '알카에다' 같은 국제 테러단체의 정체를 눈앞에 상상해보려무나. '선한' 편에 있다고 망상하는 사람들은 '악' 에 대항하기 위해서는 어떤 수단을 사용해도 정당하다고 믿는단다! 왜냐하면 이러한 조건을 전제로 해야, 이들은 사람들을 걱정, 소원, 희망, 꿈을 가진 사람으로 보지 않고, 단지 '적', '테러리스트', '이교도', '악의 꼭두각시'로만 볼 수 있기 때문이지. 우선 이런 식으로 상대가 인간이 아니라고 생각하면, 일말의 동정심도 나타낼 필요가 없는 것이니까. 그래야 추호의 망설임도 없어질 것이고 서로간에 갈등이 고조되는 것이지. 때때로 동물의 왕국에서도 이와 비슷한 일들을 관찰할 수 있단다……

카하마와 카사켈라 침팬지 사이에서 벌어진 전쟁을 두고 하는 말이죠. 그렇죠?

그렇단다. 이와 관련해서 침팬지 연구가인 제인 구달(Jane Goodall)은 상대 침팬지를 '탈침팬지화'한다는 말을 사용했단다. 전쟁을 수행하는 침팬지들은 실제로 자신의 '적들'이 같은 종이 아니고 먹잇감인 것처럼 행동했단다. 애석하게도 인류의 대부분의 문화 속에서도 이와 비슷한 모순적인 '이중 잣대'가 단단히 자리 잡고 있단다. 인간 역시 자신의 집단 구성원에게 대하는 태도와 타 집단 구성원에게 대하는 태도는 전혀 다르지. 이웃 사랑과 타인 증오가 나란히 손을 잡고 가는 꼴이지. '자, 그러면 내 형제가 되지 않을래? 그렇지 않으면 네 해골을 까부술 거야!'라는 말과 다를 게 없단다.

이러한 생물학적 행동방식이 정말 우리의 내면에 이미 자리 잡고 있다 치더라도, 어떻게 좀 극복할 수 있는 방법이 없을까요?

물론 극복할 수 있단다! 우리 편 아니면 적군이라는 도식은, 나치 시대에서 보듯이 문화적으로 그 세력을 얻을 수 있기도 하고, 또 2차 세계대전이 끝난 후 여기 유럽에서 일어난 것처럼 문화적으로 제거될 수도 있단다. 유감스럽게도 지금 위협을 느낄 정도로 다시 증가하고 있는 '이슬람 세계'와 '서방세계'의 갈등이라는 그 불합리한 '선 대 악'이라는 놀이와 작별을 하는 것이 지금은 무엇보다도 중요할 것 같구나. 그 이유는 상대방이 '악'하다는 전제는 과거부터 그 상대방의 인간성을 전부 부정하는 가장 좋은 변명이었기 때문이지. 그 밖에도 내 생각에는, 보다 더 인간적인 세상을 만들기 위한 투쟁이라는 명목으로 선과 악을 도덕적으로 구별한 행위는 우리에게 유용했다기보다는 오히려 더 많은 피해를 끼친 것 같다.

하지만 만약에 우리가 선과 악을 더 이상 구분하지 않는다면, 우리는 윤리적인 결정을 어떻게 내려야 하는 건가요?

예를 들어, 우리가 어제 얘기한 대로 '동등한 이익에 대한 동등한 배려의 원칙'을 추구하면 되는 것이지. 그렇게 되면 그 자체가 '선'한지, 혹은 '악'한지가 중요한 것이 아니고, 어떤 행동방식이 타인의 이익을 부당한 방법으로 침해하느냐, 그렇지 않느냐가 중요하게 되는 것이지.

하지만 '타인의 이익을 부당한 방법으로 침해하는' 행동은 '악'한 것이잖아요. 그렇지 않나요?

그렇지 않단다. 그 행동은 '나쁘다', '불공평하다', '부당하다', 경우에 따라서는 '끔찍하다'고 할 수 있으나 '악하다'고는 할 수 없단다! 왜냐하면 종교적 성향이 강한 이 '악'이라는 개념은 이 모든 대안개념과는 아주 거리가 먼 뜻을 가지고 있단다. 이 종교적 개념은 첫째, 사람들이 '악 자체'가 있다는 것을 전제할 때, 그리고 둘째, '자발적으로' '악'하기로 결심한다고 전제할 때만 그 의미가 있을 뿐이지. 또한 이 두 가지 전제가 기만이라는 것을 우리는 토론하는 중에 밝혀낸 적이 있지. 확실성에 가까운 개연성으로 '신', 혹은 '자연'이 우리를 위하여 사심 없이 미리 결정해 놓았다는 절대 '선의 가치'도 없듯이 '어둠의 힘'이라는 것도 없단다. 그 대신 우리는 타인과의 공존을 결정짓는 가치들과 타협을 하는 것이지. 또한 '이유 없는 의지'를 가정하는 그 두 번째 전제에 대해서는 우리가 이미 이해했듯이 '제대로' 돌아가는 어떤 우주에서도 그러한 '불가사의한 알'은 절대 있을 수가 없단다. 때문에 '선한 사람들'이 '악한 사람들'을 심판한다는 도덕적인 독선은 부적절하지!

좋아요. 하지만 아빠가 '악한 사람들'을 도덕적으로 멸시할 능력을 '선한 사람들'에게서 뺏어 버린다면, 그 선한 사람들이 아빠를 아주 싫어할까 봐 걱정되네요!

맞다! 철학에 관한 나의 이러한 견해는 내가 여태 해왔던 모든 종교비판 이상으로 실제로 몇 명의 사람들을 더 격분시켰단다. 그러나 세계를 윤리적으로 관찰하기 위해 도덕주의를 포기해야 많은 것을 얻을 수 있다는 것이 나의 생각이란다. 그 이유는 우리가 '선'과 '악'이라는 애매모호한 도덕적인 개념을 포기해야 비로소 윤리에서 무엇이 중요한지 바라보는 우리의 시선이 진정으로 자유로워질 것이기 때문이고, 이를 통해 이해의 차이 때문에 충돌을 겪는 당사자들이 정당하고 공정한 해결을 할 수 있는 것이란다. 유감스럽게도 도덕심을 앞장세운 격분이 너무 많은 개입을 할 때마다, 우리는 윤리적으로 합당한 결정을 내릴 수 없단다.

그것은 이해를 잘 못하겠어요. 도덕과 윤리의 차이가 무엇이에요? 둘 다

같은 개념이라고 알고 있었는데요…….

그 개념들은 일상생활 속에서 비슷한 말로 사용되지. 하지만 철학적인 논쟁에서는 차이를 갖는 개념들로, '도덕'은 '생활하며 체험한 도덕적 감정'으로 이해하고 있고, '윤리'는 이러한 '도덕적 감정'을 '비판적으로 자세히 살펴보는 것'으로 이해하고 있단다. 어떤 의미에서는 내 자신의 윤리와 도덕 구분도 바로 여기서 시작된다고 할 수 있지. 다시 말하면, 도덕적으로 생각하는 사람은 '생활하며 체험한 도덕적 감정'의 관습에 따라 행동하는 것이지. 그래서 그가 어떤 행동을 하지 않으려 한다면, 그것은 '그러한 일'이 '단지 예법에 맞지 않아서'이기 때문이지. 덧붙여 말하자면, 그는 현재의 도덕관념을 염두에 두고 있기 때문에 그렇게 하는 것이란다. 이와 반대로 윤리적으로 생각하는 사람은 도덕적인 감정을 깊은 생각으로 비판하면서 관습에 호소하는 사고방식을 택하지 않는 사람이지. 그가 어떤 특정한 행동방식을 비난한다면 그 이유는 그 행위가 '비도덕적'이기 때문이 아니고, 그 행위가 부당한 방법으로 타인의 이익을 해치고 있기 때문이라고 말할 수 있지. 이 말의 의미는 또한, 만약 어느 타인의 이익을 공감하며 존중하지 않는다고 할지라도 윤리적 관점에서는 이러한 행동을 비난할 이유가 전혀 없다는 것이지. 비록 이 행동이 사회적 '도덕'관념에 극도로 위반된다고 할지라도 말이지.

그렇다면 아빠가 하시려는 말은, 도덕발달이 가장 높은 수준에서는 이제 더 이상 도덕적으로 생각하는 것이 아니라, 단지 윤리적으로만 생각한다는 말이네요. 그 이유는 '생활하며 체험한 도덕적 감정'에 비판적 의문을 품기 때문이고요.

바로 그거란다! 성 도덕과 성 윤리의 차이에서 이러한 차이점을 아주 구체적으로 알 수 있단다. 어떤 사람이 자위행위를 하든, 이성의 파트너, 혹은 동성의 파트너와 관계를 갖든, 항문성교, 혹은 구강성교를 하든, 페티시를 선호하든, 섹스를 할 때 자신을 결박시키게 하든, 섹스 파트너로 한 사람 혹은 여러 사람과 상대를 하든, 기타 여러 행위를 하는 것은 윤리적 관점에서는 전혀 문제될 것이 없단다. 다른 사람의 이익에 부당하게 폐를 끼치지 않는 한, 이러한 행동방식은 윤리적으로 완전히 정당한 것이지! 도덕주의자들은 이것을 전혀 다른 눈으로 보고 있지. 이들에게는 어떤 특정한 행동 그 자체가 '비도덕적'이라거나 '악'한 행동이 되는 것이지. 그러한 행동이 타인의 이익을 침해하건 말건 전혀 신경 쓰지 않고 말이지. 이러한 생각은 종종 실생활에서 끔찍한 결과를 초래한단다. 그 이유는 도덕을 지키는 일이 미덕이라고 외치는 파수꾼이 성의 주인인 곳에서는(이슬람교가 지배하는 나라들에서처럼), 무슨 수를 써서라도 사람들의 '비도덕적인 행동'을 저지해야만 하기 때문이지. 예를 들면, 아직도 이란에서는 동성연애자들에게 사형판결을 내리고 있으며, 전 세계의 많은 국가에서는 항문성교를 하는 사람들에게 장기간의 징역형으로 벌을 주고 있지. 어떤 곳에서는 '간통을 범한 여성'을 채찍으로 때린다거나, 심지어는 돌로 쳐 죽이는 사형을 집행하기도 하지. 당연히 이러한 잔악행위에 대한 윤리적 근거가 없음에도, 분노하면서 단지 도덕이라는 '성스러운' 인습만을 들먹일 뿐이란다. 우리가 이러한 도덕주의─광기를 이겨낼 수 있다면 보다 인간적이고, 보다 자유스러운 사회를 만들 수가 있겠지.

그런 면에서 보면, 유럽은 몇 가지를 이루어냈죠. 그렇죠?

그렇단다. 또한 지금 현재 유럽은 광범위하게 성인 간의 동성애를 금지하지 않는 유일한 대륙이란다. 그러나 우리가 이러한 문화 진화의 수준을 이룩할 수 있었던 것은 최근의 일이란다. 독일연방공화국에서는 1950년부터 1969년 사이에도 여전히 약 십만 건의 동성연애자에 대한 형사소송이 열렸고, 그 결과 약 5만 명이 남다른 성적 취향을 행사했다는 이유로 유죄판결을 받았단다! 이러한 끔찍한 소동은 1970년대 독일에서 '대규모 형법개혁'이 이루어지고 나서야 비로소 서서히 그 종말을 보게 되었지. 이러한 형법개혁은 무엇보다도 광범위하게 '법에서 도덕관념을 제거'하는 일과 연관되어 있었기 때문에, 자유로운 사회로 가는 중요한 첫 걸음을 내디딜 수 있었던 것이지.

무슨 말이죠?

이러한 형법개혁이 이루어지면서 어떤 행위가 '비도덕적'인지 아닌지는 법이 판단할 일이 아니라는 윤리적 관념이 확고하게 자리를 잡게 된 것이지. 오히려 이러한 행위가 타인의 '법률상 이익(법률적으로 보호를 받는 타인의 이익)'을 침해하느냐 아니냐가 더욱 중요한 결정적인 사항이 된 것이지. 이렇게 새로운 생각이 자리를 잡으면서, 전에는 옳고 그름에 대한 감각으로 정해졌던 모든 '도덕조항들'이 사라지게 되었단다. 이러한 조항들의 예를 들면, 소위 '남성끼리의 성행위(한때 형법에서 반 동성애 처벌조항이었다)'뿐만 아니라, '간통'에 대한 기소(1969년까지만 해도 6개월간의 징역형을 선고받았다), '음란서적의 유포(종래의 포르노뿐만 아니라, 세계문학작품도 검열대상이었다)', 혹은 '알선행위(간음행위를 조장하는 사람도 마찬가지로 엄한 처벌을 받았다)' 등이 있단다.

알선행위도 처벌대상이었어요? 잘 어울리는 두 사람을 만나게 해주는 것이 뭐가 나쁘다는 것이죠?

그것에 대해서 40년 전의 사람들은 전혀 다른 생각을 가지고 있었단다. 1960년대에는 미혼의 커플에게 '은밀한 장소'를 내주게 되면 간음행위를 조장했다고 비난받았단다. 1962년에만 하더라도 독일의 연방재판소는 결혼 전 '약혼한 사람들의 성행위'는 간음행위라고 선고를 내렸고, 그러한 '간음행위'를 위한 집을 제공해주어도 '알선행위'로 처벌의 대상이었단다. 만일 17살의 딸을 가진 부모가 그 딸을 그녀의 친구와 함께 같은 집에서 밤을 보내게 허락한다면, 부모에게는 이러한 '알선행위' 범죄가 성립되는 것이지.

어머나, 세상에! 아빠와 제가 하마터면 모두 감방에 갇힐 뻔했네요!

당연하지! 이러한 점에서 너와 나는 1970년대에 알선행위 조항을 없앴을 뿐만 아니라 '간음'이라는 입에 담기조차도 싫은 개념을 형법에서 삭제한 빌리 브란트(Willy Brandt)의 사회자유주의정부에 감사해야지. 당연히 종교적으로 보수적인 수많은 세력들은 이를 맘에 들어 하지 않았단다. 심지어 도덕의 파수꾼들의 눈에는 그 당시 이룩한 발전이 오늘날까지도 '서양세계 몰락의 시작'인 것처럼 보이고 있단다. 그러나 모든 사람들이 편견 없이 살펴보아도, '간음'이라는 도덕개념이 윤리적 토대 위에 성립된 현대의 법체계에서 설 자리가 없다는 것은 분명한 일이지!

상상해보건대, 역사적으로 관찰해보면, 그러한 도덕적 징계행위들이 '부정한 짓'을 모두 모아놓은 것보다도 훨씬 많은 재앙을 불러일으켰을 것 같아요. 아빠는 어떻게 생각하세요?

물론이지. 그것에 대한 많은 증거들이 있단다. 마녀사냥 시대와 스페인 종교재판, 나치시대, 20세기의 동성애 반대 시위, 혹은 2차 세계대전이 끝난 후 '기독교 시설'에서 도덕적으로 아주 필요한 일이라는 명목하에 구타 당하고 멸시 당한 아동들의 운명만 생각해봐도 그렇지. '기율(훈육, discipline)'을 큰 소리로 외치는 사람은 일반적으로 '체벌과 복종을' 요구하는 것이며, 그것은 인본주의의 원칙과 개방된 사회의 가치관에 근본적으로 상반되는 행동방식이란다……

'종교비판의 목적은 인간이 인간에 대해 더할 나위 없이 높은 존재라는 것을 깨우치고자 하는 데 있다. 따라서 종교비판은 인간이 양심에 따른 절대 무조건적 명령(지상명령, 정언명령)에 따라서, 멸시당하고, 복종당하며, 버림받은 채, 경멸을 당하며 살아야 하는 모든 환경을 무너트리라는 결론으로 끝을 맺는다.'

이 말에서 카를 마르크스(Karl Marx, 1818~1883)는 개인의 이익과 품위에 맞추어져 있는 세계관은 물론, 피부 색깔, 성, 국적, 교육 정도, 출신, 성적 취향, 종파 같은 모든 종류의 차별행위와 싸우는 세계관인 인본주의의 원칙을 간결하게 표현하고 있다.

인본주의적인 사상가는 모든 시대, 모든 대륙에 걸쳐서 존재했었다. 중국 철학자인 묵자(Mozi, Modi 혹은 Me~Ti로 불리운다. 그는 기원전 5세기 후반에 태어났다. 墨子)는 벌써 몇 천 년 전에 보편적인 인류의 보편적 사랑 철학을 발전시켰다. 그러나 라틴어 개념 'humanus(인간적인)'와 'humanitas(인간성, 인간애)'에서 파생된 '인본주의(영: humanism, 독: Humanismus)'라는 단어가 보여주듯이, '종래의 인본주의'는 특히 고대 로마와 연관을 맺고 있다. 이와 관련하여 'humanitas'라는 개념에 원래의 모습을 부여한 로마의 정치가, 변호사, 그리고 철학자였던 마르쿠스 툴리우스 키케로(Marcus Tullius Cicero, BC 106~43)의 작품들이 가장 중요하다. 키케로는 'humanitas'라는 말에서 정치적 정의와 서로간의 존중에 대한 열망뿐 아니라, 무엇보다도 인간의 뛰어난 협동심이라는 이상을 파악했다. 키케로에 따르면 인간애(humanity)는 타고나는 것이 아니라, 교육을 통해서 습득하는 것이다. 교육만이 인간을 '진정한 인간'으로 만드는 것이며 이 점에서 인간이 동물과 다른 것이다.

기독교가 국가 권력을 장악하고 고도로 발달한 로마 문명이 서서히 붕괴되면서, 철학자 세네카(Seneca, 1-65)는 물론 알렉산드리아에서 활동한 전설적인 수학자, 천문학자이며, 여성철학자였던 히파티아(Hypatia von Alexandria, 370-415)가 주도했던 인본주의적인 교육 이상은 설 자리를 잃고 말았다. 대규모로 실시되던 교육의 자리에 눈 먼 신앙의 열정이 들어앉게 되었던 것이다. 기독교 교리와 일치하지 않는 모든 것은 제거되었다. 이것은 '이단적'인 서적에만 국한된 것이 아니었고(150년 동안 고대의 서적들 중 약 99%가 말살되었다), 자유사상을 가졌던 사람들도 해를 당하기는 마찬가지였다(415년에 기독교 폭도들이 린치를 가해 죽였던 '고대의 가장 지혜로운 여성' 히파티아의 경우처럼).

비기독교적인 지식에 대한 종교적 말살정책이 동반된 이러한 문화적 정체는, 유럽에서 르네상스(재생, renaissance) 시대에 와서야 비로소 극복되었다. 14세기 말에는 고대의 문화적 보물을 재발견하기 시작했다. 콜루치오 살루타티(Coluccio Salutati, 1331-1406), 에라스무스 폰 로테르담(Erasmus von Rotterdam, 1466-1536), 필리프 멜란히톤(Philipp Melanchthon, 1497-1560) 같은 르네상스의 인본주의자들은 키케로의 교육 이상에 다시 가치를 불어넣었다. 연극에서도 고대의 개인 자유에 대한 관념을 재활성화시켰는데, 특히 윌리엄 셰익스피어(William Shakespeares, 1564-1616)의 경이로운 연극작품들 속에 이런 모습들이 잘 반영되어 있다. 그러나 우리는 천재 레오나르도 다빈치(Leonardo da Vinci, 1452-1519)가 일구어낸 업적들 속에서 르네상스가 엄청난 문화 추진력을 동반하고 있었던 증거를 가장 뚜렷하게 볼 수 있다. 그 유명한 '모나리자'를 그린 화가이기도 했던 그는 예술에서 뿐만 아니라 기술, 건축, 철학, 그리고 자연과학 분야에서도 엄청난 업적을 남겼다.

다빈치에 의해 구체화된 르네상스 인본주의의 특징은 무엇보다도 고대 전통과 명맥을 찾으려는 교육운동이었다. 이와 관련해서 1750년부터 독일에서 발전되었고, 고트홀트 에프라임 레싱(Gotthold Ephraim Lessing, 1729-1781), 요한 볼프강 폰 괴테(Johann Wolfgang von Goethe, 1749-1832), 프리드리히 실러(Friedrich Schiller, 1759-1805), 그리고 빌헬름 폰 훔볼드(Wilhelm von Humboldt, 1767-1835)라는 저명한 이름들과 연관된 신인본주의를 언급하지 않을 수 없다. 르네상스 인본주의자들과 마찬가지로 신인본주의자들도 고대의 문화 속에서 전형적인 인간의 왕도를 보았던 것이다.

신인본주의는 18세기, 19세기, 그리고 20세기의 해방운동과 결합하여(노동조합운동, 여성운동, 학생운동, 그리고 동성애자 권익수호 운동) '이데올로기를 기본으로 하는 현대적 인본주의', '해방적 인본주의', 혹은 '급진적 인본주의'로 발전되었다. 급진적 인본주의는 사회철학자인 에리히 프롬의 작품 속에 나타나는 주요개념이다. 미국의 독립전쟁과 프랑스 혁명이 진행되는 동안 인본주의는 보다 선명한 윤곽을 갖추게 된다. 영미작가인 토머스 페인(Thomas Paine, 1737-1809)도 결연하게 이 전쟁과 혁명에 관여하게 된다. 이미 1775년에 페인은 노예제도에 반대하는 에세이를 써서 세상의 이목을 집중시키며 처음으로 미국 사회에서 노예제 폐지를 이루어냈다. 1776년에는 격렬한 논쟁을 불러일으켰던, 미국의 독립과 미국 대륙에서의 민주주의 헌법과 인권보장을 담은 그 유명한 에세이 '상식(Common Sense)'이 출판되었고, 얼마 지나지 않아 토머스 제퍼슨(Thomas

Jefferson, 1743-1826)은 '미국 독립선언서'를 기초하면서 페인의 이념을 그대로 받아들였다.

제퍼슨과 마찬가지로 페인도 프랑스 혁명을 적극적으로 지원했다. 제퍼슨이 미국의 외교관으로서 파리에서 프랑스의 '인권과 시민권의 선언(1789)' 준비 작업에 같이 참여하고 있을 때, 페인은 자신의 에세이 '인간의 권리(The Rights of Man)'를 써서 급진적-인본주의적 사상을 프랑스 외부에, 그리고 미국에 알리려 노력했고 200년이 지난 후인 1948년 12월 1일에 비로소 유엔의 '세계인권선언서'가 의결되면서 그의 목표가 이루어지게 되었다.

흥미롭게도 페인뿐만 아니라 제퍼슨 역시 제도화된 종교에 대한 준엄한 비판가였다. 자신의 저서 『이성의 시대(Age of Reason)』에서 기독교에 반대하며 격렬한 포화를 퍼부었던 페인은 다음과 같이 노골적으로 공언했다. '나의 조국은 세계이며, 좋은 일을 하는 것이 나의 종교다.' 1801년부터 1809년까지 미국의 대통령으로 재직했던 제퍼슨은 국가와 종교의 엄격한 분리를 추진했는데, 그 이유는 제도화된 종교는 심한 횡포이며 '인류에게 가혹한 고통을 안겨주었고, 1,000년 내지 1,200년이 넘는 역사에서 그렇게나 많은 잔악행위를 선사해 주었기 때문에 당연히 정부참여를 금한다.'고 했다.

수많은 남녀 선구자들이 자유롭게 고찰하고 종교 권위를 무시하는 그런 종류의 관념을 수호했다. 여성 인권가였던 올랭쁘 드 구즈(Olympe de Gouges, 1748-1793) 같은 여성운동을 용기있게 이끈 여성 지도자들은 1791년에 '여성과 여성시민의 권리선언'을 선포함으로써 원래는 남성에게

만 관련되었던 인권을 한층 더 확대시켰다. 이와 관련하여 수많은 인본
주의자들이 교회를 멀리했던 것은 결코 우연이 아니었다. 왜냐하면 18
세기나 19세기에 민주주의와 인권, 개인의 자결권, 자유, 그리고 평등
을 옹호하며 활동했던 사람들은, 튼튼한 세력으로 자리 잡은 종교계의
격렬한 반대를 각오해야 했기 때문이었다. 예를 들면, 루소(Rousseau, 1712-
1778)가 주장한 '국민주권설'에 대한 선언서, 혹은 몽테스키외(Montesquieu,
1689-1755)가 주장한 입법, 사법, 행정의 삼권분립에 대한 선언서와 같은
논문들이 세상에 나오자마자 가톨릭의 금서목록에 오르는 것도 다 이
유가 있었던 것이다.

저명한 신학자들 역시 인권을 오랫동안 '용납할 수 없는 주장'으로
악마화시켰다. 왜냐하면 '신'이 아닌 인간이 '만물의 척도'가 된다는
것이 그들의 눈에는 '신성모독'으로 보였기 때문이다. 따라서 바티칸
은 겨우 1961(!)년이 되어서야 비로소 인권에 대한 승인을 하게 된 것이
다. 그러나 이러한 변화는 종교계가 세계관에 대한 패배를 인정하는 것
과는 전혀 무관한 것이었다. 오히려 교회 자신이 항상 해방운동과 민주
주의 운동의 편에 서 있었다고 주장했다. 심지어는 마치 자결에 대한
인본주의적 관념과 신앙복종에 대한 종교적 독단 사이에 대립이 결코
없었다는 듯이 인본적 가치관이 '기독교의 가치관'이라고 선전하는 것
이 유행이 되어버렸다.

이러한 '신학의 인본적 방향전환'은 가톨릭 신학자 한스 큉(Hans Küng,
1928-)에게 영감을 주어서 '세계윤리구상'을 추진하게 된다. 지구윤리
를 통해 미래의 종교전쟁을 예방하려는 큉의 희망은 소위 모든 종교는

'인간애', '진정으로 인도적인 요소'를 가지고 있다는 것을 근거로 하고 있다. 큉의 주장에 의하면, 모든 종교도덕의 핵심은 모든 사람들에게 인본적으로 대우하는 것이며, 무력을 포기하고, 남의 처지를 생각할 줄 아는 생활환경을 만드는 것이며, 관용을 베푸는 것이며, 남녀 간의 올바른 동반자관계를 가능하게 하는 것을 선결조건으로 하고 있다. 만일 큉의 가정이 맞다면 의심할 바 없이 전쟁 없는 세상, 소수집단에 대한 탄압 없는 세상이 될 가능성이 커지게 될 것이다. 그러나 그 전제사항들은, 아아, 유감스럽게도, 너무 좋아서 믿어지지 않을 지경이다!

발달심리학자이며 종교비판가인 프란츠 부글레(Franz Buggle, 1933-)가 기독교 윤리에 대한 자신의 저서 『그들은 자신들이 무엇을 믿고 있는지 모르기 때문에』에서 확인한 사항들은 다른 모든 종교들에도 해당될 수 있다. 사람들은 '성서'를 아주 주의해 선별해고 읽어서, 그 안에 담겨있는 '인간애'를 깨달을 수 있어야 한다. 모든 종교는 자유주의 신앙가들이 의지할 수 있는 지혜롭고 인도주의적인 요소를 가지고 있지만, 유감스럽게도 이들 요소는 아주 깊은 인간 멸시는 물론 극히 허무맹랑한 오류로 돌이킬 수 없을 정도로 뒤범벅되어 있다. 따라서 우선 철저하게 신변을 정리한 후에야 비로소 종교는 인본주의적 '지구윤리'를 시행할 자격을 얻을 수 있을 것이다.

또한 지난 몇 십 년 동안 인본주의적 인간상은 대규모의 재점검을 통해 환골탈태되어야만 했다. 인본주의는 구태의연하게 인간과 동물, 문화와 자연, 영혼과 육체의 전통적이고 엄격한 대립에 따라 행동해 왔다. 그러나 이러한 기존의 구별법은 진화생물학에 대한 지식을 통해 점점 문젯거리가 되어 왔다. 인본주의적 관념과 자연과학적 지식의 사이가 점점 멀어져가는 듯했다. 이러한 서로 다른 두 가지의 견해를 다시 화해시킨 것은 위대한 진화생물학자이며 인본주의자인 줄리언 헉슬리(Julian Huxley, 1887-1975)의 업적이었다. 1961년 그는 '진화론적 인본주의' 접근법을 소개하여 인본주의에 대한 해방적 접근법을 진화생물학의 실증적 인간상에 기발한 방법으로 접목시켰다.

비록 줄리언 헉슬리가 현대진화이론(종합이론)의 공동창시자일 뿐만 아니라, 국제연합 교육ㆍ과학ㆍ문화기구(UNESCO)의 초대 의장으로서 세계적인 명성을 누렸다고 할지라도 처음에는 '현대진화이론'의 생각, 사상을 실천할 엄두도 낼 수 없었다. 그 이유는 인본주의의 전통적인 주역이었던 인문과학자, 사회과학자들은 오랫동안 자연과학자들과의 공동작업을 꺼렸고, 자연과학자들도 역시 그랬기 때문이다. 최근 몇 년 동안 그러한 생각들에 변화가 오게 되었다. 오늘날에는 진화생물학과 뇌 연구에 전념하는 철학자들이 점점 더 많아지고 있으며, 철학적 문제를 언급하는 자연과학자들의 숫자도 점점 늘어나고 있다.

이 때문에 헉슬리의 진화론적 인본주의는 많은 사람들에게 매력적이었다. 왜냐하면 이 진화론적 인본주의는 자연과학과 인문과학 사이에 놓여 있는 구덩이를 뛰어넘기에 적당한 환경을 제공하고 있었기 때문이다. 뿐만 아니라 인본주의는 이전의 여러 인본주의의 요구조건을 훨씬 뛰어넘는 윤리적인 요구조건을 포함하고 있다. 따라서 이 진화론적 인본주의는 진화론적 '강자의 권리'를 '사회적ㆍ다원주의적'으로 악용하는 것에 반대하고 있지 않다. 또한 피부 색깔, 성, 국적, 교육 정도, 출신, 성적 성향, 종파 등에 대한 차별행위에도 반대할 뿐만 아니라, 전통적 인본주의 방식의 원칙대로 인간 이외의 생명체를 경시하는 종차별(speciesism) 행위에도 반대한다.

인본주의적 '종교비판' 이 여전히 '인간은 인간에게 지고한 존재' 라는 가르침으로 끝나고 있기는 하다. 그러나 이 '정언 명령' 은 오늘날 인간이 천대받고, 예속되고, 버림받으며, 경멸받는 존재로 있는 모든 관계들을 전복시키라는 것에만 국한되어 있는 것이 아니다. 만일 인간 이외의 생명체가 인간이 만들어 놓은 상황 아래서 고통받고 있다면, 인간은 이리한 상황도 번화시켜야만 할 것이다! '벌거벗은 원숭이' 로서 이제는 몸에 털이 안 난다는 이유만으로, 디지털 손목시계를 차고 있다는 이유만으로 자신이 무엇인가 더 나은 존재라고 믿는 사람은, 진화론적 인본주의의 기초적 가르침을 아직 이해하지 못하고 있는 것이다.

우리는 어느 정도까지 관대해져야 할까?

저는 아빠가 이름붙인 '도덕의 파수꾼'에 대해 아빠가 혐오감을 갖는 이유를 알 것 같아요. 무엇보다도 그들은 삶에 대해 다른 생각을 가지고 있는 타인에게 전혀 관대하지 못하기 때문에 그렇다는 느낌을 받았어요.

그래, 맞다.

우리가 좀 더 관대해져야 한다는 말씀이신가요?

꼭 그런 것은 아니란다! 물론 관용은 편견에서 벗어나게 하는 훌륭한 요소란다. 아마 너는 프랑스의 계몽주의 철학자 볼테르가 말했다는 명언을 알고 있을지도 모르겠구나. '나는 당신이 하는 말에 찬성하지 않는다, 그러나 당신이 그렇게 말할 권리를 위해 죽을 때까지 싸울 각오가 되어 있다.'

맞아요. 전에 그 말 들어본 적 있어요…….

이 인용구는 아마 볼테르가 직접 말한 것이 아닐 수도 있겠지만, 이 명언은 계몽주의의 관용이라는 것에서 무엇이 중요한지 아주 잘 보여주고 있단다. 즉, 다른 사람의 신념과 행동방식이 자신의 생각과 완전히 다르다고 해도 이를 인정해야 한단다. 이러한 생각은 유럽이 수백 년 동안 이단사냥을 겪은 후였기 때문에 그야말로 혁명적인 생각이었고, 이러한 생각을 정치적으로 관철하기 위해 거센 투쟁이 벌어졌단다. 그 밖에도 이러한 맥락에서 볼 때, 종교개혁도 커다란 역할을 담당했지. 유대인, 마녀, 이교도, 그리고 폭동을 일으킨 농부들을 거세게 공격한 것으로 보아, 마틴 루터(Martin Luther) 자신은 관용의 본보기와는 전혀 거리가 먼 사람이었지만, 가톨릭 성직자들의 절대진리가설과 신학적 타당성에 의문을 제기한 것은 관용이라는 문제를 정치적인 차원으로 끌어올렸던 사건이었지. 왜냐하면 단 하나의 모교회(母敎會, mother church)가 아니라 갑자기 가톨릭과 신교라는 두 개의 커다란 기독교 종파가 생겨난 것이지. 분명히 너도 알다시피 두 종파간의 긴장은 곧바로 치열한 전쟁으로 이어졌고 이 전쟁은 1555년에 '아우구스부르크 평화조약'으로 잠시 중단되었단다. 그 당시 가톨릭과 신교의 영주들은 유명한 'Cuius regio, eius religio(그의 영토, 그의 종교)' 원칙을 논의했지. 다시 말하면, 자신이 살고 있는 영지 내에서는 제후의 종교를 따른다는 원칙이었지. 이 문구 안에서 우리는 최초로 관용에 대한 기본 생각을 엿볼 수 있단다. 즉, 영주들은 자신의 백성들에게 신앙의 자유를 허락하지는 않았지만, 적어도 영주들은 신앙에 대한 서로 다른 견해를 관대하게 허용하기로 한 것이지.

제가 역사시간에 내내 졸지 않았다면 이 평화조약은 그렇게 오래 가지 않았던 것으로 알고 있어요…….

그래. 유감스럽게도 그랬지. 1618년에 30년 전쟁이 일어났고 그 결과 국민의 약 1/5에 해당하는 300만 명에서 400만 명의 사람들이 죽었지! 이러한 섬뜩한 학살전쟁을 끝낸 1641년의 '베스트팔렌 조약'으로 가톨릭 종파와 루터파 신교종파 외에도 울리히 츠빙글리(Ulrich Zwingli)와 요하네스 칼뱅(Johannes Calvin)이 창시한 개혁파 신교종파가 동등한 권리를 가진 종파로서 인정을 받게 되었단다. 따라서 영주들은 관용을 베풀 더 많은 기회를 갖게 된 것란다. 제국의 많은 도시에 살면서 다양한 종교생활을 영위하던 시민들도 마찬가지였단다. 점점 다양해져가는 문화의 온상인 도시에서 계몽주의의 관용정신이 발전되어 갔으며 1740년에 프로이센의 프리드리히 대제는 이러한 추세를 누구나 '저마다의 방식으로 구원' 받아야 한다는 경구로 표현했지.

벌써 1740년에 그런 일이 가능했어요? 모든 사람들이 '저마다의 방식으로 구원' 받을 수가 있었나요?

당연히 그럴 수 없었지! 그러기 위해서는 아직 200년 이상이나 더 필요했단다. 실제로 유럽에서는 네가 태어난 시기쯤인 20세기 후반에야 비로소 서서히 사회적 관용의 수준에 이르렀지. 독일에서의 동성애자 탄압에 대해 내가 어떤 이야기를 했는지 생각해보렴. 비록 이 나라가 국제적인 평균수준과 비교해볼 때 훨씬 자유스러운 나라이기는 하지만, 1960년대 후반까지만 하더라도 동성애자를 대상으로 10만 건의 형사소송이 진행되었단다. 베를린 시장 클라우스 보베라이트(Klaus Wowereit)가 '나는 동성애자이며 나는 이에 만족합니다!' 라는 말을 1980년대에 했더라면, 그 당시 독일 시민의 관용능력으로는 아마 용납하기가 상당히 어려웠을 거야.

말도 안 되는 소리 같아요! 도대체 상상이 안 가네요. 음……. 제가 잘못 들은 게 아니라면, 아빠는 지금까지 관용에 대해 딱 한번 찬양했던 것 같아요. 하지만 방금 제가 우리가 한층 더 관대해져야 하는지 질문했을 때, 아빠는 '꼭 그런 것은 아니란다!' 라고 하셨잖아요.

그랬지! 그렇게 말한 것에는 두 가지 이유가 있단다. 어떤 때는 관용만으로는 부족할 때가 있고, 또 어떤 때는 그 관용이 도를 넘을 때가 있지.

도대체 그게 무슨 말이죠?

첫 번째 경우부터 먼저 살펴보자. 요한 볼프강 폰 괴테(Johann Wolfgang von Goethe)는 이렇게 쓴 적이 있지. '관용이란 단지 일시적인 감정 표현이어야 한다. 관용은 공감이 되어야 한다. 묵인한다는 것은 마음에 상처를 주는 것이다.'

이해하지 못하겠어요! 어째서 무엇인가를 묵인하는 것이 타인의 마음에 상처를 준다는 것이죠?

네가 무엇인가를 단순하게 묵인한다는 것은, 너에게 부담스러운데도 허용하고 있다는 것을 의미하니까 타인에게 상처를 주는 일이지. 내 생각에 괴테가 말하고자 했던 것은 관용과 인정(認定)을 구분하자는 것이지. 그 두 가지 개념을 더 자세히 설명해주마. '관용(tolerance)'이라는 말은 '견디어내다', '참아내다', '배겨내다', 혹은 '당하다'라고 해석할 수 있는 라틴어 tolerare에서 왔지. 다시 말해, 관용은 귀찮거나 곤란한 방식으로 다르게 존재하는 것, 혹은 다르게 행동하는 것을 견디어낼 수 있는 능력을 의미한단다. 인정(acceptance)이라는 것은 전혀 다른 것이지. 라틴어 동사 'accipere'는 '받아들이다', '떠맡다', '시인하다'라는 뜻을 가지고 있지. 비록 네가 타인을 인정하는 것이 네 자신이 살아가는 데 아무 보탬이 안 될지라도 만일 네가 무엇인가를 인정한다면, 너는 그냥 단순히 그것에 동의해서 묵인하거나 관용을 베푸는 것이 아니란다.

그것에 대해 예를 하나 들어 주실래요?

그러마! 만일 네가, 혹은 다른 사람이 커스터드(달걀, 설탕, 우유 등을 섞어서 찌거나 구워 만든 서양과자, custard)보다 감초스틱을 더 좋아한다고 하더라도, 혹은 이성간의 사랑보다 동성애적 사랑을 선호한다고 하더라도, 커스터드를 좋아하고 감초스틱을 싫어하는 이성애자인 나는 당연히 그것을 묵인할 뿐만 아니라 주저하지 않고 인정할 거야. 여기서 예상되는 부담을 감수하는 묵인은 부적절한 존재가 되는 것이겠지. 그래서 동성애자를 그냥 단순히 묵인할 뿐이고, 인정하지 않는다는 것은 아주 납득할 수 없는 사고방식이지! 다른 사람들이 나와 다른 방식으로 성을 즐기는 것이 나에게 부담이 된다는 이유가 대체 무엇이지?

동의해요. 하지만 아빠는 묵인은 하되, 인정은 할 수 없는 것에 대해 개인적으로 부담을 느끼는 일도 있을 텐데요. 그렇죠?

물론이지. 때로는 충분한 이유가 있어서 특정한 방식으로 다르게 생각하는 것, 그리고 다르게 행동하는 것에 전혀 동의할 수 없어서, 이를 인정할 수는 없지만 참아내야만 할 때도 있지. 따라서 인본주의를 기초로 합리적으로 생각하는 사람으로서 나는 바빌로니아인들이 최초의 맥주를 만든 시기에 지구가 생성되었다고 주장하는 많은 신자들의 말을 묵인할 수는 있지만, 그러한 망상적 사고를 인정할 수는 없지. 다시 말해, 시인할 수 없다는 것이지.

맞는 말이네요. 하지만 아빠가 신자들의 그런 망상적 사고를 단순히 묵인함으로써 그들을 멸시하는 것은 아닐까요?

물론 멸시하는 것이지! 뭐, 달리 어쩔 도리가 없잖아, 그렇지 않니? 아마 몇몇 신자들은 이 책 안에 있는 우리의 대화들을 전례 없이 커다란 모욕으로 느낄 수도 있을 거야. 그렇다고 해서 우리가 종교문제에 관한 토론에서 차라리 입을 다물고 있어야 하겠니? 분명히 그것은 아니지! 멸시 당하느냐 아니냐 하는 것은 여기서 그렇게 중요하지 않단다! 만약 사람들이 계몽주의적으로 즉, 애매모호하지 않고 가능한 한 명확하게 종교문제에 대해 얘기한다면, 많은 사람들이 모욕감을 느끼게 된다는 것이 문제란다. 다시 말해, 사람들이 '성스러움' 즉, '신성불가침'에 비판적인 질문을 하면, 그 신자들은 성스러운 영역을 침범한다며 자동적으로 모욕감을 느끼고 분명히 분을 참을 수 없게 되는 것이지.

사람들이 아빠에게 타인의 종교적 감정을 존중하지 않는다고 비난한다면 아빠는 도대체 어떤 식으로 대응을 하죠?

너도 알다시피 과거에 그런 일이 자주 발생했지. 사람들은 나를 '호전적 무신론자', '종교 증오자', 심지어 어떤 때는 '유대인 돼지'라고도 불렀지. 흥미로운 것은 이 단어나 종종 이보다 훨씬 더 더러운 말을 사용했던 사람들이, 내가 신자들을 '존중하지 않는'다고 맹렬하게 항의를 했던 사람들이란다. 아마 이 사람들은 '존중'이라는 말이 무슨 의미인지 한번도 생각해본 적이 없었던 사람들인 것 같구나.

존중이라는 말이 무슨 의미를 가지고 있죠?

뒤돌아보다, 존경하다라는 뜻을 가진 라틴어 'respectus'에서 온 단어인 존중은 어떤 한 개인과 그의 행동, 혹은 신념에 대해 주의를 기울이고 경의를 표한다는 것을 의미한단다. 나는 인본주의자로서 아주 종교적인 사람도 역시 인간으로서 존중하는 것에 전혀 어려움을 가지고 있지 않단다. 그러나 내 생각에 과거에는 존중할 가치가 없었던 인간행동과 신념들이 많았던 것 같구나! 예를 들면, 무력으로 변절자와 반체제인사들을 구금하거나 처형하는 방식으로 비판적인 의견을 허용하지 않는 것도 마찬가지로 존중할 가치가 없지. 또한 내 생각에는 어떤 일에나 못함이 없이 능하며, 천지의 사물과 현상의 모든 것을 다 알고, 무한히 선한 창조주가 진화를 통제하고 있다는 불합리한 신앙관념에 경의를 표하고, 심지어 존경심까지 표하는 것은 잘못된 것이라고 생각한단다. 특히 이러한 망상적 관념에 사로잡힌 사람들을 존중하라고 요구하는 것 앞에서 말이다. 만일 내가 그들에게 모욕을 줄까 봐 겁이 나서 그들의 생각을 비판하지 않는다면, 나는 아마 그들을 마치 작은 아이들처럼 다루어야 할지도 모르겠구나. 너무 어려서 사람들이 아직 사실의 전모를 알릴 수 없겠지다고 생각할 정도의 어린아이들 말이다. 대단히 존중할 일은 못되지! 오히려 그 반대지. 즉, 서로 존중하는 교제라는 것은 사실을 숨김없이 말하고 동의할 수 없는 게 무엇인지 분명히 말하도록 요구하는 것이란다.

다시 말해, 아빠가 신자를 이웃으로서 존중한다는 표현은 그의 신앙심을 조롱한다는 것이죠?

이상하게 들리겠지만, 신자를 이웃으로서 존중하는 것이 나의 종교비판적인 표현인 것은 사실이지. 하지만 나는 신자를 조롱하려는 게 아니라 단지 그 신자가 결국 어떤 부조리를 만나게 될지 분명히 하자는 것이란다. 때때로 웃긴다는 생각이 든다면, 그 원인은 나에게 있는 것이 아니고 신앙심 자체에 있는 것이지.

글쎄, 많은 신자들이 분명히 다른 식으로 해석하겠죠! 아빠가 '웃긴다고' 여기는 것이 그들에게는 '아주 진지하'고 '성스러운' 것일 테니까……

맞는 얘기다. 유감스럽게도 바로 그 신앙심이 두터운 사람들은 가끔 중증의 유머 알레르기 증세에 시달리고 있단다. 때문에 사람들이 자신들의 신앙에 대해 본의 아니게 우스운 점을 밝혀내면 아주 쉽게 격분하지. 이런 현상이 얼마나 무서운 결과를 가지고 오는지는, 몇 년 전에 소위 '모하멧 풍자만화'가 덴마크의 신문 윌란스 포스텐(Jyllands-Posten)에 실렸을 때 전 세계의 광신적 이슬람교도들이 광분한 것을 보아도 알 수 있지. '풍자만화 분쟁'이 진행되는 동안, 2006년 2월 단 한 달 동안 139명이 죽었고 823명이 부상을 당했지. 종교적 암살범들은 이러한 범행을 저지르면서 자신들이 아주 올바른 일을 했다고 느꼈고, 유감스럽게도 서방사회의 주요 권위자들은 이런 유혈의 광기를 간접적으로 지원했단다. 다시 말해, 서방 정치가들과 정치 해설가들의 대부분은 표현의 자유와 출판·보도의 자유를 높이 평가하는 데 중점을 두었지만, 동시에 다른 한편으로는 카툰 작가들이 '천박한' 방법으로 신자들의 '종교심'에 상처를 입혔다고 했지. 나는 이것을 참으로 부도덕하고 충격적인 스캔들로 생각해서 노골적으로 반대했단다.

그 방법이 아니라면 서방세계는 그러면 어떻게 그 성난 저항에 반응해야 좋았다는 말이죠?

사람들이 카툰 작가들과 거리를 두어서 그들을 위험에 빠트리게 했는데, 그러지 말고 단결된 힘으로 카툰 작가를 지지했으면 좋았을 것이다. 또 마침 근본주의적 이슬람교와 무력이 화제가 되었던 그 당시, 사람들은 이슬람교도 등의 무력시위가 실로 얼마나 위험하고, 따라서 이런 카툰이 왜 필요했었는지를 증거로 내보이면서 사람들을 납득시켜야 했지. 또한 무엇보다도 호전적인 행동의 협박 앞에 열린사회는 무릎을 꿇지 않는다는 사실을 마지막 한 명의 이슬람 근본주의자가 깨달을 때까지 매일매일 새로운 카툰을 발표했더라면 좋았을 텐데!

진심으로 하시는 말씀이세요?

아무렴. 그랬더라면 아마 정치적 효과뿐만 아니라 치료 효과도 있었을 텐데 말이다. 불안장애를 치료할 때처럼, 종교적인 유머 공포증도 혐오하는 대상에 의도적으로 자꾸 접촉시켜서 치료할 수밖에 없는 것이란다. 지하실에 징그러운 거미가 자신을 노리고 있다고 해서 그곳으로 내려가기를 무서워하는 경우에는, 노출치료를 통해 거미가 그렇게 나쁜 동물이 아니라는 것을 배우면 그 공포에서 자유스러워질 수 있는 것이지. 카툰 때문에 아주 심하게 마음에 상처를 받는다는 사람들에게도 이와 똑같은 방식을 사용해서 그런 그림도 있을 수 있다고 인정하며 격분하지 않고 이해할 수 있을 때까지 그러한 카툰을 자꾸 보여주어야 하는 것이란다. 물론 신자들은 분명히 자신들의 믿음을 비꼬는 풍자적인 그림들을 지지하거나 인정하지 않겠지. 그러나 그들은 이 그림들을 묵인하고 인정하는 법을 배워야 한단다. 그것이야말로 문명과 관련하여 중요한 교훈이지. 사람들이 종교적 근본주의자들을 이웃으로 존중한다면 그들을 억제해서는 안 된다는 교훈 말이다.

하지만 그런 대응 때문에 카툰분쟁이 더욱 고조되는 결과를 가져오지는 않았을까요?

아마 처음에는 유머공포증으로 인한 공격증상이 격렬해졌겠지만 장기적인 안목으로 볼 때 서방세계가 결국 비겁하게 항복하면서 초래한 결과보다 덜 해로운 결과를 가져왔을 거야. 왜냐하면 이슬람 세계에서는 이러한 항복을 '타락한 서방세계'가 기댈 곳이 없다는 증거로 해석했기 때문이지. 하기야 아주 틀린 해석은 아니지! 그러나 사실은 근본주의자들이 보여준 노골적인 관용 부족은 그들의 '상처 입은 종교적 감정'에 대한 우리의 그릇된 존중을 통해 더 강화되었다는 것이지. 이렇게 놀라운 경험을 했으니 그들은 앞으로도 이와 비슷한 상황이 생기면 똑같이 행동하겠지. 하지만 그런 사태는 아마 더 이상 오지 않을 것임에 틀림없단다. 왜냐하면 지금부터 모든 카툰작가, 모든 신문사 편집장, 모든 출판인들은 자신들이 이슬람교를 비판하는 카툰을 발표해야 할지, 하지 말아야 할지 다시 한번 생각할 테니까.

다시 말해, 우리는 카툰분쟁 이후에 헌법이 우리에게 보장한 자유를 누리지 못하게 하는 '내부검열'을 머릿속으로 가늠해야 한다는 말이네요?

맞다. 우리는 생각하는 인간으로서 전혀 존중할 수 없는 신념에 대해 그릇된 존중을 함으로써, 우리가 소유한 자유의 일부를 희생시켰지. 그 결과 우리 자신뿐만 아니라, 수백만 명의 이슬람교도와 비이슬람교도들은 매일 이슬람 신정독재로 인한 억압상황을 피부로 느끼고 있지. 소위 '문화충돌'은 흔히 사람들이 주장하는 것처럼 '이슬람교의 동방세계'와 '기독교의 서방세계' 사이에 진행되고 있는 것이 아니란다. 실질적인 대결은 오늘날 모든 종교와 사상 속에 존재하고 있는 진보적으로 생각하는 사람들과, 역시 유감스럽게도 모든 종교와 사상 속에 존재하고 있는 근본주의자들 사이에서 벌어지고 있단다.

우리가 그 카툰분쟁에서 무릎을 꿇었다는 것은, 우리가 진보적 이슬람교도의 등에 칼을 꽂은 것과 마찬가지라는 것이죠?

바로 그렇지. 나는 그 마호메트 카툰을 보고 큰소리로 껄껄 웃으면서 위험을 무릅쓰고 몰래 복사해서 친구들에게 나누어 주었던 이란에 살고 있는 이슬람교도를 알고 있단다. 우리는 이렇게 진보적으로 생각하는 사람들을 지원하는 대신에 보수적인 세력에 힘을 실어준 꼴이 되어 버렸지. 심지어 우리는 이슬람교도들이 이 카툰분쟁의 물결을 타고 유엔인권위원회에서 '전 세계에서 종교에 대한 공개비방을 금지하는 결의안' 채택을 성공할 수 있게 허용했지. 그때 이후로 회교율법인 이슬람법에 따라, 여성에 대한 돌팔매 처형 같은 종교적으로 정당화된 인권 침해는 더 이상 유엔인권위원회 앞에서조차도 비난할 수 없게 되었단다!

믿을 수 없는 일이네요…….

…… 그럼에도 불구하고 유감스럽게도 사실이란다! 여기에서 보듯이 조금의 관용도 보이지 말아야 할 곳에서 허용한 관용의 정도가 너무 심한 것을 알 수가 있지. 다시 말하면, 인권침해는 원칙적으로 묵인되어질 수 없다는 것과, 인류에 대한 인권침해는 종교적으로 정당하든 정당하지 않든 전혀 상관없는 일이라는 사실을 매우 분명히 해야 한단다! 우리는 종교가 어떤 이유로든 법 위에 군림하는 것을 묵인해서는 안 된단다. 또한 '신성한 가치' 를 추구하는 지도자들도 인권에 복종해야 한단다. 그들이 그렇게 하지 않는다면 우리가 그들을 제지해야 하지!

즉, 관용에는 한계가 있다는 것이죠?

물론이지! '끝없는 관용' 이라는 말은 그 자체에 모순을 포함하는 것이겠지! 특히 기술용어 중 '허용한계' 라는 개념은 그러한 예를 잘 보여주고 있지. 기술자들은 '허용한계' 를 '기준치수의 허용오차' 로 정의하고 있단다. 따라서 '허용한계' 는 '자유롭게 행동할 수 있는 여유 폭' 을 의미하며, 그 여유 폭 안에서는 차이가 있어도 문제가 없는 것이지. 예를 들면, 어느 기계 부속품인 작은 톱니바퀴의 기준치가 10.5cm인데, 10.7cm인 상한선을 넘으면 문제가 생기고, 10.3cm인 하한선에 미달해도 역시 문제가 생긴다고 가정해보면 이 톱니바퀴의 허용한계는 4mm인 셈이지. 사회조직 속에서도 원칙적으로 거의 비슷한 상황이지. 즉, 사회에서도 무엇을 허용할 수 있고, 무엇을 허용할 수 없는지 판단을 내리는 틀이 존재한단다.

하지만 각 나라마다 허용하고 있는 이러한 틀의 폭은 아주 다르죠. 그렇죠?

물론이지! 이란처럼 신정독재가 행해지는 파시스트 체제들에서의 허용의 폭이 우리 서방세계와 같은 자유민주주의체제의 허용 폭보다 훨씬 좁은 것으로 판단할 수 있지. 그렇기 때문에 또한 이곳에서는 아주 많은 다양한 의견들이 있는 것이고. 이 의견 가운데서 몇몇의 의견들은 개인적으로 인정할 수는 없지만 묵인해야 하는 것이고, 당연히 그래야 하는 것이지! 왜냐하면 우리의 의견만이 옳고, 타인의 의견은 옳지 않다고 아무도 말할 수 없기 때문이지. 사회라는 것은 우호적이고 적대적인 대립을 통해서만 더욱 발전될 수 있는 것이란다. 그렇게 때문에 문화적 다양성은 또한 아주 중요한 사회자원이기도 하지. 문화적 다양성이 없는 곳에서는 문화가 멈추게 되어 있단다. 그러나 어떤 태도들은 열린사회를 위험에 빠지게 한다는 것도 잊어서는 안 된단다. 그 태도들이 단순히 의견으로만 존재한다면 문제가 될 것이 없겠지. 생각이야 자유니까. 비이성적으로 생각할 자유도 있고! 그러나 그 생각이 행동으로 변해서 인권, 자유라는 기본질서와 그것을 기초해 제정된 법들을 노골적으로 부인하게 된다면 묵인할 수 있는 한계를 넘어서는 것이지. 이런 경우에 우리는 개입을 안 할 수 없는 것이란다. 즉, 우리는 불관용에 대해서는 관용을 베풀어서는 안 된단다. 왜 냐하면 자유를 해치는 적들에게 너무나 많은 자유를 허락하면, 곧 우리의 자유가 끝장날 테니까.

좋아요. 다시 말해, 우리는 무슨 일이 있어도 한계를 넘어선 관용을 베풀어 서는 안 되고, 우리가 묵인할 수 있는 것과 묵인할 수 없는 것을 자세히 살 펴봐야 한다는 말이네요.

그렇단다. 무슨 일이 있어도 관용을 베풀어야 한다는 것은 불합리 한 생각이란다. 속된 말로 표현하면, 모든 것을 허용하는 사람은 제 정신이 아니지! 유감스럽게도 어떤 일에나, 그리고 누구에게나 관용을 베푸는 것이 깨우친 자의 태도라고 말하는 사람들도 간혹 있단다. 그러나 그렇게 생각하는 사람은 그릇된 견해에 빠진 것이 지. 다시 말해 그는 관용(tolerance)과 무지(ignorance)를 혼동하고 있는 것이란다.

또 라틴어가 나왔네요…….

그래. 무지는 라틴어 명사 'ignorantia(모름, 어리석음)'에서 그 뿌리를 찾을 수 있고 중요한 사정을 이해하지 못하는 무능력이나 불쾌감 을 의미한단다. 관용적으로 보이는 사람들 중 어떤 사람들은 실제 로 무지하기만 한 사람들이란다. 왜냐하면 그는 혹시 참아야 하는 지, 아니면 가능하면 맞서야 하는지 하는 부담을 전혀 알지 못하 는 사람들이니까. 진정한 관용은 문제에 대한 통찰을 전제로 한단 다. 즉, 사람들이 묵인해야 할지, 더 나아가 인정해야 할지 합리적 으로 결정을 내리기 전에 우선 문제가 무엇인지 먼저 알아야 하 지. 무지한 사람들은 그러한 일을 더 자세히 생각하려는 노력을 회피하는 사람들이란다. 그 대신 그들은 자신들의 무지를 관용으로 포장하고, 이것이 때로는 치명적인 결과를 가져오기도 한단다……..

어째서요?

무지에 바탕을 둔 '서로 자기 방식대로 살아가는 거지(leben und leben lassen, live and let live)'라는 관용적 금언은 유감스럽게도 많은 사람들이 자신의 생명을 포기해야 하는 결과를 가지고 온단다! 이러한 것은 종교적 선전에 무지하게 현혹당해 끔찍한 짓을 저지르는 경우에도 마찬가지란다. 예를 들어, 지난 10년 동안 나이지리아에서는, 여기 독일에서도 '비영리적'이라고 인정된 '선교단체'의 복음주의 설교가의 선동으로 내몰린 사람들이, 수천 명의 아이들을 '마녀'로 몰아 박해했고, 사지를 절단했고, 화학약품으로 피부를 지져댔고, 불태워 죽였단다. 또한 매일 수천 명의 사람들이 죽어가고 있고, 재앙의 규모로 환경파괴를 일삼는 세계경제 시스템이 야기한 결과에 대해, 전 세계적으로 만연되어 있는 무지는 상상도 할 수 없는 정도란다. 공감하는 존재인 우리가 이러한 문제점을 없애려고 전력투구하지 않고 이렇게 끔찍한 상황에 관용을 베풀 수 있는 원인은 단 하나, 우리가 무지하기 때문이란다.

다시 말하면, 세상을 개선시키려면 무지에 맞서 싸우는 것이 중요한 전제조건이라는 것이죠?

그래. 만약 우리가 무지의 벽을 쳐부수지 못한다면, 우리는 더 나은 세상에 대한 꿈을 포기할 수밖에 없는 것이란다.

음……. 그 '더 나은 세상에 대한 꿈'이 내일 있을 마지막 대화의 화두로 좋을 것 같지 않아요?

사실 그 화두를 다루려면 한 권의 책으로도 모자랄 것 같구나! 하지만 네 말이 옳다. 우리는 그 주제를 조금이라도 다루어 보아야할 것 같구나. 그렇지 않으면 우리는 이 철학의 정원을 샅샅이 훑어보면서도 정작 아주 본질적인 것을 빠트릴지도 모르니까 말이야…….

"'종교감정에 대한 존중'이라는 한담은 관용과는 아무 관계가 없는 말이다. 즉, 그것은 종교적 선전이던가, 아니면 다음의 속담처럼 비겁함을 솔직하게 표현한 것이다. 현명한 사람은 지는 법이다. 그런 식으로 우리는 여전히 무지의 승리를 돕고 있는 중이다."

2006년 2월, 소위 '카툰분쟁'이 가장 치열하게 진행되고 있을 때 풍자가인 위글라프 드로스테(Wiglaf Droste, 1961-)는 자신의 분명한 입장을 이렇게 표명했다. 모든 종교 광신자들의 메모장 속에 있는 '선과 악의 전쟁'이 아니라, '단지 현명한 사람과 어리석은 사람들의 전쟁'이 있을 뿐이라는 메시지를 전달한 드로스테는 미디어계에서 감탄할 만한 예외적 인물이었다. 대부분의 해설가들은, 무력은 원칙적으로 반대하지만 신자들의 '상처받은 종교감정'에 대해서는 실로 '아주 깊은 동감'을 표한다며 우쭐대면서 약삭빠르게 '근본주의자들을 이해하는 사람' 역할을 했다.

이런 비굴한 태도에 대해 위글라프 드로스테뿐만 아니라 '흔들리는 남자'와 '공포의 콘돔' 등의 카툰 속에서 동성애를 금기 테마로부터 해방시키는 데 실질적 기여를 했던 랄프 쾨니히(Ralf König, 1960-)도 분통도 터트렸다. 쾨니히는 어떤 인터뷰에서 공개적으로, '이러한 식의 자백, 이러한 식의 사과, 이러한 식의 즉, 우리는-이제-한번-우리의-출판보도의-자유가-갈-데-까지-간-것이-아닌지-생각해야 합니다' 라는 말투에 대해 격분했고 한층 더 단호하게 민주주의를 지켜나갈 것을 요구했다. 그는 이 카툰분쟁에 대해 곧바로 8편의 카툰을 그렸고 그 카툰 중 하나에서 그는 '표현의 다양성, 출판보도의 자유와 풍자의 의미' 라는 모델을 '관용에 있어 본받을 만한 부르카 의상' 속에 나타냈다. 또 다른 카툰에서 그는 '서방세계의 가치관을 대표하는 지도자들과 관용'이 엎드린 자세로 어느 이슬람교 지도자 앞에서 자신들의 표현의 자유와 출판보도의 자유에 대해 사과하고 있고 그 종교지도자는 다음과 같이 대답하고 있는 모습을 그렸다. '너희들의 유머 센스는 어디 간 거야? 너희들의 그 유머 센스 대신 누가 사과할 건데?

까마득한 옛날부터 '유머감각'이 특히 종교와 정치지도자들을 괴롭혀온 이유는 희극적인 요소 속에 파괴적인 힘이 있었기 때문이다. 즉, 권위의 기반을 뒤흔드는 것이 유머의 기본원칙에 속하기 때문이다. 어째서 그렇게 된 것이냐고? 영국 철학자 허버트 스펜서(Herbert Spencer, 1820-1903)는 유머의 본질을 '하향성 불일치(descending incongruity)'의 개념으로 표현했다. 스펜서에 의하면 두 개의 일치하지 않는(조화하지 않는) 정보가 충돌하면서 한쪽 정보가 상대 정보를 '의도적으로 끌어내릴' 때 유머가 생겨나는 것이다. 이 때 A 정보와 B 정보 사이의 차이가 좁아지면 좁아질수록, 유머의 효과는 더 커진다. 그리고 바로 이런 이유에서 아득한 옛날부터 종교는 풍자에게 최고의 소재를 제공해왔다. 왜냐하면 허세와 현실, 명시된 진실과 숙련된 사기, 세상과 동떨어진 이상과 험난한 일상사의 차이가 이렇게나 뚜렷하게 많이 벌어진 곳은 종교 외에는 어느 곳에서도 찾아볼 수 없기 때문이다(예를 들면, 일요일에는 성스러운 열정으로 맹목적으로 하나님을 믿으라며 설교하지만, 월요일에는 교회 탑 위에 피뢰침을 설치하는 모습을 생각해보라).

종교적인 또는 정치적인 지배를 옹호하는 사람들이 풍자적 유머와 싸우는 것은 그렇게 놀랄 만한 일이 아니다. 다시 말하면, 이 구름에 가려진 이상을 모순 없이 현실의 지상으로 끌어내리고, 숭고한 권위에 깊은 충격을 가하며 환멸을 느끼게 할 수 있는 것은 이 풍자적 유머 외에는 없기 때문이다. 프리드리히 니체(Fridrich Nietzsche, 1844-1900)는 이에 대해 다음과 같이 썼다. '분노는 사람을 죽일 수 없지만 웃음은 사람을 죽일 수 있다.' '해머를 든 철학자'인 니체의 말이 옳은 셈이다. 다시 말해, 노예근성의 감정적인 원인인 무서움과 순종을 없앨 수 있는 것이 있다면, 그것은 바로 자유스럽고 후련하게 웃는 웃음이다. 따라서 철학자 페터 슬로터다이크(Peter Sloterdijk, 1947-)가 '전형적인 광신자는 유머 속에서 호전적인 편견사업 전체를 망치는 적을 알아본다.'라고 표현한 것은 우연이 아니다.

이러한 이유로 고금을 막론하고 지배자들은 유머의 체제전복적인 힘에 엄격한 자세로 반응했고 '지배자에 대한 대역죄', 혹은 '신성모독'을 중죄로 정하는 법조항을 만들기도 했다. 오늘날까지도 어떤 사회의 자유를 누릴 수 있는 등급 정도를 알려면, 풍자가들의 활동폭을 재보면 가장 잘 알 수 있다. 그렇기 때문에 진정한 '열린사회'는 풍자를 이용한 비판을 묵인(默容)만 하지 않고 그러한 비판력이 잘 성장할 수 있도록(인정) 문화적 토양을 만들어 주기 때문에 다른 사회와 구별되는 것이다. '미스터 빈'으로 알려진 영국의 코미디 배우 로완 앳킨슨(Rowan Atkinson, 1955-)은 이러한 점을 다음과 같이 간단명료하게 표현했다. '모욕하는 권리는 모욕받는 권리보다 훨씬 중요하다.'

사람들이 열린사회의 '주류문화'는 건설적인 논쟁문화라는 것을 깨닫고, 이를 실현할 때 그렇게 해야 할 더 확실한 이유가 나타난다. 열린

사회란 각각의 사회구성원이 똑같은 것을 생각하고, 믿고, 희망하기를 요구하는 사회가 아니고, 여러 다양한 관점들이 서로 충돌할 수 있는 사회적 경쟁분위기를 가능하게 해주고, 그곳에서 자신의 힘을 얻을 수 있는 사회인 것이다. 이렇게 자유스럽고 생산적인 의견 대립을 통해서만 사회가 발전될 수 있는 것이다. 그러나 이를 위한 전제조건은 각각의 사회구성원들이 무엇인가가 자신의 '사상'을 '침해'했을 때, 이러한 행위에 의식 있게 반응하는 법을 습득한 상태여야 한다는 것이다. 이렇게 해야 '보다 높은, 종교적 진리'를 대변하는 지도자들이 쉽게 먹혀 들어갈 것 같지 않다는 인상을 받을 테니까.

이러한 일은 특히 '상한 종교감정'을 '주목해야 할 일'이라며 이슈화하려는 시도에서 알 수 있다. '종교적으로 모욕당했다'며 비논리적인 주장을 하는 이면에는, 철학자 한스 알버트(Hans Albert, 1921-)가 제대로 묘사한 것처럼 '종교비판에 대한 면책특권'을 꾀하려는 일종의 전략이 숨어있다. 알버트가 보여준 바와 같이 '오류가 노출되는 것에 대해 불안해' 하는 바로 그런 사람은, 오류에 찌든 인간의 주장을 '성스럽고', '무오류의' '신성불가침'이라고 부르면서 비판에서 달아나려고 하는 경향이 있는 법이다.

우리가 알다시피, 이렇게 독단적인 전략은 인류 역사 속에서 엄청난 불행을 일으켰고 오늘날까지도 여전히 수많은 끔찍한 범죄의 주범이기도 하다. 이제 그만 우리는 '너는 그것을 믿게 될 것이다. 그렇지 않으면 너는 그것을 믿게 될 것이다!'라는 종교재판의 원칙에 따라 행동하지 말고 비판을 선물로 이해하는 법을 배워야 할 것이다. 왜냐하면 이렇게 하는 것만이, 카툰분쟁에서 보았듯이 인간이 그릇된 사상 때문에 죽기 전에 그 그릇된 사상을 없앨 수 있기 때문이다.

보다 나은 세상을 꿈꾸며

우리는 오늘 마지막 토론에서 '보다 나은 세상에 대한 꿈'에 관해 논하기
로 했잖아요. 그런데 아빠는 도대체 어떻게 생각해요? 그것은 그냥 꿈에
불과한 걸까요, 아니면 보다 나은 정의로운 세상이 가능한 걸까요?

　　나는 '보다 나은 세상'이 필요할 뿐만 아니라 가능하다고 확신한
　　단다. 끊임없는 노력으로도 생활환경을 개선할 수 없다고 믿는다
　　면, 아마 나는 인본주의자가 아니고 냉소가겠지.

냉소가라면 사람들이 세상을 개선할 필요가 없다고 생각하거나, 세상을 개
선할 수 있는 능력도 없다고 믿는 사람이지요?

　　그렇지. 첫 번째 경우의 냉소는 공감력이 부족해서 그런 것이고,
　　두 번째 경우의 냉소는 상상력 부족에서 비롯된 것이지.

더 나은 세계가 어떤 모습일지 상상할 수 없기 때문이겠죠?

　　그렇단다. 수많은 사람들이 높은 이상을 품고 성년을 시작하지만,
　　얼마 지나지 않아 그 이상을 체념하고, 이렇다 할 만한 다른 가능
　　성도 상상해볼 수 없는 상태로 '세상의 부정'과 타협하게 되지.
　　이러한 사고방식이야말로 아주 편안한 생각이란다. 왜냐하면 사
　　람들이 무슨 수를 써도 이 세계적 불공평을 전혀 개선할 수 없다
　　고 생각한다는 것은 세상을 변화시키기 위해 아무런 시도도 하지
　　않겠다는 최고의 변명이기 때문이지! 이런 식으로 사람들은 스스

로 만든 무기력 안에서 그야말로 아주 편안하게 안주할 수 있지…….

얼마 전에 아빠의 서재에서 '만세, 우리가 항복한다!'라는 제목의 책을 발견한 적이 있어요. 그런 사고방식을 아빠가 비난하는 것이죠?

그래. 네가 언급한 그 책 속에서 헨리크 브로더(Henryk M. Broder)는 이슬람교도의 자유주의를 위협하는 주장 앞에 항복하는 서방사회를 공격하고 있단다. 나는 브로더의 모든 주장에 동의하지는 않지만, 많은 부분에 동감하고 있단다. 참담하게도 우리는 진부한 종교관과 상대할 때뿐만 아니라, 세계기아, 혹은 세계경제가 초래한 충격과 관련된 문제 등에 직면할 때도 '즐겁게 항복'하는 모습을 볼 수 있지. 우리 인간은 어떤 커다란 시련이 닥쳤을 때 진지하게 대응도 하지 않고 성급하게 포기하기를 좋아하는 '유쾌한 파산자'가 되어버렸단다. 프리드리히 니체가 아직 살아있었다면 이러한 '무기력 의지'를 분명히 타락의 징조라고 표현했을 거야.

요즘의 정치가들이 그 '타락(decadence)'이라는 단어를 전보다 자주 사용하고 있는 것 같아요. 하지만 정확히 무슨 뜻인지 모르겠어요…….

타락이라는 단어는 라틴어 'decadentia'에서 나왔으며 한 사회나 문화의 쇠퇴, 혹은 종말을 의미하지. 처음에 이 개념은 역사기록학 속에서 로마제국의 몰락에 대해 사용되었단다. 몰락을 동반한 문화적 쇠퇴의 경우라면 네가 태어난 도시인 트리어(Trier)에서도 그 예를 잘 볼 수 있지. 4세기에 그 도시에는 커다란 궁전, 학교, 도서관, 극장, 수영장, 사우나, 조각품과 대단한 예술적 가치를 자랑하는 모자이크 작품들이 많이 있었단다. 하지만 200년이 지나자 그것들 중 아무것도 남아있지 않았단다. 마치 사람들이 1,000

년 정도의 과거로 내동댕이쳐진 상태로 살고 있다는 느낌을 받았
겠지. 그들이 사는 집은 판잣집이었고, 중요한 예술작품은 말할
것도 없고, 상하수도 설비도 더 이상 존재하지 않았고, 거의 모든
사람들이 제대로 읽지도 못했고 쓸 줄도 몰랐지…….

아빠는 그러한 문화적 붕괴가 오늘날에도 가능하리라고 생각하세요?

가능하다고 볼 수 있지! 유감스럽게도 과거의 계몽주의 철학자들
은 '부러진 게 아니면, 고치지 말라'는 격언을 믿었고, 따라서 인
류는 틀림없이 한층 더 큰 인간애를 보일 것이고, 점점 더 깨우쳐
나갈 것이라는 잘못된 결론을 내렸지. 적어도 나치의 문화적 재앙
이후로 우리는 역시 '부러졌으면 고쳐'야 한다는 것을 알아야만
한단다. 역사 속에서는 '저절로 이루어지는 발전'도 없고 미리 프
로그램된 '행복한 결말'도 없다는 것을 우리는 인정해야 한단다.
실상은 정반대란다. 다시 말하면, 만일 우리가 과거에 피 흘리며
싸워 쟁취한 예술의 자유, 출판과 보도의 자유, 그리고 표현의 자
유와 같은 업적을 결연한 의지로 지켜나가려는 용기를 내지 않는
다면, 이들 업적 전부가 순식간에 사라져버릴 거야.

**그러면 보다 나은 세상만 가능한 것이 아니라, 보다 나쁜 세상도 가능할 수
있겠네요…….**

물론이지! 어느 방향으로 갈 것인가는 우리가 마음먹기에 달렸지.
그렇기 때문에 우리 시대의 중대한 문제에 대해 우리가 항복해버
린다는 것은 아주 위험한 일이지. 왜냐하면 무엇보다도 이들 가운
데 많은 문제점들은 아주 긴급한 사항들이라 계속 주저하면 결국
에는 해결할 수 없게 되기 때문이지. 극심한 빈곤이 초래하는 끔
찍한 결과를 생각해보렴. 아마 너도 알고 있겠지만 매일 3만 명이

나 되는 아이들이 채 5살도 되기 전에 죽고 있단다. 즉, 우리 둘이 '삶의 의미와 무의미'에 대해 논하던 그 시간에도 수십 만 명의 아이들이 생명을 잃어야 했고, 계산해보면 1년에 약 1,100만 명이 사망하는 셈이란다. 그들 중 절반은 영양실조로 사망하고, 나머지 절반은 빈약한 위생설비, 의약품의 부족, 혹은 내란의 희생자로 사망했단다.

끔찍한 일이에요! 하지만 그것을 막기 위해 우리가 할 수 있는 일이 무엇이죠?

장기적인 안목으로 볼 때, 부패한 엘리트와 무자비한 독재자가 지배하는 개발도상국 자신이 구조적 변화를 해야함은 물론 세계경제체제를 지속적으로 재개편하는 것만이 도움이 될 거야. 그러나 몇 백만 명의 생명이 지금 당장 위협을 받고 있는 상황에서 우리는 오랜 시간이 흐른 뒤에나 나타나는 효과를 마냥 기다리고 있을 수만은 없단다. 그래서 오늘 당장 현지에 만연되어 있는 끔찍한 고통을 완화시킬 수 있는 국제원조 프로그램이 필요하지.

하지만 이미 아주 가난한 지역에서 인도주의적 사업을 수행하고 있는 수많은 지원 프로그램이 있잖아요. 그렇죠?

물론이지. 하지만 국제사회는 일치단결해서 한층 더 많은 노력을 기울여 극심한 가난이라는 재앙을 없애야만 해. 그것은 분명 가능한 일일 거야. 추정에 의하면, 2001년에는 영양실조로 인한 사망을 방지하는 데 1,240억 달러면 충분했단다. 그런데 이 숫자는 1999년 한 해 동안 미국인들이 음주를 위해 소비한 1,600억 달러와 비교가 되는 액수지.

아빠는 혹시 세계의 기아문제를 해결하기 위해 사람들에게 술을 마시지 말라고 권하는 금주가가 되려는 것은 아니겠지요?

물론 아니지, 핵심은 그것이 아니야! 내가 말하고자 하는 것은 우선 경제적인 자원을 마련해야 극심한 기아를 없앨 수 있다는 것이지. 2000년 뉴욕에서 열린 유엔개발정상회담에서 유엔은 소위 '새천년개발목표(Millenium Development Goals)'를 채택했지. 이 결정에 따르면 2015년까지 다음과 같은 목표를 달성하기로 되어 있단다. 기아에 시달리는 사람들의 숫자를 반으로 줄이고(현재 약 7억 명에 달한다), 소년·소녀들에게 초등교육을 보장하고, 5살 이하 아동들의 사망률을 2/3로 감소시키고, 말라리아와 다른 심각한 질병의 확산을 막고, 안전한 식수를 공급받지 못하는 인구를 절반으로 줄인다(현재 약 10억 명에 달한다!). 그러나 지금까지의 상황을 보건데 이러한 개발목표를 이룰 수 없을 것 같구나……

왜 그렇게 생각하시죠?

극심한 빈곤에 시달리는 나라의 잘못된 정치 자체가 그 원인의 일부이고, 또 다른 원인은 세계경제의 제도적 환경이 개발도상국 경제가 뿌리내리는 것을 방해하고 있다는 것이지. 특히 부유한 선진 산업국가들의 헌신적 참여가 부족하다는 것에서도 그 원인을 찾을 수 있단다. 그 새천년계획의 자금 확보에 이들 국가들은 매년 약 1,800억 달러를 조달해야 한단다. 이 금액은 이들 국가들이 여태까지 개발도상국을 위한 개발 원조에 투자한 액수보다 800억 달러 많은 액수란다. 이러한 자금을 확보하기 위한 확고한 정치적 의지가 부족한 것이지.

하지만 텅 비어 있는 국고를 감안한다면 아마 이해할 수도 있는 일인 것 같은데요…….

아마 그럴 수도 있겠지. 그래서 철학자 피터 싱어가 얼마 전에 제안했던 사항은 한번 고려해볼 만한 일이라고 생각되는구나. 그것은 국가들뿐만 아니라 선진국의 재산 많고 부유한 갑부들도 이 계획에 참여해야 한다는 것이지. 전 세계적인 기아와 싸우기 위한 그의 '기부공식'에 따르면 10만 5,000달러 이상 14만 8,000달러의 연소득이 가능한 사람들은 이 소득의 5퍼센트를 기부해야 하고, 연소득이 14만 8,000달러 이상 38만 3,000달러인 소득계층은 이 소득의 10퍼센트를 기부해야 한다는 것이지. 그의 기부권유 액수는 소득에 따라 점점 높아지면서 1,700만 달러 이상의 고소득을 올리는 대부호(super-rich)는 연소득의 33.33퍼센트를 기부해야 하지. 싱어가 이러한 공식에 따라 걷을 수 있는 기부금을 합산했더니 단지 미국 한 나라에서만 4,710억 달러라는 놀라운 금액이 산출되었단다. 이 금액을 효과적으로 사용한다면 극심한 기아의 문제는 완전히 해결되는 것이지. 싱어의 기부모델을 나머지 나라들에 적용시켜 보았더니 심지어 매년 1조 5,000억 달러를 마련할 수 있어서 전 세계의 생활환경을 개선하는 데 사용할 수 있게 되고. 이러한 액수의 기금이라면 이론적으로 보았을 때 더 이상 사람들을 비천한 생활환경 속에서 살지 않게 보장할 수 있지. 다시 말하면, 우리는 이 기금으로 장기적인 계획을 세워 더 나은 교육에 투자할 수 있고, 구조적 개혁을 통해 인구의 증가를 막고, 어려움을 겪고 있는 지역의 경제발전에 힘을 보태고, 환경파괴를 줄이고, 민족주의와 근본주의 같은 사회전염병의 확산을 방지할 수 있는 것이란다.

그러면 모든 것이 다 좋아지겠지요! 하지만 전 세계의 재산 많은 사람들,

부유한 사람들, 그리고 대부호들로 하여금 자신의 재산 중 일부를 기부하게 한다는 것이 실현성이 있는 얘기이기나 한 건가요?

빌 게이츠(Bill Gates) 한 사람의 경우를 보자. 마이크로소프트의 설립자인 그는 아내 멜린다(Melinda)와 함께 민간재단 중에서는 상상을 초월할 정도로 전 세계에서 가장 큰 재단을 설립했고, 이 재단은 현재 개발도상국을 위한 원조 분야에서 성공적인 활동을 하고 있단다. 빌 게이츠는 자신이 죽을 때까지 자신의 소득 중 싱어가 요구한 1/3은 물론 전 재산의 95퍼센트를 자선을 베푸는 목적으로 기부할 예정이란다. 현재 세계에서 세 번째로 부자인 대 투자가 워렌 버핏(Warren Buffet)은 자신의 재산 중 85퍼센트를 매년 자선단체에 기부하기로 했단다. 또한 그의 유산 중 99퍼센트는 자선을 목적으로 하는 사업에 쓰일 예정이란다.

대단한 일이네요! 하지만 게이츠와 버핏의 경우는 단지 예외적인 경우에 불과하잖아요, 그렇지않아요?

꼭 그렇지만은 않지. 이 두 사람은 얼마 전에 '더 기빙 플레지(무엇인가를 기부한다는 서약, The Giving Pledge)' 운동을 시작했고, 시작한 지 8주만에 엄청나게 큰 호응을 얻어냈단다. 2010년 8월에 40명의 미국 억만장자가 자신들의 재산 중 반을 자선의 목적으로 기부하겠다고 서명했단다. 부자들이 말로만 자신의 재산 중 일부를 기부할 준비가 되어 있다고 하는 것이 아니란 의미이지.

알겠어요. 하지만 그 사람들이 그렇게 하는 데는 아주 특별한 전제조건이 있으니까 가능한 일이겠지요. 제 말은 빌 게이츠에게 동조해서 몇 백만 달러 혹은 심지어 몇 십억 달러를 기부하는 사람이 있다면, 그는 위대한 자선가로서의 명성을 얻을 수 있을 것이고, 자신의 개인적인 삶에는 그렇게 중요하지 않았던 돈을 기부함으로써 그 돈이 얼마나 많은 선을 베풀 수 있는지 알 수 있게 되는 기회가 생기는 것이죠. 하지만 매년 '단지' 13만 달러를 벌어서 싱어의 공식대로 6,500달러를 기부하는 사람들의 입장은 어떻게 되는 것이죠? 이 사람들의 사회적 명성은 그다지 크게 개선되지 않을 것이고, 아마도 이 사람들은 자신의 기부가 의미 있는 일에 영향을 주었다는 느낌을 갖지 못할 테니까요…….

그렇지는 않단다. 6,500달러면 의미 있는 일에 커다란 영향을 줄 수 있는 금액이란다. 예를 들면, 그 돈으로 백내장이나 염증으로 실명한 1만 3,000명의 시력을 되찾아줄 수 있는 금액이지. 그러한 일은 개발도상국가에 살고 있는 사람들에게는 분명히 아주 의미 있는 일이란다! 그럼에도 불구하고 네가 제기한 문제점은 다분히 일리가 있단다. 즉, 평범한 기부자는 통 큰 기부자만큼 그렇게 큰 사회적 명망을 결코 얻지 못하지. 덧붙여서 자신의 도움으로 인한 긍정적인 결과를 구체적으로 관찰할 수 있을 때라야, 기꺼이 무엇인가를 기부할 용의가 생길 거라는 너의 언급은 옳은 말이다. 우리가 이미 언급했던 '추상적 관념의 베일'은 세계 도처에 만연된 참상의 실제를 덮고 있을 뿐만 아니라, 타인을 사랑하고 봉사하는 행위에서 비롯된 긍정적인 결과마저 은폐하게 하고 있단다. 이에 관해 몇 개의 연구결과가 발표되었단다. 예를 들면, 수천 명이나 되는 아주 많은 아이들이 비참한 상황에서 고통을 겪어야 한다는 정보를 접했을 때보다는 아이들 한명 한명의 고통에 대해 듣거나 알았을 때 더 많이 기부한다는 사실을 발견해냈지. 기부를 통해 한 아이의 생명을 구할 수 있다고 말하면 사람들은 일반적으로 혹은 더 나아가 일정한 액수를 기꺼이 기부할 용의가 생기지만, 같은 액수로 10명이나 20명의 아이들을 구할 수 있다고 말하면 그렇지 못하지.

하지만 그것은 너무 불합리한 얘기 같네요!

분명히 그렇지. 하지만 이것은 인간심리가 그냥 그런 식으로 작용한다는 것을 보여주는 것이란다! 상세하고 구체적인 운명을 말하지 않고 추상적인 숫자만 나열하면 우리의 마음을 전혀 움직일 수 없다는 것이지. 한 술 더 떠 기부하고 싶은 생각을 일시에 사라지게 하는 것은 '집단 책임감' 운운하는 추상적 개념이란다. 왜냐하면 이 세계의 불행에 대해 각 개인이 책임을 질 수 없는 것은 당연한 것이니까. 이러한 점에서 우리는 필연적으로 함께 힘을 합쳐야만 무엇인가를 이루어 나갈 수가 있지. 그러나 각 개인이 세상에서 벌어지고 있는 이러한 참상을 변화시키는 일에 아무것도 할 수 없다고 생각하는 한, 함께 살아가는 집단공동체인 우리 인간 역시 이러한 참상을 조금도 변화시킬 수 없다는 것이 문제란다. 우리는 단순하고 즐거운 마음으로 당연하다는 듯이 '타인'에게 의존할 뿐이란다. 그래서 그 타인이 아무것도 하지 않으면, 우리 역시 아무것도 하지 않으려고 해. 이런 식으로 구태의연한 사고방식의 악순환은 계속 되풀이되는 것이란다……..

다시 말하면 각 개인은 다른 사람들이 참여하는 것을 봐야만, 자신도 참여한다는 것이죠?

그렇지. 피터의 제안이 한층 흥미로워지는 이유가 바로 그것이지. 그 이유는 그가 추상적인 집단에 책임을 전가하는 것이 아니라 우리들 각자로 하여금 자신의 의무를 이행하게 하는 것이니까. thelifeyoucansave.com이라는 웹 사이트에서는 극심한 기아에 시달리고 있는 사람들을 돕기 위해 새천년계획이 제시하는 기부 공식을 지킬 것이며, 소득의 일정액수를 기부하겠다는 서명을 할 수도 있단다.

아빠도 그곳에 이름을 올리고 서명을 하셨나요?

그래. 그러나 보잘것없는 소득을 올리고 있는 프리랜서 철학자로 서 나는 실로 눈길을 끄는 사람들의 반열에 오르진 못하지. 내가 재정적으로 세력 있는 기부가가 되길 바랐다면 진작에 다른 직업 을 택했어야겠지.

그 기부공식을 지키겠다고 서명한 사람이 아빠 외에 몇 명이나 돼요?

유감스럽게도 서명을 한 사람은 그리 많지 않단다! 자, 그 웹 사이 트로 들어가 한번 살펴보자꾸나……. 아하, 내가 생각한 그대로구 만. 아직도 여전히 7,000명(2012년 2월 5일 현재 12,159명) 이하로구나.

그 숫자로는 이렇다 할 만한 일을 할 수가 없겠네요!

그렇지. 이런 식이면 틀림없이 우리는 전 세계적인 기아에 대처하 기 위한 재원을 끌어 모을 수가 없겠지. 사람들이 그 기부공식의 전제조건에 적극적으로 동의해야만 하는 상황이 아니고, 경우에 따라 어쩔 수 없이 반대할 수도 있는 상황이 된다면 이 문제는 아 주 다른 양상으로 흐를 텐데.

무슨 뜻이에요?

구체적으로 설명하기 위해 장기기증 관행을 예로 들어보자. 우리 와 인접한 나라인 오스트리아는 소위 반대할 수 있는 권리규정을 적용하고 있단다. 규정에 반대한다는 의견을 분명히 밝히고 비장 기기증자 명단에 이름을 등록하지 않으면, 오스트리아에서 사망 하는 모든 사람은 원칙적으로 장기기증자라는 전제에서 출발하는 것이지. 이와 반대로 독일에서는 동의규정을 적용하고 있지. 이 나라에서는 장기기증에 분명하게 동의하는 사람만 장기기증자가 될 수 있다는 것이지. 여기서 파생되는 결과는, 독일에서는 생명을 구할 수 있는 장기를 기다리다 헛되이 사망하는 사람이 많다는 것이지. 왜냐하면 독일 사람 중 2/3가 장기기증을 지지하고 있음에도 불구하고, 이들 중 고작 17퍼센트만 장기기증카드를 가지고 있기 때문이란다. 이로 인한 끔찍한 결과를 너는 상상해볼 수 있을 게다…….

아빠 말씀은 독일에서도 오스트리아의 장기기증처럼 반대권리규정을 도입하자는 것이죠?

물론이지! 왜냐하면 누군가는 그들의 목숨을 살릴 수 있는 장기에 의존하며 살아가고 있는데 또 누군가는 자신의 장기를 무덤 속에서 썩게 내버려 둔다는 것은 완전히 비윤리적이기 때문이지! 윤리적인 결정(즉, 장기기증)은 흔히 일어날 수 있는 경우여야 하고, 이와 반대로 비윤리적인 결정(즉, 사망시 기증거부)은 예외규정이 되어야 한다는 것이지.

또한 싱어의 공식에 따른 기부에도 같은 규정을 적용시켜야 한다는 것이 아빠의 주장이죠?

그래. 그 이유는 '세계발전기부금'을 아무 문제없이 낼 수 있는 부유한 사람이, 전 세계에서 사람들이 경험하는 재앙적 수준의 불행을 보고도 아무것도 하지 않는다는 것은 마찬가지로 비윤리적이기 때문이지. 역시 여기에서도 윤리적 결정(해당소득에 알맞은 기부)은 흔히 일어날 수 있는 경우가 되어야 하고, 비윤리적인 결정(지원 거부)은 예외경우가 되어야 한다는 것이지. 싱어의 다음과 같은 질문은 당연한 질문이란다. '38만 3,000달러를 벌고 그중에서 세금을 떼고도 35만 1,000달러로 살아갈 수 있는 사람에게 우리가 무엇인가를 기대한다면 우리가 너무나 많은 것을 요구하고 있는 것인가?

저는 그 말에 찬성해요. 실제로 너무 많은 것을 요구하는 것도 아니잖아요! 하지만 만일 아빠가 이렇게 과격한 요구를 내건다고 해도, 최고 연봉자들은 꿈쩍도 하지 않을 거예요. 모두가 똑같이 소득을 올릴 수 있는 사회가 훨씬 정의로운 사회 아닐까요?

꼭 그런 것만은 아니란다. 그 이유로 너는 다음과 같은 것을 생각해보아야 하기 때문이지. 만일 우리 모두가 소득의 차이를 없애고 똑같은 보수를 받게 된다면, 우리는 남다른 업적을 발휘할 수 있는 중요한 자극제를 빼앗겨 버리는 꼴이 될 거야.

그렇다면 설마 아빠는 그 모든 부자들과 대부호들이 살아오면서 그들만의 특별한 업적을 발휘했다고 주장하시려는 것은 아니겠죠, 그렇죠?

그렇지 않단다. 많은 사람들의 경우에 단지 '자신의 돈이 돈을 벌게 했을' 뿐이란다. 등불 아래서 관찰하듯 자세히 살펴보면 이것은 지극히 불합리한 일이지. 너는 혹시 아주 힘든 노동으로 인해 땀방울이 스며있는 것 같은 지폐를 본 적이 있니?

아니요. 그러한 지폐는 여태껏 한번도 본 적이 없어요……

뭐, 놀랄 만한 일도 아니지. 실질적 능률만을 원하는 사람들이 점점 많아지고 있으니까! 돈 자체는 완전히 비생산적이지. 유감스럽게도 지난 몇 십 년 동안 금융경제와 실물경제 사이에 광범위한 분리가 진행되었단다. 오늘날엔 부가 부를 낳고 있지. 즉, 현실생활에서 생산하고, 혹은 소비를 하면서 이루어지는 부가 아니라는 것이지. 이 기회에 우리는 신속하게 궤도수정을 감행해야 한단다. 실생활에서의 업무활동은 증권거래소에서 이루어지는 단기투자보다 훨씬 가치 있는 활동이란다! 지금은 많은 일들이 잘못되어 가고 있지. 나는 한때, 처음부터 게임 참가자에게 최고의 도로와 호텔을 나누어 주는 모노폴리(Monopoly) 게임과 우리의 경제 시스템을 함께 비교한 적이 있지. 모노폴리 게임은 극히 불공평할 뿐만 아니라 적극적으로 참가하려는 욕구를 감소시켜 버리는 게임이기도 하지. 게다가 각 순서가 끝나면 한쪽은 더욱 부자가 되고, 다른 한쪽은 더욱 가난해지기 때문이지. 결국 경제는 그런 식으로 운용되어서는 안 된단다.

우리는 처음부터 어느 정도 잘 섞여진 카드를 나누어 갖도록 신경을 써야 한다는 말이죠…….

그렇지. 그것은 또한 '기회평등'이라는 아름다운 개념을 달리 표현하는 말이기도 하지. 즉, 모든 사람은 자신의 삶에서 가장 최상의 것을 끄집어낼 수 있는 기회를 가져야 한다는 것이지. 중요한 것은 모든 사람이 가능한 한 정당한 출발조건을 만들 수 있어야 한다는 것이란다. 이러한 점에서 네가 추측할 수 있다시피, 전 세계뿐만 아니라 부유한 우리 사회에도 해야 할 일이 산더미처럼 쌓여 있지! 내 주장은 우리 시대에 이루어야 할 정치적 주요 목표는 기회균등이어야 한다는 것이지. 그러나 이러한 기회균등을 완전한 사회적 균등이라는 망상과 혼동해서는 안 된단다. 왜냐하면 완전한 기회균등이란 독재적인 수단으로만 이루어질 수 있기 때문이지. 즉, 사회적 완전기회균등을 위해서는 역사가 전개되어 오면서 어렵게 싸워 쟁취한 자유를 담보로 해야만 하기 때문이란다.

어째서 그런 거죠?

인간은 선천적으로 똑같지 않기 때문이지! 사람들을 모두 똑같이 만들려면 우리는 이들 모두를 '똑같은 잣대로 판단' 해야 할 거야. 즉, 사람들 각자에게 무력을 사용해야 한다는 것이지. 인간은 각기 다른 재능을 가지고 있으며, 서로 다른 성과를 일구어내고, 또한 타인들은 이 성과를 서로 다른 방법으로 가치평가하고 있지. 우리 사회는 이러한 재능 중 어떤 것은 몹시 원하는(예를 들면, 축구선수의 골 결정력) 반면, 다른 재능은 덜 환영하지(예를 들면, 철학적 주제를 간단명료하게 말하는 재능). 이 모든 것을 고려하면, 완전히 동일한 조건에서 출발해도 결국 소득의 차이로 표현되는 사회적 불평등이 생긴다는 것을 알게 되지. 그러나 정말 그것이 문젯거리일까? 미하엘 발락이 나보다 훨씬 더 많은 돈을 벌고 있는 것이 불공평한 일일까? 그가 3부 리그 선수보다 더 많은 돈을 벌고 있는 것이 불공평한 일일까?

그가 더 많은 돈을 벌고 있다고 해서 문제가 될 것은 없지요! 하지만 그가 어째서 훨씬 더 많은 돈을 벌고 있는 거죠?

음, 그러니까, 다른 사람들이 모두 그런 것처럼 발락도 시장경제가 자신에게 제공하는 것을 선택하는 것이지. 다음에 계약을 연장할 때 그가 '이 후한 액수에 감사합니다만 이거 정말 너무 많은데요! 슈미트–살로몬 씨는 나에 비해 쥐꼬리만한 돈을 벌고 있잖아요. 따라서 나는 이제부터 내가 받던 돈의 10퍼센트만 받겠소.' 라고 말한다면, 그것이 더욱 우스꽝스러운 이야기가 되겠지.

우스꽝스러울 뿐만 아니라 완전히 정신 나간 말이겠지요!

글쎄, 그렇다니까. 다양한 성과는 다양한 방식으로 평가되고, 따라서 그 평가에 맞추어서 다양하게 상품화되는 것을 우리가 받아들이고 있는 것이지. 모든 사람들에게 기본적인 복지제공이 충분히 보장된다면, 그리고 남보다 돈을 더 벌고 있는 사람들이 자신들이 가지고 있는 재원으로 이 사회에 더 많이 기여할 수 있다면 이러한 소득격차가 꼭 정의원칙에 위배되는 것은 아니라고 나는 생각한단다. 다른 사람들보다 더 성공적이거나, 아주 뛰어난 재능을 활용해 나름대로 큰 수익을 올리고 있는 사람의 활동을 제지하고 방해한다면, 그것은 이들의 성취동기를 구속하는 행위일 뿐만 아니라, 그 방해 행동에서 예상할 수 있는 결과보다 훨씬 더 많은 불의를 저지르는 꼴이 될 수 있단다. 결국 다양한 성과에 대해 똑같이 보상하는 것은 그야말로 불공평한 것이지. 올림픽 경기에서 8m 90cm을 뛰어넘은 선수에게 이제 막 간신히 7m를 뛰어넘은 선수와 금메달을 나누어 가지라고 한다면 그는 당연히 저항할 수밖에 없겠지……

당연하죠! 하지만 여전히 저에게는 불분명한 게 있어요. 아빠는 한편으로는 사람들이 자신이 가지고 있는 특별한 재능을 자신이 선택한 것이 아니라는 이유로 자기가 이룬 업적에 대해서 자만해서는 안 된다고 했잖아요. 그런데 또 다른 한편으로는 이러한 재능에 대해 아주 다양한 방법으로 보상을 해주는 것에 대해서는 인정을 하고 있잖아요. 서로 모순되는 말 아닌가요? 알고 보면 개인이 전혀 통제할 수 없는 요인으로 인해 한 사람은 명예와 재산이 축적되어 가고 있는데, 다른 사람의 손에는 아무것도 쥔 것이 없다는 것은 아주 불공평한 일이잖아요!

네 말이 옳다. 그것은 아주 불공평한 일이지! 결국 우리는 우리의 유전자, 재능, 육체적이고 정신적인 감수성은 물론 시대상황, 문화, 가족, 우리가 태어난 환경을 전혀 고려하지 않고 살아가고 있다는 말이지. 내가 이미 말한 대로 어떤 사람들은 '인생의 복권추첨'에서 실로 환상적인 운명을 만나는 행운을 가지지만, 대부분의 다른 사람들은 이러한 행운을 갖지 못하지. 유감스럽게도 우리는 이러한 '삶의 불평등'을 완전히 제거할 수는 없단다(그러나 우리가 앞으로 자연변식에 따르지 않고, 모든 인간을 복제하여 동일한 생활환경을 마련할 수 있다면 가능할 것이다. 이러한 일은 여러 가지 이유를 생각해볼 때 전혀 일어나서는 안 될 일이다). 우리는 단지 이러한 불공평에서 생겨난 불균형 정도를 최대한 잘 보상하려는 노력을 할 수 있을 뿐이란다.

다시 말하면, 그것은 성공한 사회구성원이 덜 성공한 사람을 도와줄 준비가 되어 있어야 한다는 것이고요.

맞는 말이다. 또한 바로 이러한 맥락에서 자만에 대한 문제가 다시 등장하게 되지. 즉, 자신이 성공한 원인이 '아, 너무 멋진 나' 때문이라고 자만하는 사람은, 자신의 성공이 끝없이 이어진 수많은 다행스러운 우연 덕분이라고 깨닫는 사람보다, '실패자'에 대해 자신의 책임을 통감하는 행동을 할 수 없겠지. 따라서 흔히 말하는 '자신의 운명은 자기가 개척하는 것이다.'라는 관념은 가난한 자가 자신의 가난함을 합리화하는 동시에 부자가 자신의 부유함을 합리화하는 말에 불과하단다. 사회라는 게임에서는 '승자'가 '패자' 위에 군림하게 되어 있다는 이런 자만에 빠진 독선을 극복할 때만, 우리는 공정한 생활환경을 만들어낼 수 있는 충분한 동기를 부여받게 될 것이며, 이러한 환경 속에서 각 개인은 최적의 삶을 이룩해 나갈 수 있을 거야.

아빠와 저는 앞으로 그러한 세상을 경험할 수 있을 거라고 생각하세요, 아빠는 어떻게 생각하세요?

아니, 그렇게 생각하지 않는단다. 그렇다고 하더라도 우리가 할 수 있는 한 조금이라도 힘을 보탠다면 그런 세상이 조금 더 빨리 올 수 있겠지. 내 생각에 그것을 우리의 목표로 삼으면 세상을 살아갈 가치가 분명히 있을 것 같구나.

그러고 보니 우리는 또다시 '보다 큰일에 공헌하기', 그리고 '삶의 의미'를 들추게 되었네요…….

잘 보았구나! 의미 있는 삶을 살려면, 이 세상을 한층 개선되고, 한층 인본적이고, 한층 살만한 가치가 있는 장소로 만들기 위해 몇 천 년 동안 계속된 인류의 해방운동에 같이 참여하는 것보다 더 좋은 방법은 없다고 나는 확신하고 있단다. 다시 말하면, 만일 네가 이런 식으로 헌신하는 생활을 하게 되면, 너는 단순히 윤리적으로 행동하는 것뿐만 아니라 네 자신에게도 커다란 은혜를 베푸는 것이 된단다. 왜냐하면 네 자신이 헛되이 살아가지 않고 앞으로도 헛되이 살아가지 않으리라는 것을 너는 직감할 수 있을 테니까. 너는 네가 살아오는 동안 모았던 쓰레기보다 더 많은 것을 뒤에 남기리라는 것을 인식할 거야. 또한 너는 의미 있는 존재가 되겠지. 그러나 너는 '신', '우주', 그리고 '나머지'를 위해 의미 있는 존재가 되는 것이 아니고, 의미가 결여되어 있는 이 광대한 우주 속에서 너처럼 의미라는 작은 섬을 창조해야 하는 커다란 과제 앞에 서 있는 너와 같은 종에 속한 동료 몇 명을 위해 의미 있는 존재가 되는 것이란다…….

아빠, 이제 거의 끝날 것 같은 기분이 드는 말이네요!

그래, 그렇구나. 이제 여기서 끝을 낼까 하는데 네 생각은 어때?

독자들의 인내심에도 한계가 있단다.

알았어요. 음……. 그럼 끝이에요?

　음, 이제 끝난 것 같구나.

무엇인가 좀, 섭섭하네요. 재미있었어요!

　나도 그랬단다!

언제 다시 한번 계속하는 게 어때요?

　그래, 가능하면 그렇게 하자꾸나. 그 전에 책을 몇 권 읽으면서 내
　가 너에게 삶의 의미에 대해 전혀 무의미한 것을 얘기했는지 한번
　확인해보렴.

무의미한 것을 얘기했다고 생각하세요?

　잘 모르겠구나. 하지만 어쨌든 나는 전지전능한 사람이 아니잖니!

당연해요. 그러고 보니 아빠 책의 맨 끝에 쓴 글이 참 좋았던 것 같아요. 아
빠는 '단지 적당한 재능으로 무장한 채 탈모증세를 가지고 있고, 땀으로 젖
은 발을 가지고 있으며, 이중 턱을 가진 일종의 마른코원숭이……' 니까요.
그 글을 읽고 아주 많이 웃었어요! 아빠가 원하신다면 여기 이 끝에다가 한
두 개 아빠를 곤란하게 하는 글을 기꺼이 남겨드릴 수도 있는데요.

　친절하기도 하셔라! 하지만 그냥 이대로 끝내는 게 좋을 것 같구
　나…….

이 책의 저자와 내용에 관한 자세한 정보는 아래의 웹사이트에서 확인할 수 있습니다(다른 추천도서 목록과 참고 링크도 포함되어 있습니다):

www.leibniz-war-kein-butterkeks.de